象山書院

吴国富
王立斌
金来恩
著

江西人民出版社
Jiangxi People's Publishing House
全国百佳出版社

图书在版编目(CIP)数据

象山书院 / 吴国富, 王立斌, 金来恩著. —南昌: 江西人民出版社, 2017.9

ISBN 978-7-210-09785-3

Ⅰ. ①象… Ⅱ. ①吴… ②王… ③金… Ⅲ. ①书院-介绍-贵溪 Ⅳ. ①G649.299.563

中国版本图书馆 CIP 数据核字(2017)第 238088 号

象山书院
吴国富 王立斌 金来恩 著
责任编辑:吴艺文
封面设计:章 雷
出 版:江西人民出版社
发 行:各地新华书店
地 址:江西省南昌市三经路 47 号附 1 号
编辑部电话:0791—86898470
发行部电话:0791—86898893
邮 编:330006
网 址:www.jxpph.com
2017 年 10 月第 1 版 2017 年 10 月第 1 次印刷
开 本:787 毫米×1092 毫米 1/16
印 张:14.5
字 数:250 千字
ISBN 978-7-210-09785-3
赣版权登字-01-2017-739

定 价:48.00 元
承 印 厂:南昌市红星印刷有限公司
赣人版图书凡属印刷、装订错误,请随时向承印厂调换

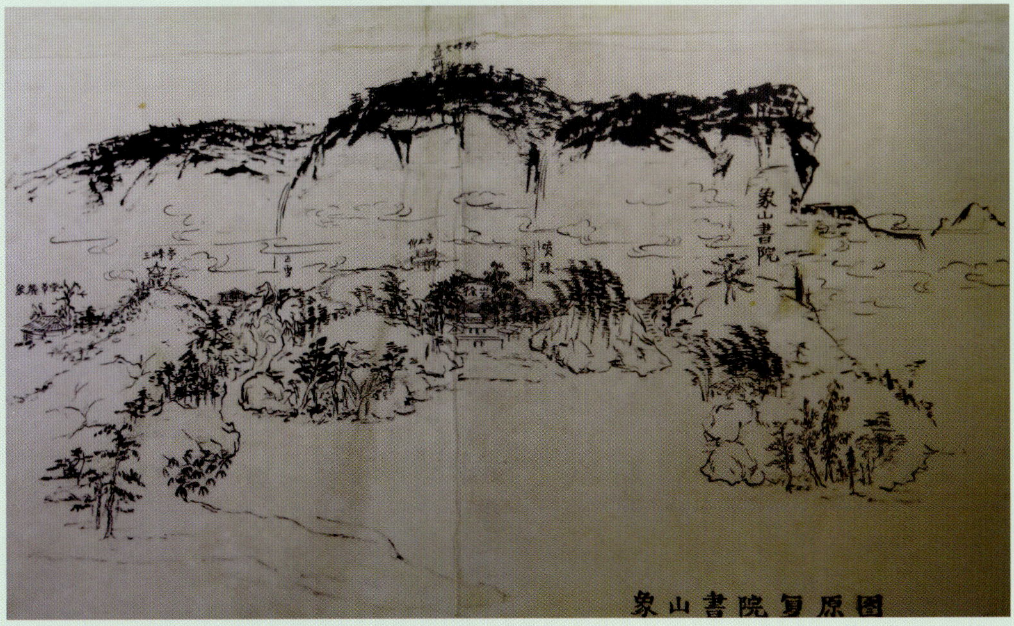

象山书院复原图

象山风景

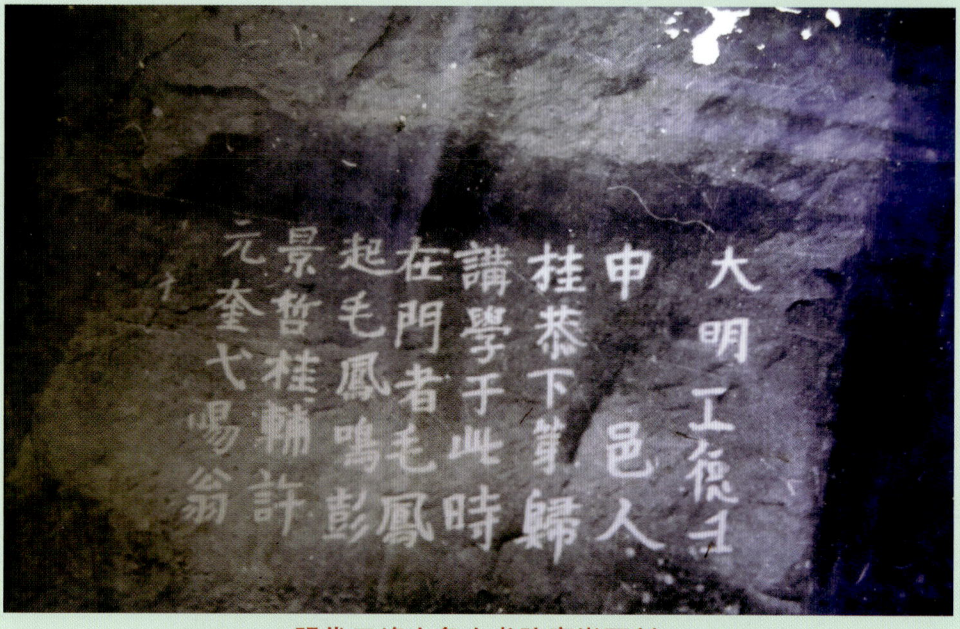

明代三峰山象山书院摩崖石刻

三峰山象山书院摩崖石刻

三峰山象山书院摩崖石刻

▼荆门象山书院藏书楼

中国传统文化泰斗楼宇烈先生为象山书院题词(中:楼宇烈)

古今自有易簡理
經注皆同日月明

成中英
丁酉夏月

序言

曹淑敏

钱穆先生说:“宋学精神,厥有两端:一曰革新政令,二曰创通经义,而精神之所寄则在书院。”书院文化是宋代传播知识和培养人才的摇篮。许多思想家和学者,以书院为载体,著书立说,传经送道,创造出许多影响深远的中华民族传统文化和思想学说。作为南宋四大书院之一的象山书院以其“心学发源地”在书院中占有重要位置,而陆九渊所创立的“心学”思想也深深影响着后世。

公元1187年(淳熙十四年),著名思想家陆九渊于贵溪应天山建象山精舍,并改应天山为象山,以“明理”、“志道”、“做人”为宗旨开坛授学。主张天理、人理、物理只在吾心之中,心是唯一的实在。并作出了“此心此理,我固有之,所谓万物皆备于我”、“四方上下曰宇,古往今来曰宙,宇宙便是吾心,吾心便是宇宙”、“千万世之前有圣人出焉,同此心,同此理也;千万世之后有圣人出焉,同此心,同此理也;东南西北海有圣人出焉,同此心,同此理也”的诠释,要求做人必须“收敛精神,涵养德性”,开启了“心学”这一哲学思想之门径。其第十一代弟子、明代大儒王守仁(自号阳明子,亦称王阳明)评价陆九渊心学“简易直截,真有以接孟子之传”、“象山之学简易直截,孟子之后一人……其大本大原断,非余子所及也。”并对“陆学”进行了传承、拓展和发扬,形成了“心即理”、“致良知”、“知行合一”、“明德亲民”的完善哲学体系,后人称其为“陆王心学”。陆王心学和程朱理学是宋后儒家两大学派。由于“陆王心学”哲学思想主要精髓形成于陆九渊象山书院时期,象山书院也因此被誉为中国心学发源地。

千载斯文几废存!在历史兴衰、王朝更替中,贵溪象山书院毁了又建、建了又毁，但象山“心学”却在风雨和战火中积淀、涅槃，成为贵溪文化史乃至中国文化思想史上的一座丰碑，孕育出丰腴厚重的贵溪人文。“非从学象山不得为邑寓贤”。陆九渊的后学在象山书院，传承发扬陆九渊的著作和思想。明代名臣夏言，年轻时在三峰山象山书院游学，中年建造了象麓草堂，直到晚年仍对象山梦绕魂牵。被海瑞称赞为“百世师表”的江以朝，为民兴利除弊的明代水利专家徐九思、徐贞明父子，元代画家方从义，无不深受象山“心学”思想的熏陶和涵养。

陆九渊选择了象山，象山成就了陆九渊。时至今日，陆九渊和他的“心学”仍是一个热门话题。习近平总书记在他的重要讲话中，多次引用“心学”名句。来鹰潭工作以后，我曾赴象山书院遗址，感受象山“心学”作为“心学之源”这份久远、厚重的文化。在贵溪一中陆象山雕像前，耳畔掠过的朗朗书声，让人不禁遥想起当年陆九渊“升堂讲学、音读清响”的景象，感叹这源远流长、博大精深的“心学”思想。

今年是象山书院建院830周年。为贯彻落实中共中央办公厅、国务院办公厅《关于实施中华优秀传统文化传承发展工程的意见》精神，贵溪市开展纪念象山书院建院830周年系列文化活动，发挥象山文化在建设文化大市中的积极作用，着力提升文化软实力和竞争力。《象山书院》的编撰出版就是其中精彩的一笔。她通过象山书院的历史沿革、教学与管理、哲学思想、石刻诗赋等章节，全面系统地介绍象山文化，展示象山“心学”思想的深刻内涵及现实意义，让“陆王心学”这一中华民族传统文化瑰宝得以保护和传承。

新故相推，日生不滞。在“文化强国”之风劲吹的时代潮流下，希望《象山书院》能进一步激发全市人民的文化自信和担当精神，以“宇宙事即己份内事”自勉自励，在全面建成小康社会的征程上，书写新的辉煌篇章。

（作者系中共鹰潭市委书记）

2017年9月

序

朱汉民

应王立斌先生之请，为《象山书院》作序，思绪再三欣然提笔：

贵溪市，地处江西之东北，信江之中游。这里东连江浙、南控瓯闽，著名的三清山风景区、武夷山风景区环绕周边，扬名四海的龙虎山道教圣地处于境内。自唐永泰元年（765）建县以来，贵溪已经经历了一千多年的风风雨雨。唐宋元三朝，贵溪属于信州；明清时期，贵溪属于广信府；1996 年，贵溪成立县级市，属于鹰潭市管辖。改革开放以来，这里是四省通衢，地处长、珠、闽三个区域的“黄金接点”上，因而造就了一个“火车拉出来的城市”——鹰潭市；这里的矿产资源丰富，因而造就了一个“中国新兴铜都”。这一切，都使历史悠久的贵溪呈现出了崭新的面目。

现代贵溪的蓬勃发展，是民族振兴的一个缩影，是经济强国的“一枚好棋”，固然值得人们骄傲；然而我们不应该忽略的是，古代贵溪还承载了厚重的传统文化，它将使贵溪在文化强国的伟大战略中再次成为“一枚好棋”。在中国历史上，儒佛道三教构成了文化的核心，而贵溪是儒道“两大祖庭”的所在地。宋元以来，道教主要分为两派：全真道和正一道；儒学也主要分为两派：程朱理学和陆王心学。而正一道的祖庭龙虎山、陆王心学的祖庭应天山（象山），就位于贵溪境内，两者积累的厚重文化就理所当然成了贵溪的又一种“富矿”。

公元 1187 年（淳熙十四年），著名思想家陆九渊登上贵溪境内的应天山，建造了象山精舍，讲学其中，并将应天山改名为“象山”。陆九渊在这里讲学历史很长，前后共有五年。毫无疑问，作为思想家的陆九渊，在象山精舍度过了他一生中最为重要的时期。他的思想在这里得以成熟、成型；也在这里得以传播、扩散并产生巨大影响。从此以后，陆学和程朱理学互相抗衡，成为宋明理学中最有影响的两大流派。

陆九渊选择了象山，象山成就了陆九渊。象山精舍建立之后，贵溪的象山文化开始积淀，而贵溪也成为承载陆九渊思想的主要阵地。在贵溪的土地上，从此矗立起一座以纪念和学习陆九渊为标志的象山书院。陆九渊离开了，但他的弟子们还坚守在象山；陆九渊去世了，人们又在象山精舍建起了祠堂；象山荒芜了，可是三峰山的象山书院却早已经书声朗朗，人物雍容，一派兴盛气象。宋元明清，朝代更换，兵燹叠加，象山书院建了又毁，不断迁徙，然而时至今日，象山先生的高大形象依然矗立在贵溪中学的校园里，象山先生依然是贵溪人民永远敬仰的先贤。风雨和战火能够摧毁一切建筑，但是摧毁不了贵溪人民心中的"象山书院"，这是一座千年不倒的象山书院，也是一座永远的丰碑。

纵观历史，从南宋开始，象山书院已经成为贵溪的主要"文脉"，贵溪的很多人才都得益于象山书院的栽培。例如明代名臣夏言，一生都得到象山文化的滋养，他早年在三峰山象山书院游学，中年在这里建造象麓草堂，晚年还对这里梦绕魂牵。不妨说，有了象山书院，贵溪的"文脉"就从涓涓细流变成了大江大河。没有陆九渊，贵溪的文化就会逊色不少。更重要的是，在历史上，象山书院还是传承陆学的主要阵地。宋元时期，陆九渊的后学主要就集中在这里，而陆九渊的著作和思想，就靠一代又一代的弟子整理传播，发扬光大。假如没有象山书院，陆九渊的学问很可能在宋元时期就成了"绝学"，而发源于陆九渊的阳明心学能否兴起，就很难预想了。总而言之，象山书院创造的文化，对于弘扬传统，对于建设贵溪而言，都具有极为重要的价值。因此，我们也就没有任何理由忽视这一份文化遗产。

在当下，中华民族在历经几千年的风雨之后，尤其是在历经近代百年内忧外患的摧残之后，已经恢复了大国的自信，强国的自信，更重要的是已经开始恢复文化的自信。2017 年 2 月 26 日，中共中央办公厅、国务院办公厅印发了《关于实施中华优秀传统文化传承发展工程的意见》，强调我们要大力弘扬中华传统美德，大力保护传承文化遗产，并要求各地区各部门结合实际认真贯彻落实。可以说，这一文件集中展现了民族的文化自信，也集中展现了文化强国的一系列举措。在历史上，陆九渊强调为人处世要“不失本心”，强调“宇宙事即己分内事”，这不仅与传统文化中“天下兴亡、匹夫有责”的担当意识密切相关，与“崇德向善、见贤思齐”的社会风尚密切相关，也与两办文件要求弘扬的中华传统美德密切相关。因此，在“文化强国”之风日劲的当下，这部《象山书院》，集中而全面地介绍贵溪象山书院的文化，不仅是大力弘扬中华传统美德的需要，保护传承文化遗产的需要，更是贵溪人民在“文化强国”的伟大战略中承担应有责任、应尽义务的需要。

（作者系中国书院学会会长，湖南大学岳麓书院国学研究院院长、教授，国际儒联副理事长）

朱汉民

2017年8月

概　说

书院教育起始于唐五代，确立于两宋，延续至明清，在中国古代的教育史上占有极为重要的地位。古代的书院，是“生产思想”的地方，从程朱理学到陆王心学，其发展历程都与书院密切相关。古代的书院，是“培养大师”的地方，许多著名思想家，都在书院“教学相长”的过程中造就了自己。书院教育与科举制度相辅相成，有效地补充了科举应试教育的不足，造就了大批堪为国家所用的人才。除此之外，文化教育也是书院的显著功能之一。

在中国古代的书院中，象山书院异军突起，一枝独秀，具有十分重要的历史地位。象山书院属于南宋时期“天下四大书院”之一，其原因在于象山书院是一个独特思想流派的载体，是传承陆九渊心学理论的主要阵地。

陆九渊(1139—1193)，字子静，号象山，江西金溪人。南宋著名理学家、思想家和教育家，也是明代阳明心学的开山之祖。在宋明理学数百年的发展历程中，曾经涌现出许多大家，如宋代的周敦颐、程颢、程颐、张载、朱熹，合称“周程张朱”，形成了“濂洛关闽”之学，而陆九渊则在他们之外独树一帜。而元代则有许衡、刘因、吴澄，明代则有王守仁为代表的阳明心学。然而从历史作用来看，实际上只有“程朱理学”“陆王心学”这两派影响最大，而且形成了对峙之势，其渊源又可以追溯到南宋时期的“朱陆之争”。

“朱陆之争”是宋代以来学术界的一大纷争，迄今无有定论。陆九渊、朱熹在世之时，两人就已经发生争论，著名的鹅湖之会，就是两人激烈辩论的标志。陆九渊、朱熹相继去世以后，两家门人又开始互相攻击。陆氏门人以“支离”攻击朱熹，朱子门人以“狂肆”或“禅学”攻击陆九渊。当然，调和朱陆的也大有人在，但终究调和不了。到了明代，程敏政作《道一编》，以为朱、

陆早异而晚同。王阳明采用了这一说法,因而有了"朱子晚年定论"之说,但实际上是倒向陆九渊一边,认为朱熹晚年"大悟旧学之非",痛悔极至,等于接受了陆九渊的理论主张。王阳明抬举陆学,攻击朱学,客观上又加重了朱陆的对立。朱熹的后学自然也不甘示弱,不断对陆氏乃至阳明发动攻击。民国时期,钟泰在其《中国哲学史》一书中指出,到了晚清时期,"朱、陆之不能相合,已如定案,不可易矣。"

对于朱陆之争的性质,有人认为是观点之争,例如朱熹认为周敦颐的"无极""太极"反映了儒家的观念,而陆九渊则认为它们是道家的理念。一般人则认为陆九渊、朱熹的区别在于是"尊德性"还是"道问学"。实际上,这些看法都很难反映朱陆之争的实质。因为在儒学史上出现过很多学术流派,而不同的观点也有很大差异;如果仅仅是"观点之争",为什么只有朱熹与陆九渊的分歧最为著名,而其他学派的区别都比不上"朱陆之争"?由此看来,朱陆之争还隐含了别的深意。

在中国历史上,儒佛道成为三种最有影响的思想,而儒学的独特价值在于"经世致用",即"修身、齐家、治国、平天下"。如果没有"经世致用"的价值,儒学就很难体现出它的相对优势。因此,在发展儒学的过程中,两宋理学必须高度关注其"经世致用"的思想。不妨说,"经世致用"属于儒家的"应用理论",而"义理"属于儒家的"基本理论"。从先秦儒学的建构历史来看,其"基本理论"乃是在"社会应用"中发展成熟起来的,例如先有《周礼》的应用,才有孔孟的思想等。既然如此,宋代理学想大力发展先秦儒学,也必须先从"应用理论"着手,推动"基本理论"的发展。从这一点来看,陆九渊的思路是很正确的。在他两个著名观点即"发明本心""宇宙事乃己分内事"之中,包含了"本心""参与""事务"三个关键层面,意味着一个人必须具有明确的道德意识,必须成为道德行为的主体,必须把他的道德意识贯彻在一切社会实践之中。缺其一是一个没有道德理念的人,缺其二就会成为一个道德的旁观者,缺其三就会成为一个空头理论家;而一旦缺乏后两者,就会使儒学从根本上失去"经世致用"的价值,使其"外王"理论落空,而依托于"外王"的"内圣"理论也就变得缥缈无依了。以此看来,从陆九渊的理论中,本来可以开出新一轮的“外王之学”。可惜的是,陆九渊的理论始终没有成为“治国平天下”的主导思想,因而也就失去了自我验证的机会。相比之下,朱熹在《白鹿洞书院揭示》中提出的“讲明义理,以修其身,然后推以及人”,将理论学习作为道德实践的前提,就颇有点“意识决定物质”的意味了。“内圣”的路径发生偏差,“外王”也就很难开出。从先秦到两宋,社会生产力有了很大的发展,理学本应当成为适合生产力发展的“上层建筑”。然而在程朱理学成为主流意识形态的宋元明清时期,这一点又似乎很难得到明证,而反面的例证倒是不少。由此看来,“朱陆之争”不仅仅是观点之争,而是涉及儒学根本及发展路径的争辩。

从“朱陆之争”的角度来看,象山书院的独特价值非常明显。从应天山的象山精舍到三峰山的象山书院,在历史上都是传承象山之学的载体。从形式上来看,书院最显著的特征是“祠学合一”,而象山书院的祭祀以陆氏三兄弟为主,学习的经典以陆氏及其传人的著作为主,不同于实行儒家通识教育的其他书院。有了这一点,象山书院也就能独树一帜,在中国书院史上占有重要的地位了。

陆九渊在象山精舍讲学,前后历时五年(1187—1191)。绍熙二年(1191),陆九渊奉召知荆门军,临行嘱托傅季鲁代掌象山精舍,这里的讲学活动还在延续。1193年,陆九渊去世,象山精舍便基本上停止了讲学活动。绍定四年(1231),袁甫在三峰山肇建象山书院,重新接续了象山精舍的历史。三峰山的象山书院,从南宋末年到元朝末年都较为兴盛,一直是传承陆学的主要阵地。明代重建的象山书院,规模较小,活动有限。但从宽泛的意义上来说,明代兴起的阳明心学,依然接续了象山书院的学脉,使这里成为“心学祖庭”的象征。到了清朝,贵溪城内的象山书院几易其址,但它依然和金溪及荆门的象山书院一道,保持着“象山”这一文化符号。遗憾的是,无论是象山精舍、三峰山象山书院和金溪、荆门的象山书院,在历史上都没有编纂过志书,致使大量史料湮没无存。在弘扬传统文化的当下,贵溪市对象山文化的挖掘非常重视,为此也就有必要撰写一部《象山书院》的专著来详述。

《象山书院》的创作初衷是因为笔者一直在鹅湖书院从事程朱理学与书

院文化的研究工作，卅余年的书院情怀，大多看到的是朱子理学研究和文学著作颇多，而研究陆九渊学术思想和文学作品较少。因此，几十年来只要有机会，就遍访、金溪、贵溪、荆门等陆九渊曾经生活、工作、任职、讲学布道的地方进行考古、调查，才有了今天这部为象山书院建院830周年献礼的书卷，以表自己对象山的仰慕，对心学思想的认同，权当敬礼工作。

《象山书院》用了九个大章34小节，和一个象山书院大事年表，附录一个金溪仰山书院，较为清晰醒目的手法撰写，反映了象山书院各时期概况和人物形象，整部书活泼鲜明，是一部全面反映象山文化的专著，希望同仁喜欢，不妥之处，敬请指教！

编　者

2017年8月7日

目　录

第一章　象山书院的历史沿革

陆九渊(1139—1193),字子静,号象山,江西金溪县人。乾道八年进士,调靖安主簿,历国子正。之后还乡,讲学于贵溪象山。绍熙二年知荆门军,创修军城,稳固边防,甚有政绩。绍熙三年卒,谥文安。陆九渊是著名的理学家和教育家,与朱熹齐名,史称“朱陆”,而两人见解多不合。陆九渊的“心即理”“宇宙便是吾心,吾心即是宇宙”“学苟知道,六经皆我注脚”等言论主张,对后世影响很大,成为明代阳明心学的开山之祖。著有《象山先生全集》。

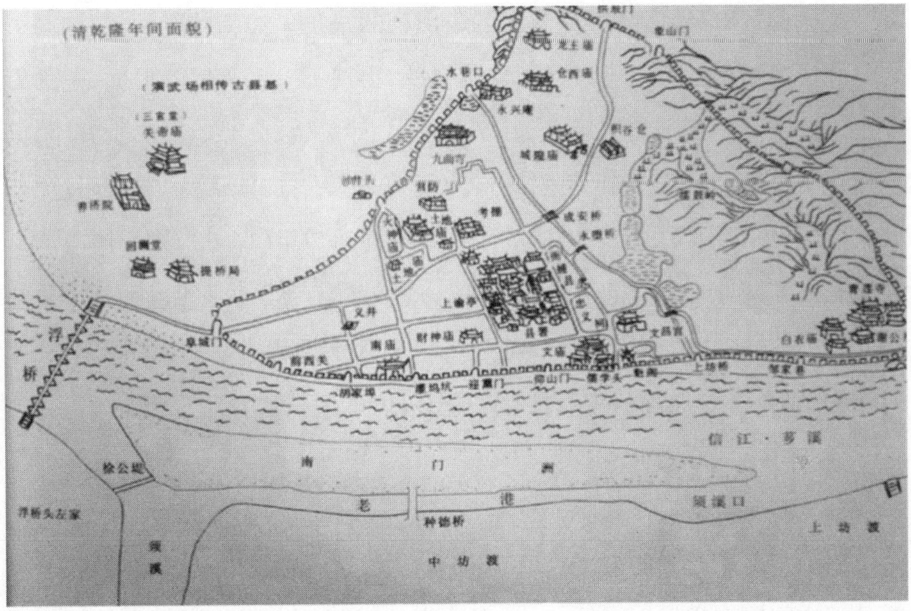

乾隆年间贵溪县城图

陆九渊与其兄长陆九韶、陆九龄合称“三陆”，后人为三人建祠，合称“三先生”。陆九韶（1128—1205），字子美，号梭山居士。曾与朱熹就《西铭》进行论战，指出朱熹太极之失。著有《解经新说》《州郡图》《家制》等。陆九龄（1132—1180），字子寿，人称复斋先生。乾道五年进士，宝庆二年特赠朝奉郎直秘阁，赐谥文达。主张“治人先治己”“尽废讲学而务践履”，反对“弃日用而论心，遗伦理而语道”。著有《复斋文集》。

淳熙十四年（1187），陆九渊登上贵溪境内的应天山，建造了象山精舍，开始在象山讲学，象山书院的发源从此开始。绍熙二年（1191）下半年，陆九渊去荆门赴任，但其弟子仍然坚守在象山之上。绍定四年（1231），陆九渊的再传弟子袁甫出任江东提刑，参照白鹿洞书院的规制，在贵溪三峰山建造了象山书院，这是一个集祭祀、讲学、藏书功能于一体的典型书院。元朝末年，三峰山象山书院毁于兵火。明朝景泰四年（1453），在巡抚韩雍的支持下，在三峰山象山书院遗址上恢复了陆九渊三兄弟的祠堂。成化初年，朝廷下令重建三峰山象山书院，但规模已远不及宋代。万历年间，三峰山象山书院一度被废。此后有所恢复，但只保留了象山祠的祭祀。清朝乾隆十年，知县彭之锦在贵溪城西的万安山新建了象山书院，出现了一度兴盛的局面，是为万安山象山书院。到了嘉庆年间，万安山象山书院又被废弃。嘉庆十五年，又在梅花墩义学旧址上新建房舍，初名“景峰书院”，后改名为“象山书院”。咸丰年间，梅花墩象山书院因战乱而被毁。同治二年（1863），知县周葭浦又在城东旧当铺原址上建起了象山书院。这一书院存续的时间也不长。光绪十九年，知县张督又在梅花墩旧址上再一次建造象山书院。光绪三十一年（1905），清廷下令废除科举制度，象山书院也就彻底被废弃了。

一、陆九渊与象山精舍

象山距离陆九渊的金溪故里不足六十里，原名应天山。唐朝时期，著名的马祖禅师曾在应天山脚下修炼，因此当地人都把它叫作禅师山。北宋元丰年间，有僧人释莹在这里建造了应天寺，但荒废已久，寺庙的遗址和田地都已经芜没在荆棘丛中。

最早开辟象山的是陆九渊的弟子彭世昌。根据陆九渊的《与王谦仲书》等文章，彭世昌是一个不同流俗的人物。他志向不凡，不肯碌碌无为，喜欢做一些惊世骇俗的事情，人们都把他叫作"狂生"。淳熙十三年，彭世昌告诉陆九渊，说他近来在贵溪的西部发现一座山，很是不错，便主动在山上建造了一个草庐，请陆九渊到这里来居住。陆九渊登临之后，觉得房子太小，于是彭世昌又在东山建造了一个草堂。之后陆九渊带着两个儿子和几个朋友，在山上逗留了好几天，四处浏览风景，赞叹不绝。只是觉得草堂建造在寺庙遗址上，不太合意，于是彭世昌又在附近建造了"方丈"，让陆九渊居住在那里。事实上彭世昌家里很穷，虽说是他开辟了象山，但实际上大多得力于张氏兄弟的帮助。张氏兄弟为北宋末侍郎张运的侄子辈，居住在象山之下。张运字南仲，贵溪人，宣和二年进士，《宋史》有传。张运去世之后，几个儿子不成器，迁徙到鄱阳居住，但张运的侄子辈还住在故里，都尊崇儒术，也早就跟陆九渊有往来。这回见彭世昌决意开辟象山，就极力予以支持。象山开辟之后，张氏子弟也都在象山建造了房子，跟随陆九渊上山学习。

陆九渊来到这里之后，看这座山很像一只大象，因此将它命名为象山，将他的草堂命名为"象山精舍"。他觉得此山向来都被佛教所"辱没"，故而一切都以"象山"为称。张氏兄弟之一在东坞上建造了草庐，比陆九渊的"方丈"地势稍高，经常有白云缭绕其间，故而陆九渊给它题名为"储云"。张氏兄弟又在前山的右侧建造了房子，这里有山涧奔流，瀑布悬挂，因此陆九渊将它命名为"佩玉"。此后上山来搭建草庐的人络绎不绝，陆九渊也取了不少名字。

从大体形势来看，象山从南蜿蜒而来，曲折向东，又曲折向南，西北高而东南低，以"方丈"之西为最高，这里有九座山峰相连，如同折叠的屏风，称为"翠屏"。山上有土的地方，都是树林，又不乏绿色之美。北边最高的山峰，形同伞盖，可以登临眺望。在这里极目远眺，南边的溪流，山谷，原野，一一展现在眼前，而东边的群山则端正峭拔，缥缈如画。又可以看见远方的龟峰昂首弓背，形状逼真。玉山之水发源于四百里之外的龟峰之下，经过贵溪县境，流过象山脚下。西望就是貌姑石、琵琶峰，拔地凌霄，气势逼人，山间偶

尔露出一段溪流，闪烁着碧绿的光泽。北望就是上清山、仙岩台等山峰，看起来就像小土堆，一东一西两条溪流，看起来就像细小的衣带。两条小溪在百里之外合流，这时已不是特别清澈了，也经常隐没在苍茫的雾霭中。

象山的美景，让陆九渊流连忘返。他在《与尤延之》中说，往日我回家之后，在龙虎山的上游发现一座山，其中泉石之胜，云山之奇，为平生所罕见。《与朱子渊》也说，我等刚刚上了象山，志同道合者亦渐渐在这里聚集。这座山的好处，我前面已经介绍过了。近来更加发现它的好处，便下决心在这里居住读书，终老此生。

陆九渊自己所住的“方丈”，前面是重峦叠嶂，万山奔腾，从几十里之外一直延伸到几百里之外，争奇竞秀，不可名状。朝暮之间，晴雨之时，云烟出没之际，演绎出千万种风光，令人目不暇接。“方丈”的左右两边是两座山，好像手臂一样环抱着正前方的上百亩田地。一道溪流从山上流下去，在乱石间不断变化着形状，有时是涓涓细流，如同一线；有时是喷泻而下，如同白练；而苍翠的林木又遮蔽着乱石，错落有致，宛如天然的园林。

“方丈”东边的山崖上，有一块翻经石，上面可以坐十多个人；而西边的山崖上，则有一块歇石，可以坐五六个人。两块巨石都有苍松遮蔽其上，而巨石之下就是万丈悬崖。树荫、巨石、清风、白云，置身其间，恍如仙人。

“方丈”所在之山的北面，有一个尘湖位于山顶，这是天然生成一个小池，如同一面镜子，即便是大旱也不会干涸，很适合在旁边结庐居住。

据元末明初王袆《王忠文集》卷八的《灵谷书院记》，“尘湖”应当叫作“麈湖”。据文章记载，麈湖山为贵溪的名山，高峻而幽深，与龙虎山相距十五里。相传古代有人在此山修仙，经常看见有一群鹿来湖边喝水，因而此山便名为“麈湖山”。所谓的“麈”，乃是一种体型较大的鹿。由“麈湖”讹作“麈湖”，又简化为“尘湖”，这应当是错误的。陆九渊的《与包敏道》第四书说，桂店的桂氏家族崇尚礼法，开辟了一个书院，想请名师任教其中，为此陆九渊便推荐包显道去那里任教。到了元朝延祐年间（1314—1320），桂氏家族的后人桂本（字林伯）因服膺陆氏之学，便在麈湖山中建造了灵谷书院，书院的主体建筑有三间，东边为端彝斋，西边为钝斋，此外还有厨房厕所等附属建筑。

从尘湖往北，越过几座山峰，有一个马祖庵，已经荒废，但这里风景很好，有风洞，有浸月池，有东垅，有华木垅，有东西坞，这些都是旧有的名字。

陆九渊的《与朱子渊》说，象山面向东南，前面也是连山叠嶂，近的绵延数十里，远的绵延数百里，云雾缥缈，争奇竞秀。朝日晚霞之中，雨中晴天之时，云烟飘飞之际，各自有一番景象，难以一一描述。爬上山顶，小憩之时，东望灵山、龟峰，峭拔耸峙，宛若图画。玉山之水，从四百里以外奔腾而来，经过龟峰之下，进入贵溪境内，流经象山脚下。夏日里沿着清流，踏着巨石，走过树林，凉爽宜人。拿着一本书，高低吟咏，惬意无比。天地给我们的恩惠，真是太多了。

象山精舍示意图

陆九渊尤其喜爱山上的流泉瀑布。《与钱伯同》叙述他在象山居住已经六十多天，期间饱览云山之变，十分畅快。象山的胜概，尤其体现在瀑布上。东南有一个磜（即砌）潭瀑布，西边有一个半山瀑布。精舍之前，两山回合，有一道涧水奔流数里，喷薄飞溅，又形成七个瀑布：一名风练，一名喷玉，一名翻涛，一名疏珠，一名冰帘，一名双练，一名飞雪。树木和石头，形成天然的阶梯，尽可以让人上下攀登，来回观览。两边山崖上有奇松怪石，高低盘曲，千姿百态。他时时“统管”着这些风景，每天和几个人在山间歌咏，真的

是其乐无穷。《与朱元晦》说，象山的山间有一个小平原，有良田清池，跟山外没什么区别。山涧从高处跌落，变成一道道瀑布，奔腾数里之外，终日轰轰如雷，跟庐山的玉渊潭不相上下。

《与曾宅之》说，我去年春末在山间居住，因侄子去世而归家，在家中一直待到年尾，近日才得以重新登上象山。山间遍布泉石，正当雨水充沛的季节，瀑布显得分外壮观，喷玉涌雪，尽情展现着自己的姿态。与它们一别就是一年，不由得我不好好地“慰劳”一下这些“老相识”啊。可惜周边郡县的朋友，到山上来来往往的不少，令我时时忙于应酬，应酬多了也颇为烦劳。此后又是阴雨不休，我又染上了疾病。因为山中就医不便，只好再次下山。又在《与赵然道》中说，我在惊蛰前一日，趁着天晴登上象山，随后又下起雨来。二十四日天气稍微晴朗，就去看风练、飞雪两处瀑布。在这些描述之中，都可看出陆九渊特别喜爱象山上的瀑布和溪涧。

《与朱子渊》说，入春以来，连雨不绝，将近清明之时，我才得以登上象山。千万棵古松，错落环绕，时时有白云出没其中。有时云消了，松林一片碧绿；有时松隐了，流云一片银白；一连十来天都是如此，真是奇观啊。前面的群山，隐没在一片银白的云雾世界中，偶尔露出一两座山峰，就好像飘浮在云层之上。几天之后，才能看见山峰的全貌，它们在朝阳的映衬之下，灿若图画。顾盼之间，我拿起笔，写了几行字；稍一停顿，老天又在我眼前布上了一层薄云疏雨的面纱。

《与傅季鲁》说，二十四日我从家里出发，晚上住在资国寺。资国寺在征君山麓，离象山不远。二十五日登上象山的半山腰，观看瀑布，又从新开的小路抵达“方丈”，已经是正午时分了。山中树木越发茂盛，蝉鸣之声更加清脆，白云徘徊的地方，叠嶂毕露，疏雨时时飘来，清风凉爽，浑不知此时就是夏天。

在很多书信中，陆九渊描述了自己山居的快乐。他写信给朱熹说，春日里我带着一个侄子，两个儿子，在精舍里读书，甚是快活。生徒们也逐渐聚拢来，在旁边搭建草堂斋舍，跟我在一起讲论学习，道理也越辩越明。这跟《论语》说的那种“风乎舞雩”的快乐情景简直没有什么区别。

《与侄孙浚》说，近来在象山中结庐居住的人很多。这几天我在“方丈”之前又建造了一个阁楼，居高临下，统领群山，气象宏伟。据《象山年谱》，这个阁楼叫作“部勒群山阁”，“部勒”就是“统领”“统管”的意思。可惜学生的财力有限，做这个阁楼也很不容易，更不能做得稍大一点。《与郭邦逸》说象山之中，朋友云集，我也不能辜负他们的厚望，老是待在家中，必须再次上去。今年夏天山上的人来来去去，大约总有一百来号人，如果全部上来居住，山上就容纳不下了。听说新来的贵溪县令是个好县令，他也给我送来了厚礼，想亲自来问道，但至今未能上山。

《与侄孙浚》说自己享受的俸禄已经到期，没有了经济来源，众多学生便聚集了粮食，接我到山中居住。陆九渊的弟子聚粮于山中，供养老师，这使陆九渊免去了饥饿之忧。《与钱伯同》说自己在山上有饭有鱼，没有饥饿之忧。但事实上这也不能维持很久，于是许多学生就在山中开辟田地，种植粮食。陆九渊在《与王谦仲》中说，上个月一场大雨，一连下了好几天，象山之中山溪水暴涨，平野茫茫，如同湖海，这是历年来所罕见的一场雨，但没有造成灾害。水退之后，禾黍分外茂盛，闪烁着碧绿的光泽，比往年的长势好多了。十来天之后，又下了一场雨，而早稻也已经很成熟了。这两场雨给山中的池塘灌满了水，就算是秋旱来临，也可以用它们来拯救晚稻了。

荆门象山书院旧址

可惜象山上的读书人体力有限，而且“劳心者多，劳力者少”，这未免使陆九渊感到担忧。《与侄孙浚》说，春末我从象山回家，粮食告罄，身无分文，不能再去山上了。近来众多学生在山上储备了粮食，修筑了道路，开辟了景点，又派轿夫来接我，我这才得以重新上山。象山荒废已经多年，荒田大半没有开垦出来。现在山上吃饭的人很多，从事劳作的人很少。在山上结庐居住的人，财力有限，年年供养我这个老师，也很不容易，幸亏他们志向坚定，毫无懈怠的意思。如果能在山上长期居住，当然很快活，但不知老天肯不肯帮我？

陆九渊及其弟子在象山期间，造成了象山的文化鼎盛时期，为创立象山书院打下了基础。绍熙二年(1191)下半年，陆九渊离开象山，去荆门赴任，但他的弟子如彭世昌等人依然坚守山上，继续讲学。

绍熙三年(1193)十二月，陆九渊去世。但直到三年之后，陆九渊的门人如彭世昌等人还在象山坚守阵地。庆元二年(1196)，时任贵溪知县的刘启晦，字建翁，甫田人，朱熹门人，在象山精舍的“方丈”建造了象山先生祠，春秋致祭。官方的行为也激发了学生的激情，于是象山门人约定每年正月九日登山会祭，场面十分壮观。绍定三年(1230)，江东提刑赵彦械又重修象山精舍，并为之举办祭祀。赵彦械，字元通，余姚人，杨简门人，陆九渊的再传弟子。

绍定四年，江东提刑袁甫在三峰山建造了象山书院，专门在书院里祭祀陆九渊三兄弟，象山的祭祀便从此冷落下来。但据志书记载，元顺帝至元年间(1335—1340)，贵溪人祝氏又建祠于山间精舍遗址，聚徒讲学。《宋元学案·静明宝峰学案》亦记载，贵溪人祝蕃曾重修象山讲堂，“帅同志舍菜焉”，也就是在象山祠堂举行释菜之礼。这应该是著名的象山精舍历史沿革的下限了。

二、袁甫修建象山书院

绍定四年(1231)，陆九渊的再传弟子袁甫出任江东提刑，来到贵溪，看见象山上陆九渊的祠宇已经荒废倾颓，十分伤感，于是就有意在贵溪三峰山兴建象山书院，以接续陆氏之学和对陆九渊的祭祀。

袁甫在《送潜子言趋朝序》谈到了修建象山书院的目的。文章说，陆九渊是金溪人，而他的象山书堂实际上在贵溪的象山。陆九渊有感于世上之读书人沉迷于功名利禄之中，而不知什么是“本心”，故而提出了以辨明志向为主的理论主张。朱熹邀请陆九渊去白鹿洞书院讲学，陆九渊特意借《论语》“君子喻于义，小人喻于利”一节阐明自己的观点，就可以反映其思想主张。因此，建造象山书院，实质上就是借助于书院这一形式，传播陆九渊的思想理论，具有“以书院保存陆学”的鲜明目的。安仁县令潜子言家住贵溪，听说袁甫修建象山书院，看到陆九渊的思想得以由此发扬光大，便十分高兴，也非常支持。

袁甫在《象山书院记》描述了修建三峰山象山书院的前后经过。他到处考察地形，看中了贵溪县城南面的徐岩（三峰山），这里背靠山峰，面临大河，清爽而又开阔，是个建造书院的好地方。相比象山，三峰山靠近城邑和来往要道，并不偏僻，有利于四方学子前来求学。三峰山风景秀丽，前面是大河，背靠着高峰，又不乏良好的环境。绍定四年，书院建成，到了绍定五年春天，袁甫亲自来到书院，在礼圣殿给先圣先贤举行了“释奠”之礼，又在“三先生祠”举行“释菜”之礼，之后亲自登上讲堂，开始讲学。基于保存陆学的目的，象山书院到处体现了陆九渊的色彩，如“三先生祠”以及沿用象山旧名的“斋舍”等。书院学生也以阅读陆九渊一派的著作为主，并集中讲论陆九渊及其弟子的学问。

宋理宗赵昀1231年为象山书院手书匾额

三峰山象山书院建成之后，一直延续到元朝末年，存续了一百三十多年。南宋之时，可知的山长有钱时、冯兴宗、汤汉、程月岩、邱珊甫、黄俣等人。元代可知的山长有徐杰(元世祖至元年间)、陈麟(元仁宗延祐年间)、岳浚、翁仁实(元英宗至治年间)、汪垕、江瓒、裴与大、杜茂等人。

三、明代三峰山象山书院

从元末到明朝景泰年间,这八十多年间象山书院的历史缺乏详细的记载。一说三峰山象山书院于元末即已毁于兵火,一说洪武年间周冕尚为山长(见《同治贵溪县志》卷七),表明书院可能还延续到明朝初年。

明代李奎作《书院祭田记》,有"兵燹荐罹,荡为瓦砾,遗址尚存,过者叹息"之语,这应该指元末江西地区战乱频仍的情况而非洪武年间发生的事情。在明太祖洪武元年(1368)之前,南方已基本平定,江西并无特别大的战事。据《同治贵溪县志》记载,元顺帝至正十二年(1352)三月,徐寿辉的部将项普略率兵攻克饶州、信州,江西行省、江浙行省相继出兵平叛,当年十二月收复信州,并下令蠲免夏税秋粮。至正二十年(1360)六月,朱元璋的部将胡大海领兵攻击信州,数千元军迎战,被一举击溃,信州遂被明军占领,改为广信府,从此再无较大的战事。因此,三峰山象山书院就应当毁于1352—1360年之间,到洪武年间不应该还有山长。又据《明宪宗实录》卷二百五十一,成化二十年(1484),陆九渊的裔孙陆崇上奏朝廷,说三峰山象山书院于元末即已毁于兵火。综合起来,三峰山象山书院应该毁于元末而非明初,后来就彻底荒废了,仅存遗址。

据明代李奎的《重建象山书院记》(见《同治贵溪县志》卷四),明代宗景泰四年(1453),巡抚韩雍到了贵溪,陆九渊的九世孙、贵溪的庠生陆崇给韩雍上书,说陆九渊为宋代大儒,建象山书院于应天山,南宋绍定年间迁徙到三峰山下,都兼有讲学和祭祀的功能,现在已经荒废,请求官府予以重建。这一建议得到批准,巡抚韩雍遂命知府姚堂予以落实。知府姚堂亲自踏勘了三峰山书院遗址,"相度方位,复为祠堂"。这句话表明祠堂已经彻底荒废,所以要重新考察方位。知府姚堂重建的祠堂规模不大,呈"凹"字形状,中间是祠堂,两旁是两庑,前面修建有大门。经费系官民捐助,没有动用民役。直接经管此事的是知县李宣、县丞王荣。祠堂建成之后,安放了陆九渊

三兄弟的塑像，予以祭祀。又据李奎的《书院祭田记》，祠堂建成之后，官府又安排了两个“门子”进行管理。又购买了一些水田，用于供应祠堂的各项开支，让陆氏的子孙陆绍文、陆德负责收取田租，开支出纳，并将田亩数和所在方位四至刻在石碑上。

景泰年间在三峰山修复的“三先生祠”，不久又荒废了。据《明宪宗实录》卷二百五十一，成化二十年（1484），陆九渊的裔孙陆崇再次上奏朝廷，说他的先祖陆九韶、陆九龄、陆九渊以道学闻名当世，南宋之时官府就为三人建造了象山书院和祠堂。元朝末年祠堂毁于兵火，到明朝景泰三年，巡抚都御史韩雍为之重建，不久又荒废了。因此陆崇请求再次重建象山祠，并且每年春秋两度予以祭祀。礼部认为陆九渊兄弟有功于名教，“宜照乡贤祠例，令有司即象山书院故址重建，岁一致祭”，得到皇帝批准。

明代象山书院的兴废沿革有很多模糊之处，其中最关键的一点是明代三峰山象山书院何时正式肇建，尚须辨析考证。

陆采林编撰的《中国东陆氏通谱》（2011 年编印），收有成化二年的《敕建象山书院帖》，其中提到了陆九渊九世孙陆崇的上书，陆崇说景泰三年巡抚韩雍着令地方官府在三峰山书院故址建立祠庙，予以祭祀，但这只是“私祭”“无以为荣”，而且祠庙简陋，“易以朽败，历年未改，又复倾圮，瞻拜不堪，过客兴叹”，故而请求朝廷下令重建。《中国东陆氏通谱》又收有成化二年朝廷敕建象山祠的批文，其中要求官府在三峰山“建立祠宇，再令许给门役二丁，时加看护”“祠前建立一坊，每年春秋宜从有司祭以少牢，行礼如仪”。又要求地方官吏“于象山书院故址重立书院，仍令每年春秋二次，从仪致祭”。又有“仍乞赐额‘象山书院’以昭”之语。

参考其他资料，这些敕令应当是可靠的，唯据《明宪宗实录》，“成化二年”应该作“成化二十年”。又据《名山藏》，成化二十年“建宋儒陆九渊兄弟象山书院于贵溪县，岁一祭。九渊裔孙崇有请，故有是命”。万历年间，贵溪县令吴继京在《象山祠题词》也明确提道：“中经兵燹，逮明景泰壬申年，都御史韩公恢复旧址，以先生九世孙陆崇奉祀。成化间，崇得请于朝，因敕建，春秋俎豆。”

由此可知，明代象山书院的恢复应该在成化二十年，明代的“象山书院”赐额应该是明宪宗颁发的。

《雍正江西通志》卷二十二记载了象山书院的大致建筑规制。书院当中为礼圣殿，两侧的房子是“两庑”。礼圣殿之后为彝训堂（即讲堂），两侧相连的分别是居仁、由义、志道、明德四斋。彝训堂之后为仰止亭，亭子后面有池塘，池塘上建有濯缨、浸月两个亭子。彝训堂外围左侧是储云、佩玉两个精舍，外围右侧是梭山、复斋、象山三先生祠，安放有宋朝的赐额“象山书院”和袁甫的记。

从《雍正江西通志》的叙述来看，上述建筑规制好像是宋代的规制。实际上这是不对的。

其一，象山书院毁于元末，原有的建筑布局已经难以详明，而成化年间以前只存在一个“三先生祠”，书院建筑早已荡然无存。《雍正江西通志》对书院各种建筑的方位描述得很清楚，显然是清初时见到的实景，而这只能是明代书院的遗存。

其二，宋代的三峰山书院建有“斋舍百楹”，而《雍正江西通志》只记载了四个斋舍、两个精舍，远远不及“斋舍百楹”之数，可见比宋代象山书院的规模要小得多，应该就是明代的象山书院。

其三，宋代象山书院是否建有“礼圣殿”，也不够明确，更不清楚它的建筑格局。而《雍正江西通志》对“礼圣殿”的建筑格局记载得很清楚，显系明代象山书院的建筑。

其四，《雍正江西通志》记载的仰止亭，可以明确是明代李梦阳建造的。

其五，清朝重建象山书院，时间在《雍正江西通志》成书之后，所以书中记载的也不是清代的象山书院。

据这些情况推断，《雍正江西通志》记载的象山书院，是明代的建筑，而且可以确定是成化年间建造的。在此之前，一直只有一个“三先生祠”，没有其他性质的书院建筑。成化年间建造的象山书院，完全属于新建，虽然规模不及宋代，但恢复之功实不可没。其中有些“斋舍”沿用了宋代的名字，而宋代的三先生祠也得到继承。

正德五年(1510),明代文学家、“前七子”之首李梦阳出任江西提学副使。李梦阳(1473—1530),字献吉,号空同子,庆阳(今属甘肃)人。任职期间,多次亲临广信府,来到贵溪,瞻仰象山遗迹,并致力于修复象山书院。正德五年(1510),明武宗诏刻“象山书院”四字于西峰石壁,至今犹存。石刻位于西峰峭壁之上,距离地面十四米有余,每个字一米见方。这一石刻,应该是李梦阳争取的结果。因为正德皇帝以荒淫无道出名,不大可能有尊崇文教的举措。正德六年,李梦阳又与知县谢宝在象山书院增建门堂,修建旧屋,又新建一座仰止亭。此亭位于三峰山的中峰山腰,上窥绝顶,下临峭壁,登临其上,云雾缥缈,如入仙境。李梦阳与夏言等人皆作有诗、赋,歌咏书院。而今在中峰的陡壁上,尚残存正德七年(1512)夏言瞻仰遗迹、桂恭讲学于此的阴文石刻,反映了当年书院盛况。夏言,贵溪人。正德十二年进士。嘉靖年间,官至礼部尚书兼武英殿大学士,不久又擢为首辅。罢官还乡之后,在书院开凿石井,解决了师生的饮水问题,复于书院附近建造象麓草堂和三峰亭,作为自己的读书和休憩场所。

相传明武宗朱厚照于正德五年(1510),给象山书院题匾

象山书院经李梦阳重修之后，不久又趋于荒废。明代前期，程朱理学一统天下，陆学不受重视。直到阳明心学兴起之后，陆九渊的地位才急速攀升。然而在阳明心学风靡天下的嘉靖年间，关注象山书院的人物也不算很多。

嘉靖年间，象山上一片荒凉，已开辟的地方重新被寺庙占据。王阳明的弟子陈九川曾想恢复象山书院，但未能如愿。陈九川(1494—1562)，字惟溶，又字惟浚，号竹亭，后号明水，江西临川人。阳明心学的重要人物之一。

荆门象山公园

陈九川作有《秋暮同诸公登应天山寻象山书院遗址慨然有感》，描述了象山“鞠为野狐丛”以及“悲风传梵钟”的景象，感慨万分。又在《叙象山书院录后》说到“象山书院”(实指象山精舍)堪称“东南洙泗”，如今却“复鞠为禅居”，这难道不是我等心学中人的耻辱吗？他自己曾想努力恢复之，却没有找到机遇。此时恰逢尊崇阳明心学的王慎中出任江西参政，陈九川便积极奔走，想借助王慎中的力量在象山上建造书院。王慎中(1509—1559)，字道思，号遵岩居士，福建晋江人。明代诗人、散文家。嘉靖五年进士，嘉靖十五年任山东提学佥事，不久升江西参政。王慎中追寻阳明先生的旧迹，经常往来于白鹿洞、鹅湖之间，与欧阳德、邹守益、罗洪先、聂豹等心学大家交游讲学。陈九川趁此机会给王慎中写信，在《寄遵岩王少参》说，象山先生之道，近来已经重现光明。朝廷将陆九渊列为文庙的从祀人物，象山先生也可以和周敦颐、二程并驾齐驱了。根据陆九渊文集的描述，象山书院（象山精舍）在当时盛况空前，在山上结庐读书的诸生有数百人，堪称与孔子故里相提并论的“东南洙泗”。可就是这样一个地方，如今却重新沦落为和尚僧人聚居的场所，岂非是我等儒人的奇耻大辱？何况朝廷曾屡次下达革除寺庙的命令（暗示可以将象山上的寺庙改为书院），而推崇心学的徐阶等人又在江西做官，这可谓是千载难逢的好机会。若不考虑如何恢复象山精舍，则各位大人也恐怕无颜面对先贤。况且朱熹还题过“象山书院”的匾额，你们推崇陆九渊，也不会和推崇朱熹产生矛盾。不知道各位大人可曾认真思考这一问题？在陈九川的鼓动下，王慎中开始考虑恢复象山精舍的事情。陈九川《送少参遵岩王公赴河藩右辖序》说王慎中曾想带着他拜谒陆九渊的故里，登上应天山，恢复象山精舍，在这里兴办书院。可惜不久之后，王慎中就被调到河南担任参政去了，此事也就彻底落空。

象山书院“徐岩”石刻

据《雍正江西通志》卷二十二，嘉靖二十二年（应为三十五年），提学副使王宗沐、知县袁凤鸣再度增修三峰山象山书院。王宗沐（1523—1592），字新甫，号敬所，浙江临海人。嘉靖二十三年进士，授刑部主事。后迁广西按察佥事、广东参议。嘉靖三十五年，任江西提学副使。王宗沐师从欧阳德，属于王阳明的再传弟子。他在江西修王阳明祠，建正学书院、怀玉书院，于白鹿洞聚集诸生，亲自答疑讲学。三十八年，任江西参政，次年任按察使，编纂《江西大志》。嘉靖四十年，升山西右布政使，离开江西。《同治贵溪县志》收录有王宗沐的“象山祠题词”。

万历八年(1580)，张居正下令废除天下书院。嘉靖年间，阳明心学风行一时，心学中人到处建造书院，讲学议政，令张居正十分恼火，因此废除天下书院的举措，也是为了打击心学流派的气焰。在执政者的淫威之下，受到心学人物关照的三峰山象山书院难逃一劫，象山祠的祭祀亦被裁撤。时知县伍袁萃捐资赎回书院产业，但为了避讳，将书院改名为象山祠。伍袁萃，字圣起，吴县人，万历八年授贵溪知县，擢兵部主事，进员外郎，出为浙江提学佥事，历湖广参议、广东海北道副使。所撰有《林居漫录》《弹园杂志》。

张居正死后，朝廷下令恢复天下书院，象山书院也恢复了本名，象山祠仍然列入祀典。迁延岁久，又荒废了。万历三十一年，知县吴继京予以维修翻新，申请由陆氏裔孙奉祠，自为记，见《同治贵溪县志》。

四、清代的象山书院

明清易代之际，白鹿洞书院不断受到官方关注，渐次恢复，但三峰山象山书院却沉寂多年，仅存的象山祠亦倒塌了。《同治贵溪县志》记载，象山祠在三峰山下徐岩，入清之后倒塌毁坏，后由陆九渊的后代、县学生员陆奇观重建，官府每年春秋两度予以祭祀。

清朝建立一百年以后，到了乾隆十年(1745)，始于城内重建象山书院，并且反复迁徙，兴废无常，直至清末废弃为止。象山书院搬到城内之后，三峰山只留下一个象山祠，虽然也有人祭祀，但已经很冷落了。

乾隆十年(1745)，知县彭之锦觉得三峰山象山书院面北而建，学者朝南祭拜先贤，非常不合礼制，就想另外开辟讲学之所，便在贵溪城西的万安寺废址上开拓地基，建造房子，恢复了象山书院。清末张謇《移建象山书院记》也说：“至本朝乾隆初，以院之堂北向，学者南面而释奠于先师非礼，废万安山寺置焉。”其实，所谓的“非礼”，只不过是清朝官员的一个借口而已。到了乾隆年间，文字狱大兴，再也不需要读书人关注国家民生，而清朝的各级地方官员，也无意于真心关注宋儒的思想情怀，只不过是以振兴文教为名，做一些政绩工程而已。这时候的学生，也只是关心科举考试，博取一点功名，早已不像陆九渊当年培养的学生那样，满怀“治国平天下”的精神气度了。《贵溪县志》说万安山象山书院建成之后，“慕学者骈肩累迹，席不能容”，只能说明想通过读书博取功名的人很多，并不能表明当时的书院有象山精舍那么大的吸引力。

万安山象山书院不过维持了几十年。到了嘉庆年间，万安山象山书院早已荒废。据张謇《移建象山书院记》记载：“嘉庆朝则又圮，迁于康熙时所建梅花墩义学，更名曰景峰。”可知万安山象山书院在嘉庆年间又被废弃。嘉庆十五年（1810），经贵溪士绅提议，邑人捐资，在梅花墩义学旧址上新建房舍，初名“景峰书院”。儒生们恐“先哲教泽，久而淹没”，于嘉庆十八年（1813）联名上书，要求将“景峰书院”命名为“象山书院”，数年之后获准，时值道光初年。张謇《移建象山书院记》：“道光初复名象山。”这一事件表明到了清朝晚期，想保住“象山书院”这一名字都已经很难了。

梅花墩　象山书院　　　　旧当铺　象山书院

咸丰年间，太平军起事，江西境内战火绵延，梅花墩象山书院因兵灾而遭到破坏，于是又被废弃，只剩下十来间破房子。到了同治二年（1863），知县周葭浦又决心重建象山书院。他买下了城东的旧当铺，在旧当铺原址上建起了文昌宫、讲堂等建筑物，名之曰“象山书院”。事成之后，县志记载为“气象一新”，实际上存续的时间也不长。

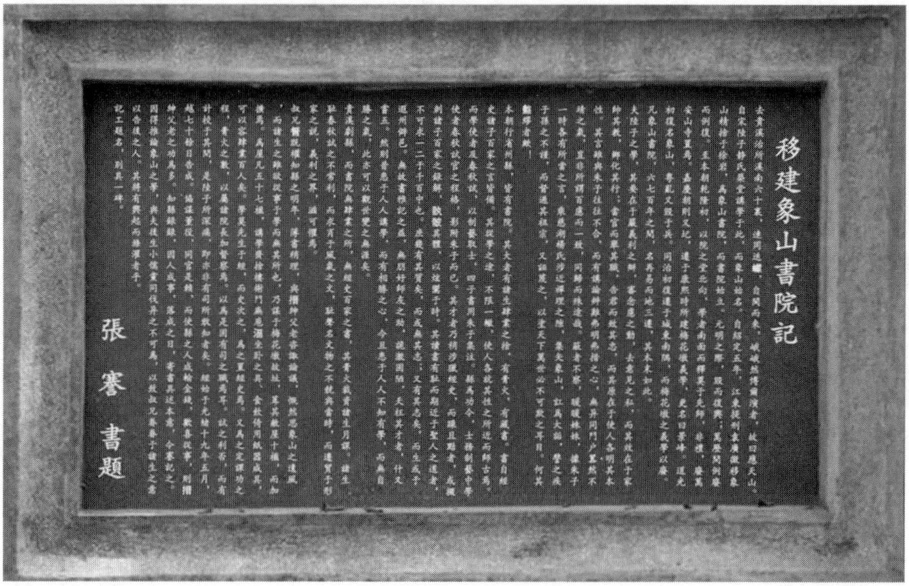

移建象山书院记

历来认为旧当铺象山书院是贵溪最后的一个象山书院，实则不然。到了光绪十九年，知县张詧又在梅花墩旧址上建造了象山书院。张謇《移建象山书院记》记载了这一事件：“叔兄詧既权知县之明年，簿书稍理，与搢绅父老咨诹论议，慨然思象山之遗风，而诸生之虽欲从事于学而无其所也，乃谋于梅花墩故址，葺其敝屋十楹，而加扩焉。为屋凡五十七楹，讲堂、斋舍、楼榭、门庑、庖湢、坐卧之具，食饮倚用之器咸具，可以容肄业百人矣。”可知光绪十九年又在梅花墩旧址上建造了象山书院，除了修葺十间旧房子之外，还新盖了五十七间房子。光绪三十一年（1905），清廷下令废除科举制度，早已依附于科举制度的象山书院，也就彻底失去了存在的价值。

除了贵溪，其他地方还先后建有几个象山书院。

金溪县是陆九渊的故乡，早在南宋之时，金溪县令陈泳之就在金溪县治之西建造了象山书院，礼聘陆九渊的弟子傅季鲁担任掌教，是为金溪的象山书院。这一象山书院一直存续到明清时期。《雍正江西通志》记载：“象山书院，在金溪县西门外二里。明嘉靖间，知县程秀民以西升废寺改祀象山先生，两傍翼以号舍，以栖来学者。”

陆九渊担任荆门知军期间，曾在荆门之西的蒙山讲学，后人遂将蒙山改名为象山，现有陆夫子祠、蒙泉、龙泉、惠泉、老莱山庄、龙泉书院等古迹。明代在这里建造了象山书院。《湖广通志》记载：“象山书院在荆门州西，明弘治间参政钟文俊建，祀陆九渊。”又记载明人柳向阳，荆门人，随从贺沚讲学于象山书院，精通《洪范》《太极》之学，为人方正严厉，对待犯错的学生毫不客气，为此成就了不少人。据《大清一统志》记载，象山书院在荆门州西蒙泉南，建于明朝，后毁，清朝顺治十五年重建。

此外，广东新会县也有象山书院。此处原为隐士张撝所居，后改为寺。明代嘉靖二十二年，知县何廷仁改建为象山书院。据《广东通志》记载，何廷仁为江西雩都人，嘉靖元年举人，为政平易，闲暇之时，则与士人讲学于象山书院。居官五载，后升任南京户部主事。

云南大理也有象山书院，建于明朝成化年间，在邓川州的象山之麓，邓川州的州治在今云南洱源县邓川镇，明清时期属于大理府管辖。

第二章　陆九渊象山讲学

淳熙十四年(1187),陆九渊应门人彭世昌之邀请,来到贵溪应天山,看见这里山势挺拔,山谷幽深,树林茂密,溪流清澈,觉得是一个讲学的好地方,就在这里建造了讲学的“精舍”。“精舍”一词在东汉时期已经出现,指隐居讲学之处,后来常指僧人、道士的修炼场所,而陆九渊的“精舍”显然沿用了东汉时期的意义。应天山离道教圣地龙虎山不远,在唐朝曾是马祖修炼的道场,北宋元丰年间建有应天寺。陆九渊为了显示儒家与佛教的区别,以应天山形似大象,将它改名为象山,因此他所建的“精舍”也就被称为“象山精舍”。“象山精舍”以陆九渊升堂讲座的草堂为中心,四周则依照地形山势,遍布居仁、由义、养正、明德、志道、储云、佩玉、愈高、惠林、达诚、琼芳等数百间生徒们自己所构筑的讲庐、书斋。虽然学子来应天山象山精舍求学,路途遥远,交通不便,困难很多,但陆九渊以他的博学卓识吸引了许多人,平时在这里就读的约有百人,五年中先后来求见问学者超过一千人。

象山(应天山)全貌

一、陆九渊象山讲学

陆九渊规定了象山精舍的办学宗旨是“明理”“立心”“做人”。“明理”主要是通晓先儒们所揭示的道理，“立心”就是用儒家之道来打造自己的精神世界，不被外物所引诱，所迷惑，做到心中有主。“做人”主要是做一个堂堂正正的人，一个按儒家之道行事的人，一个通晓儒家之理的人，更重要的是一个具有独立精神的人。

象山精舍时期，陆九渊在象山聚徒讲学，类似于一种自发组织的“读书会”，以自愿为主，没有硬性的教学管理制度。朱熹开辟白鹿洞书院，立《朱子白鹿洞教条》以引导学生，这一教条不是书院管理制度，只是规定了学习内容、学习方法。陆九渊在象山，却不立学规，只要求生徒们时常参与讲会。

象山讲学图

每日清晨，鼓声一响，陆九渊就从自己居住的“方丈”里出来，乘着山轿到达象山精舍，而后生徒们也纷纷来到草堂中。陆九渊正襟危坐，容貌端庄，目光炯炯。跟随他学习的人，每人都用一个小牌子，写上自己的姓名、年龄，依次上前，参拜陆九渊。虽然听讲的人往往有几百人，但都能做到整齐严肃，次序分明，从不交头接耳，大声喧哗。生徒们一一作揖行礼完毕，而后听陆九渊升堂讲座。讲座完毕，生徒们各自回到自己的斋舍，或研习，或讨论，没有规定的作业，全凭自主学习，而陆九渊也不强行要求学生饱读经典。

讲论开始之前，陆九渊首先教导大家要聚精会神，涵养德性，虚心听讲。于是诸生皆俯首拱立，认真听讲。在学生们专心致志、心无杂念的情况下，讲论的效果也就好得多。

陆九渊的讲学方法，与朱熹一派很不相同。大抵朱熹讲学，先挑出一段经书，进行详细讲解，然后联系到实际生活和个人的修养，可谓“从书本到心性”，而这一过程又以书本为主。陆九渊则不同。他虽然也不脱离经书，但往往只把经书的某一段作为一个引子，然后大量阐发生活中与之相关的道理。例如他在白鹿洞讲《论语》，先讲了“君子喻于义，小人喻于利”两句，然后就结合当时科举考试的情况，指出当时士子们饱读经书，不可谓不明白道理；但却因在功名上患得患失，很难做到对“义”的深切体会，难免沦落为成天计较功名得失、揣摩考官好恶的势利小人。这也就是说，陆九渊并不喜欢大量引经据典来解说儒家经典，而是努力将经典和现实生活结合起来进行解说；只有当他需要用经典来证明自己观点的时候，才偶尔提到一两句经典，颇有“六经皆为我注脚”的意思。他自己也说：“《六经》当注我，我何注《六经》。”这是一种非常“切实”的讲学风格。

从各种资料来看，陆九渊特别注重“师生问答”这种教学模式。

一种是学生听讲论时当场提问。《象山语录》记载，有一次陆九渊说：“当世学者谈道理，往往是粘牙齿、嚼舌头，纠缠不清。我谈道理却不一样，简易明白，从不拖泥带水，这样才容易明白、容易践行。”有个学生当场就问道：“先生你这样谈道理，恐怕会引起别人争论，我觉得还不如和尚谈禅，一说出来之后就没有商量的余地。”陆九渊说：“我谈道理虽然简单，却切合实际，切合自身，一开口就洞见肝胆；那些故弄玄虚、爱耍花枪的言说在我这里根本行不通。讲道德本来就是从平易到艰难，从简单到复杂的。那些谈禅的和尚，虽然故作高深，但却有很多可以商榷的余地。”

一种是读书有心得，主动去请教。《象山语录》记载，傅子渊向陆九渊请教“简省”一语。陆九渊用《周易》的一句话“艮其背，不获其身；行其庭，不见其人”来回答他。后来又就傅子渊“阔节而疏目”一语议论说：“子渊好处在此，病亦在此。”言下之意，傅子渊有一种宏大的气度，这是他的长处；但因此不拘小节，又成为他的短处。最好是能用“细密”来补救“宏大”的不足。

《象山语录》记载，有一学生听了陆九渊的讲学之后，若有所思，就给陆九渊写了一封书信，说他自从听了陆先生的教诲之后，就如同骏马奔驰千里，通行无碍。陆九渊回答说：“我指明的为学之方，只是修养的第一步，所谓千里之行，始于足下，就是这个道理。不知道你说的‘千里’，到底指什么？如果觉得‘千里’指自己能够突破自私和小我的约束，感受到广大而高明的境界，那么我告诉你，这只是修养的第一步，根本不能称为‘千里’。”

一种是陆九渊主动提问。《象山语录》记载，陆九渊曾问一个学生：“一个人若是什么事都不认真计较，虽然有点漫不经心的样子，却也很有点宽宏大度的味道；若什么事都认真计较，虽然有明辨是非的长处，又好像有点心胸狭隘的感觉。不知这两者哪个更好？”学生回答说：“如果什么事都不认真计较，那又如何会有长进？”陆九渊说：“讲得对！”

陆九渊喜欢学生跟他提问，但又反对那种不假思索的随意提问。据清代李颙的《富平答问》记载，陆九渊在象山讲学之时，有一个学生突然问他：“如何是穷理尽性以至于命？”这是《易经·说卦》中的一句话：“穷理、尽性，以至于命。”这个学生连想都没想一下，就随便找出一句话来问，这种提问当然是没有什么意义的。即便是得到解答，提问者也不会有什么收获。陆九渊知道这一点，故而笑笑说：“你喜欢这么泛泛地提问，我却不喜欢泛泛地回答你。”过一会，他又吟了一首诗：“自家主宰常精健，逐外精神徒损伤。寄语同游二三子，莫将言语坏天常。”按照李颙的解释，读书人必须做到“有疑才问”，因为“疑惑”能反映一个人的思考过程，思考得越多，疑惑可能就越多，一旦得到解答，也就会有更多的获益。“不疑”有可能反映学习者心不在焉，而“乱疑”则表明学习者把心思花在了别处，或者一心纠缠语言文字，刻意穿凿附会去了。在这种情况下，“本心”就隐没不见了，而离开了“本心”，对纲常伦理的感悟又从何谈起？

象山精舍充满了浓厚的“师生互动”氛围，这就迫使学生努力钻研、思考，以便和陆九渊深入交流。《象山语录》记载，有一个学生在象山上待了几个月，估计什么问题也没提过，于是陆九渊主动问他：“这段时间听了我的讲论，你有什么感想？”那学生老实地回答说：“刚来时觉得先生您说话颠颠倒倒，前后矛盾。开始是这样说，后来又是那样说。听了两个月之后，才觉得你说的话始终是一以贯之的，并不是互相冲突的。”

陆九渊特别欢迎来自于不同学术门派、持不同学术观点的学人前来“挑战”。《象山语录》记载，有一个学者从朱熹那里来到象山精舍，应该就是朱熹的学生。此人看起来神态有些古怪，不但是说话，就连跪拜的姿势都让人觉得别扭。他每天走出自己的斋舍，来到象山精舍之后，就会发一通议论，然而等陆九渊一回应，他又不作声了。到了第四天，此人忽然毕恭毕敬地对陆九渊说：“我想说的都已经说完了，现在请先生给我一些开导吧！”陆九渊看他态度很诚恳，就说：“我没有时间认真琢磨你这几天来的言行举止，不过也大致知道你是怎么回事了。现在世上有几种人，最浅薄的人专门追逐声色犬马，稍好一点的追逐功名富贵，又稍好一点的追求文章技艺。又有一种人，什么都不理会，专门去谈学问。我用一句话来概括这种人的特点，那就是充满了争强好胜之心。”此人听了之后，默然不语。几天之后，人们见他的样子变得顺眼多了。

陆九渊讲学的时候，吐音清晰，观点明确，切中要害，往往使人心服口服。据《象山年谱》记载，初次去听陆九渊讲学的人，多少都有点不服气的心态，或者想跟他质疑，或者想跟他论辩，或者抱着“姑妄言之，姑妄听之”的藐视态度，或者觉得自己学问很高，陆九渊也算不了什么；可是听完陆九渊讲学之后，大都心服口服，不敢再说什么了。

《象山语录》说，陆九渊在象山，经常告诫学者：“一个人若是耳目自然聪明，对待父兄自然孝悌，做人就无所欠缺，不必借助于别的东西，靠这一点本心自立就可以了。”

陆九渊认为，世上不乏有成就之人，但多半是依靠外物才得以自立的，并非真正的自立。只有发现自己“仁义礼智”的本心，并努力维持保护之，才能做到自立；而这一点与读书多少没有必然关系。假设一个人根本不识字，但能够自然做到对父母孝敬，对兄弟友爱，这样他的本心就很完整了，不需要再用别的东西来补充。这也就是说，懂多少理不是最关键的，能不能按理行事才是最关键的。正如他在《与胡无相》中所说，山间朋友近来多读《尚书》。上古之时，人心淳朴，道义明白，有倡导之人就有呼应之人，讲究道义，对他们来说是家常便饭。可是现在人被功名利禄所诱惑，又被歪理邪说所迷惑，听到人们谈论道义，反而觉得稀罕，岂不是太可悲了？

相比朱熹，陆九渊更注重因材施教，根据各人的素质进行教育，努力发现其长处和特点，即“随其人有所开发”“就其长而成就之”。在生徒数量众多的情况下，想做到因材施教，就更需要注重互动式教学。

在象山结屋师从陆九渊的毛必强曾说：“先生之讲学也，先欲复本心以为主宰，欲得其本心，从此涵养，便耳聪目明。读书、考古欲明此理，尽此心耳。其教人为学端诸在此，故闻者感动。”这一段话揭示了陆九渊讲学的特点，简而言之，就是先掌握求教者的“本心”，然后因势利导，多方开导。陆九渊很喜欢别人跟他请教或提出问题，通过接触、了解和谈话交流，让生徒们充分展示出自己的涵养方法和读书方法，而这些涵养方法和读书方法，或者是不对路的，或者有可取之处但又有欠缺。陆九渊因此对症下药，或者在某人身上指出一两点值得肯定、鼓励和提升的地方，或者指出一两点偏颇之处，让学生幡然醒悟。按照陆九渊的说法，这就是顺风吹火，趁势而为，而不是另起炉灶。因此，陆九渊教给学生的修养方法、读书方法都具有很强的针对性，都是针对提问者个人的“苦口良药”，而不是泛泛而谈的大道理，充分体现了“因材施教”的特点，如此就取得了很好的教学效果。

按照现代的观点来看，提升个人道德素养的方法和读书的方法可以有很多种，但是针对具体某个人发挥作用的却往往只有一两种；如果不能做到针对具体的个人，随缘说法，就难以取得实质性的效果，而给人教了一大堆方法，不但使人分不清高下，越学越糊涂，也很容易导致不同学术观点之间的争辩。

在讲论之中，陆九渊还采用了一种与禅宗“机锋”式谈话相似的教学方式，以便让学生在猛然开悟中发现自己的“本心”，发现自己身上有哪些不好

的习气，有哪些过分的欲望和错误的见解；一旦能够发现这些有损于“本心”的毛病，就可以有针对性地进行自我反思和反省，提升自己的修养了。

有人讥刺陆九渊的这种教学方法，说他如同禅宗。弟子袁燮为此在《题彭君筑象山室》一文中专门予以反驳。他说，在南宋乾道、淳熙年间，人们热衷于讨论“义理之学”，为此产生了不少精于此道的宗师。但是，最能切中要害又讲得最明白的，那也莫过于陆九渊了。有人说陆九渊类似于“禅宗”，这是完全没有道理的。陆九渊把“本心”讲得这么明白，哪是神乎其神的禅宗所能比拟的？除此之外，禅宗之理也完全不同于儒家义理。禅宗要求人们撇开一切现实世界来悟禅理，而陆九渊却要求人们深度切入现实，切入自身，从中体察自己是否真正践行了儒家义理，两者本质是完全不同的。正如他曾说的：“释氏为私，吾儒为公，释氏出世，吾儒经世，故于纲常所关，尤为之反复致意。”如果儒家对现实社会起不到任何实质性的作用，那还算得上是“经世致用”之学吗？

陆九渊在象山期间，生活简朴却又充满情调。平日里他或者读书，或者弹琴。每逢天气好的时候，则缓步登上山崖，看看泉水瀑布，花草竹木，或者在高山上诵读经典，吟咏楚辞及古诗古文，显得气度雍容，悠然自得。作为一代宗师，陆九渊既有严谨的一面也有和蔼的一面。即便是在酷暑之日，他也要穿着整齐，从不袒胸露乳，这体现了他严谨的一面。学生去求教的时候，他显得和蔼可亲，娓娓而谈；但除了读书、修养之外，他又从不和人闲聊。

作为一代名师，陆九渊在象山体现了“诲人不倦”的品格。《与丰宅之》说：近年来居住象山，颇多泉石之趣，交友之乐。我的侄子今年二十六岁，突然去世，令人痛心。现在登山未久，朋友们纷至沓来，忙于应酬，颇为烦劳。实际上他所说的“应酬”，就是忙于接待那些读书求学的人。

作为一代名师，陆九渊在象山也体现了努力栽培后学、奖掖人才的风范。《与包敏道》第四书说，贵溪县桂店的桂氏一族，家族兴旺，又都能崇尚礼法。往年开辟了一个书院，想请名师任教其中。桂氏家族的桂德辉，今年夏天在象山草堂里跟我学了很久，志向纯正，令人欣慰。现在桂氏的族长派桂德辉去你家乡，想请你的兄弟包显道去桂氏家族的书院任教，叫我代为邀请。应天山的书堂已经完工，明年我就带两个儿子上山去读书。桂氏家族的书院离应天山很近，包显道若是肯来任教，也可以时时到应天山来相聚。这封信充分体现了他对弟子的关爱和栽培。

对于那些不思进取的学生，陆九渊又会体现出少有的严厉口吻。《与饶寿翁》第三书说，饶寿翁日日面对云山，夜夜置身书堆，深得天地自然和古圣先贤的熏陶，我想他自然会变得胸襟豁达，气宇轩昂。然而昨日看见他写的诗歌书信，时时夹杂着猥琐而庸俗的语句，刺得人眼睛发痛，令人大失所望。是不是因为离群索居太久，忘了伦理纲常，以至于市井小儿的幽灵又在象山顶上作祟了？希望你痛自反省，不要让云山蒙羞！

二、象山精舍与白鹿洞书院不同的“为学之方”

朱熹开创白鹿洞书院，设立教条，主张先读书明理，然后培养道德品行。相比之下，陆九渊在象山讲学，强调学生要发明本心，切实做人，并不要求他们熟读先儒语录，又不立学规，不注《六经》。两者的观点很不相同，为此发生了激烈的争辩。朱熹说陆九渊的修养方法太简单，陆九渊则说朱熹的修养方法太支离琐碎，形成了学术史上的一段公案。

早在淳熙二年，朱熹与陆九渊兄弟在信州的鹅湖寺相会，发生了激烈的辩论，史称“鹅湖之辩”。朱熹开创白鹿洞书院之后，又于淳熙八年(1181)十月邀请陆九渊到白鹿洞讲学，于是陆九渊就《论语》中“君子喻于义，小人喻于利”一段作了阐述，留下了扬名四海的《白鹿洞书院论语讲义》，实际上也等于再一次抨击了朱熹的学术观点。尽管如此，朱熹还是在《书金溪陆主簿白鹿洞书堂讲义后》高度评价了陆九渊的讲论，说他讲得恳切明白，切中学者的痼疾，令人悚然心动，如果能够按照陆九渊说的去自我反省，一定会有很大的收获，不至于在立德修身上迷失方向。而陆九渊这场讲论也取得了很好的

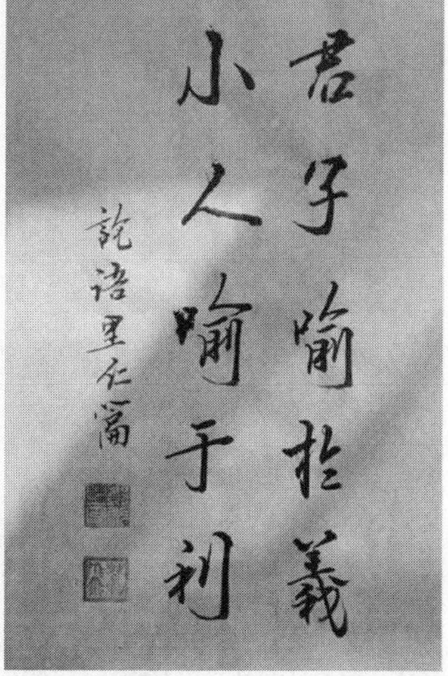

效果，据说有人当场就悚然惊悟，感动得流下眼泪来。

南宋淳熙二年1175年5月陆九渊、陆九龄、朱熹在吕祖谦的倡议下，在信州鹅湖寺举行"鹅湖论辩"，史称"鹅湖之辩"。

陆九渊和朱熹的区别，集中体现在"为学之方"上。这个"为学之方"不是泛指一般的读书方法，而是指阅读儒家经典、提高自身修养的学习方法，是一种"知行合一"的读书方法。朱熹在《白鹿洞书院揭示》中提到，他对古代圣贤的"为学之方"作了深入的研究，并将它总结为一句话："莫非使之讲明义理，以修其身，然后推己及人。"指出要想提高自己的修养，乃至于用儒家的原则去经纶济世，就必须先做到饱读经书，将经典中蕴含的道理研究透彻，了然于胸，这样才能做到提示提高自身的修养。为此朱熹在《白鹿洞书院揭示》中把"博学之、审问之、慎思之、明辨之、笃行之"作为"为学之序"，又说："学问思辨四者，所以穷理也。"也就是说，饱读经书，反复质疑，深入思考，明辨是非，乃是"明理"的必由之路，也是践行儒家义理的前提和基础。

朱熹提出的为学思路虽然有理有据，在历史上也起到了积极的作用，但从现代逻辑学的观点来看，也并不是天衣无缝的。因为儒家义理是用来践行的，不践行就失去了意义；所以"明理"的途径实际上就有两个：一个是从经典中"明理"，一个是从实践中"明理"，甚至还有一种是边读书、边实践，在两者交互中"明理"。既然如此，朱熹所说的"为学之法"实际上就是若干种方法中的一种，而不是唯一的一种。

陆九渊看到了朱熹的这一缺陷，就针对性地提出了自己的主张。朱熹创办白鹿洞书院，本来也是因为众多士子们热衷科举，热衷功名，而忘记了国家用儒家经典来提高人们修养的本意。陆九渊也赞同这一点，但认为朱熹提出的“为学之方”并没有纠正时弊的作用，至少是作用不大。因为陆九渊看到那些从事科举之业的士子，天天读圣贤书，把经典背得滚瓜烂熟，但他们的道德修养未必就更好，在实际生活中的表现更是不如人意。陆九渊在《策问》中说，考科举所用的儒家经典，跟古代的儒家经典哪有什么区别？还不是同样的经典？有那么多人为了考科举而学习儒家经典，可是学得越多，学得越透，他们的所作所为却越来越不如古代的圣贤，这又是为了什么？与此相反，不读书的人，却也有心地很正、道德表现很出色的，由此可知，德性的培养不取决于读书的多寡，精通儒家经典而不仁不义的人比比皆是。“若其心正，其事善，虽不曾识字，亦自有读书之功。其心不正，其事不善，虽多读书，有何所用？”（《荆门军上元设厅皇极讲义》）诚然，一个人若是心地纯正，有没有读书，并不影响他的为人处世；若是心地不纯正，读了那么多书又有什么用？甚至有可能让他更擅长做坏事。这种论述，的确会让特别强调读书的朱熹感到很难堪。

然而朱熹并未有效地吸纳陆九渊的观点，反而不断演绎铺陈自己的“为学之方”，使原有的缺陷被加倍放大。

例如儒家讲“立志”，要求读书人“立志于道”。朱熹也是如此，他说当时的士子之所以有那么多违背儒家伦理的作为，都因为“不去立志”。如果不能“立志”，又怎么会去学习，又怎么会去“格物致知”，又怎么能够“明理”？这些论述大体都是正确的。然而他把“读书”“学问”当作“立志”的开端，说它是唯一的必由之路，则又暴露了他那种“为学之方”的缺陷。《朱子语类》卷八说：“学者须是立志。今人所以悠悠者，只是把学问不曾做一件事看，遇事则且胡乱恁地打过了。此只是志不立。”不把学问当一回事，就是不能“立志”；反过来说，若是把学问当作一回事，就是能够“立志”；这显然是有违常理的。例如战国时期著名的纵横家苏秦，为了成功地游说各国君王，

发奋读书，不知疲倦，每到要打瞌睡的时候，就拿起锥子来猛刺自己的大腿，以至于血流如注。“头悬梁、锥刺股”中的“锥刺股”，就是指他的苦读故事。然而从儒家的观点来看，苏秦完全是一个反复无常、没有节操、玩弄阴谋和权术的“小人”。因此，事实应该是：不把学问当一回事，往往不能“立志”，但并非一定不能“立志”；反过来说，若是把学问当作一回事，往往能够“立志”，但也不一定就能“立志”。陆九渊恰好又看出了朱熹的这一缺陷，为此在《白鹿洞书院论语讲义》又对朱熹的理论进行了一番抨击。

朱熹认为，一个人立志，首先就是“立志钻研”有关儒家思想的学问，而陆九渊则在讲义中针锋相对地提出，别看当今的士子们成天读圣贤书，但对他们的“志”还得好好辨析一番。这些士子，为了应付科举考试，成天琢磨主考官的好恶，对科举考试的结果患得患失，难道是真正有志于饱读圣贤之书吗？推而广之，那些中了进士、举人的士子，为官之后，口不离圣贤之言，手不离圣贤之书，却成天考虑官阶的高低，俸禄的多少，难道是真正有志于圣贤之事吗？联系宋代的社会现实，陆九渊这种质问，是非常切中要害的。为此陆九渊认为，饱读《论语》等儒家经典，明白“义利之辨”的道理，未必就能提高自身的修养。也就是说，仅仅依靠读书明理，不一定能够提高自己的道德修养。元代芳郭无名人的《湛然居士文集后序》说，陆九渊在鹅湖及荆门讲学，都指出一个“利”字深入骨髓，乃是人们的通病。如果知道用“义”来驾驭“利”，就能成为君子；而一旦君子在位，就能够使苍生百姓获益。如果完全以“利”为中心，置一切道义于不顾，就会成为小人；而一旦小人在位，苍生百姓都会遭殃。当今之世，那些达官贵人都只知道贪图利益，朝政为之败坏，风气为之堕落，民生为之凋零。而耶律楚材大义凛然，挺身而出，以儒治国，为天下之公而设立制度，约束小人，使民生得以复苏，这岂非是“本心”的最好表现？这种议论，也从另外一个角度支持了陆九渊的观点。

在驳斥了“立志读书明理”的观点之后，陆九渊摆出了自己的正面主张。他认为，“立志”是提高自身修养的开端，但“立志”的关键不在于读书明理，而在于反省并改变自己的行为习惯，从“习”于“利”（习惯于按照功利原则思考问题、指导自己的行为）转变为“习”于“义”（习惯于按照仁义原则思考问题、指导自己的行为)，才能真正做到居仁由义，把握圣贤之理。

陆九渊指出，一个人明白并践行哪些道理，取决于他的行为习惯；而他的行为习惯，又取决于他的志向。如果立志于“义”，就会培养出体现仁义的行为习惯：“志乎义，则所习者必在于义”；如果立志于“利”，就会培养出追逐利益的行为习惯。养成了前一种行为习惯，读书就事半功倍；反之读书也没有什么用处，培养出来的依然是一个热衷功名之徒。科举考试的导向，决定了一个读书人的志向在于“利”，所以他的行为习惯也表现为求利，最终是读了那么多经书，依然不明白圣贤所说的道理，或者只是明白道理而根本做不到践行这些道理。这种观点，就与朱熹“讲明义理以修其身”的观点大不相同了。

比较陆九渊和朱熹的观点，可以看出朱熹的“为学之方”颇有将读书和笃行割裂开来的倾向，一是把读书和笃行分开，读书是为了穷理，笃行是为了践行这种道理，两者相对独立，而从读书到践行，中间还缺少一个必要环节，即读书和践行的互动过程；二是读书为先，笃行为后，只有先做到穷理，才能做到笃行。而陆九渊对朱熹的观点既表示认可，又指出了他的缺陷。他在《与赵咏道》中说，不知道“理”而去践行，就叫作“冥行”，就像没头苍蝇瞎撞一样。从这一点来看，朱熹要求“讲明义理”是对的。但是，“讲明义理”应当是“实学”而不是“空谈”，也就是应当在圣贤经典的指导下，讲明生活中的道理，为人中的道理，现实中的道理，学习做人的道理，并不是“为学习而学习、为书本而书本”，读书本身不能成为目的。进一步说，人和现实世界中的这些“正理、实理、常理、公理”，也不完全来自于书本，如果只能讲明书本上的“理”，那就成了“口耳之学”，与“本心”无关，更与现实无关了。清代白鹿洞主原敬《续白鹿洞规》有“随事以穷理”一条，说“大而君臣，父子、兄弟、夫妇、朋友，细而食息、起居，显而礼、乐、兵、神，微而鬼、神、性、命，莫不各有其理”“至于读书，乃穷理之一端，熟诵其辞，细绎其义，始焉以我之心究乎圣贤之心，继焉以圣贤之心易乎我之心，斯为真读书，斯为真穷理。”说读书只是“穷理”的方法之一而不是唯一的方法，也有力地支撑了陆九渊的观点。

从另一个角度来看，古代书院是实施儒学教育的地方，教书育人是书院的本位，陆九渊在象山精舍体现的教育精神是值得肯定的。如果片面强调“读书明理”，就有可能将书院变成一个纯粹的“儒学研究所”。

按照现代的定义，道德行为是个人在一定道德认识，道德情感和道德意志的指引和激励下，表现出对他人或对社会所履行的具有道德意义的一系列具体行动。也即是说，道德认识、道德情感、道德意志三者，是催生和指导道德行为的不可或缺的三个要素。“读书穷理”，实际上主要就是建立了道德认识，但是从丰富的道德认识到道德行为之间，还缺乏必要的环节，也即道德情感的支配、道德意志的引领作用。为此，讲明书本的义理，是为了认清现实中的义理，两者是同步进行的，交织互动的，而在讲明现实的义理时，也就应当用它来指导自己的行为，也即做到笃行。为此，讲明书本的义理、明辨生活中的义理、在生活中践行义理，应当是“三者合一”的行为。用俗话来比喻，就是“两耳不闻窗外事、一心只读圣贤书”是错误的；而“风声雨声读书声、声声入耳”才是合理的。

在当下，传统文化越来越得到人们的重视，而现代书院也日益蓬勃发展起来。从宽泛的角度来看，现代书院也有一种“朱陆之争”，有一部分学者主张现代人要饱读国学经典、大量阅读文献、深入研究各类经典，颇有点“先读书后明理”的意味，而另一部分则主张学以致用，边用边学，以知识指导实践，以实践验证知识、深化知识。事实上，只有一部分人能够成为“学者型”的国学传承人，而绝大多数的人接受国学教育，都是为了学以致用而已，如此一来，陆九渊提倡的学习方法就很值得人们重视。

陆九渊的思想理论，在后世传承不绝，尤其是得到明代思想家王守仁(阳明)的继承，并且正式命名为“心学”，为此后人也把“心学”叫做“陆王心学”，把陆九渊视为“心学”的创始人。王阳明的心学，内涵丰富，但其核心是“心即理”“致良知”与“知行合一”三大命题。在陆九渊的“发明本心”和王阳明的“心即理”“致良知”之间，可以看出明显的传承关系，因为陆九渊所谓的“本心”，也就是充满“天理”“良知”的本心；而在陆九渊的为学之方和王阳明的“知行合一”之间，也可以看出明显的联系，因为两者都明显有别于朱熹的“为学之序”。

正德十六年(1521)，王阳明将他的得意门生蔡宗兖推荐到白鹿洞书院担任洞主，又召集邹守益等门生，在白鹿洞书院大开讲席，而蔡宗兖则作《洞规说》，等于用心学理论将朱子白鹿洞教条重新解释了一番，也等于彻底否定了朱熹提出的“为学之方”：“合五者而总其要，则又不出此心而已。”蔡宗兖说，遇事都很上心，这不就是“博学”？遇事都会用心分析，这不就是“慎思”？探究问题都很专心，这不就是“审问”？用心体察各种事物，这不就是“明辨”？初心不改，始终如一，这不就是“笃行”？总而言之，这些都是“发明本心”，而不是“读书明理”。自此之后，白鹿洞书院几乎完全成了心学的“道场”。嘉靖四十四年，心学家王畿到白鹿洞开讲，又翻出陆九渊的《白鹿洞书院论语讲义》，并借题发挥，做了许多演绎，使象山的思想再一次得到发扬光大。

第三章　象山书院的教学与管理

南宋时期的书院，其教学有别于各类官府设立的教学机构，而最有光彩的、最能体现其成就的是讲学。陆九渊在象山的讲学，无疑形成象山书院的文化核心。此后陆门弟子及传人在三峰山书院继续讲述陆九渊的学问，为扩大陆九渊的思想影响创造了条件。元朝之时，文人的地位急剧下降，讲学之风骤然降温；明代心学兴盛，但为期较短，未曾把象山书院作为重要的活动中心；清代的学问，基本上已经沦落为科举的附庸；种种原因，给象山书院造成了盛极一时而后继乏力的现象。

一、三峰山象山书院的讲学

南宋绍定年间，袁甫在三峰山新建了象山书院，其建筑规制类似于白鹿洞书院，并聘请山长来书院讲学。袁甫有意继承陆九渊的讲学风格，以“发明本心”、议论明快见长。象山书院已经属于官办书院，故而在祭祀先贤、管理学生、经营学田等方面都应该有一些规定，但因史料缺乏，已经不得详知了。

南宋时象山学者袁燮在《题彭君筑象山室》指出，南宋乾道、淳熙年间，“义理之学”讲得最为透彻，涌现了很多宗师。但是最能切中要害、明白简易的，还只能算是象山先生了。有人认为，象山先生好像禅宗，不依语言、文字来传授，只靠个人领悟，显得非常神秘。这种看法，岂能称得上准确？象山先生揭示“本心”，明明白白，有如日月，又岂是神秘玄虚的禅宗所能比拟的？这段议论，体现了象山学者维护师门的坚决态度。

陆九渊再传弟子赵彦悈在《重修象山精舍记》说，用来空谈的不是

“道”,能够践行的才是真正的“道”。“道”必须到自己内心去找,到外面去找是找不到的。陆象山先生说:“《六经》当注我,我何注《六经》!”这也就是说,要用《六经》来印证内心的“道”,而不是说在内心之外,还另外存有一个“道”,需要到《六经》中寻找。象山先生又曾经跟学生说,一个人需要靠反思来寻找“道”。人们看见陆先生寻找“道”的方法太简单,太平易了,觉得好像跟禅宗一样。这是没动脑子的说法。古人说“正心诚意”,这难道不是说内心的“道”?古人说“治国平天下”,依靠的难道不是内心的“道”?这一道理,哪一点又像禅宗!

绍定六年,袁甫重修象山书院,又作了一篇很长的《重修象山书院记》,用以阐明陆门学者的观点。其中谈到宋宁宗对袁甫的老师杨简、袁甫的父亲袁燮非常敬佩,说他们在朝时为人正直,直言不阿,为世人所仰慕。于是就追溯他们的学问渊源,想起了陆九渊,觉得陆九渊用“发明本心”来教诲弟子,造就的都是仁义正直之才,因此特地给予“文安”的谥号。象山书院落成之后,袁甫走上彝训堂,与众多学生一起讲论。《重修象山书院记》阐述的观点,也可以看作是他在象山书院讲论的内容。文章指出,近世以来,风俗凋敝,学风也极为不正。当时的学者主要分成两派,一派学者在章句之间钻牛角尖,自以为平实;另一派学者谈空说无,自以为高明。在他们的聒噪之中,真正的仁义之道显得更加晦暗不明。因此,袁甫重建象山书院,就是为了“明道”。

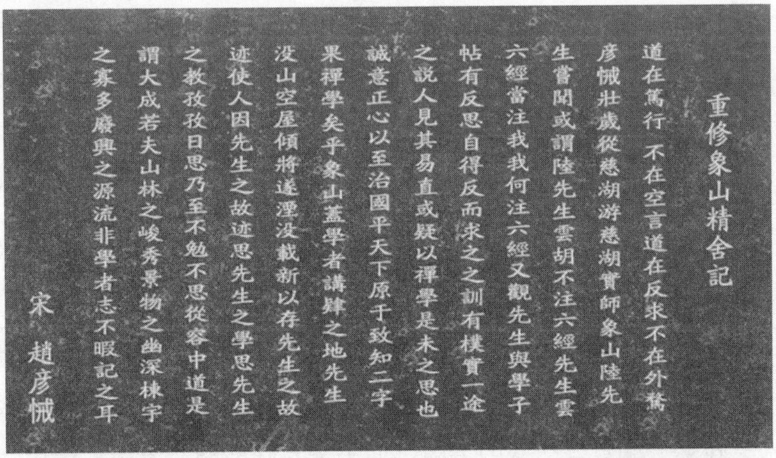

重修象山精舍记

袁甫认为，天地之间，有日月星辰，风霜雨露，山川鬼神，草木禽兽，一切万物；人也是万物中的一种，但人又是万物之灵。前者决定人与万物之间没有彼此之分，必然有相通之道；后者决定人必然可以感悟、把握这种贯穿于天地万物之间的“道”，做到“物我无间”。但为什么人们常常感悟不到这种“道”，为什么要强分彼此，到天地之间去寻找“道”呢？那是因为人被自己给蒙蔽了。同样，人世之间的“道”，存在于父子、君臣、兄弟、夫妇、朋友之间，看起来林林总总，令人眼花缭乱，也有许多人为此纠缠不清，争论不休，这就是“自我蒙蔽”的表现。其关键就是没有把握“道”的本源，不知道一切人间之道的本源都在于“本心”。要想做到不被蒙蔽也很简单，那就是用死盯着外物不放的双眼来看看自己的内心，若是看到了自己的“本心”，一切问题就迎刃而解了。然而看清自己的“本心”又谈何容易，强化自己的“本心”更是艰难。这首先要做到不胶着于“章句”，不痴迷于“格物”，不沉湎于“空虚”，最有效的方法就是践行。努力践行，就会摆脱“章句”的束缚，摆脱“格物”的误导，矫正“空虚”的毛病。我父亲曾经说，象山先生教导他，对于悟道、求道此事，“不属他人，自求可也！”真乃是至理名言。不妨说，袁甫这番讲说，属于陆九渊嫡传，体现了与朱熹学派泾渭分明的差异。

袁甫修建象山书院之后，又将其父的遗著《絜斋家塾书钞》刊刻出来，送到象山书院供学生阅读。在《絜斋家塾书钞原序》中，袁甫又做了一番讲论。说其父当年教导他，学问的大旨，就在于“发明本心”，而我的“本心”就是古圣先贤之心，就是天下万世之心。不知道这一点，就昏昏然如醉如梦；一旦知道这一点，就会豁然开天，光明透彻。其父袁燮，就是从象山先生那里学到了“道”的精髓，体现出表里澄澈的本心，并在《絜斋家塾书钞》一书中体现了其学问的精髓，所以象山书院的学生一定要好好研读这本著作。

据《弘治抚州府志》卷十四收录的傅子云《槐堂书院记》，文章末尾题为“绍定六年十二月丙子记，从事郎建宁府瓯宁县主簿充象山书院主教傅子云撰”，可知绍定四年傅子云担任象山书院主教一职。槐堂书院是当时金溪县令陈咏之在陆九渊故乡建造的书院。傅子云是陆九渊在象山精舍讲学时的得意门生，虽然年轻，却很受陆九渊赏识。因此，《槐堂书院记》可以反映傅子云担任象山书院主教期间的讲学内容和主要观点。

傅子云《槐堂书院记》认为，儒家所修的是仁义之道，而仁义之道根源于本性，本性又受之于天，不是人为的东西。这就是所谓的“天命之谓性，率性之谓道，修道之谓教”。从尧舜到周公等人，都能够阐明天道，以礼治国，实质上就是体现天道、保全天道，并非用人为的制度来取代天道。春秋之时，周道已衰，孔夫子奋起而拯救之，一心想恢复周礼，但终究没有起到很大作用。孔夫子去世之后，天下变得更加混乱，进入了战国时代。这时期能够阐明夫子之道的，就只有孟子了。孟子不但是孔子的正宗传人，在理论上也显得更为精辟，从揭示“人性本善”到弘扬仁义，从“良知良能”到治理天下，明白揭示了尧舜、周公治理天下的奥秘。然而孟子去世之后，仁义之道又变得晦暗不明了。到了北宋年间，二程张载等人重新阐明儒家之道，但能够得孟子真传的，应当还属于我的先师象山先生。象山先生开导学者，明白简易，从无支离破碎、缠绕不清的毛病，能够看出一个人灵魂深处的毛病，深入骨髓的痼疾，使沉迷于名利欲望者幡然醒悟，将蒙蔽在心头的尘灰一扫而空，于是受之于天的“本心”重新成为自己的主人，重新展现仁义的光芒，如同将明珠挖出泥潭又洗得干干净净，又如将鸿鹄放出罗网又让它高飞。先生去世之后，他留下的著作，依然足以开导后生，光大天道。这一段阐述，足见南宋时期陆门弟子势力很大，能够自己形成一个“学统”，也就是从“天道”到“尧舜”“周公”，再到“孔孟”，再到陆九渊，程朱理学的大家，都不能算是继承了很正宗的“学统”。

宋元之交的文人方回，歙县人，以朱熹的老乡自居，故而对陆九渊一派的传人多有微词。他在《送柯山山长黄正之序》中说，汤汉未中进士之前，担任了象山书院的山长，而从他之后，陆九渊的传人便独立门派，刻意将担任朝廷要员或地方大员的江西人推荐为象山书院山长，用以扩大陆氏之学的影响。自称为象山之徒的包恢也是如此。包恢为南城人，历官台州知府、江西转运使、礼部侍郎、刑部尚书、资政殿学士等，权倾一时，而他的弟子们就借助于老师的权势，胁迫到象山书院求学的四方学子信从陆学。包恢还著书抨击朱熹，被时人视为“狂者”。方回又在《送家自昭晋孙自庵慈湖山长序》说，袁甫担任江东提刑，创建象山书院，这一举措颇为狂妄。朱熹比陆九渊影响大，而徽州人却没有胆量创立紫阳书院，陆九渊的弟子把自己的老师也抬得太高了。象山书院创办之后，就喜欢聘请身居执政之位的江西人担任山长，用以扩大它的势力和影响，其中还包括误国害民的包恢。宋度宗时，权臣贾似道党政，为了增加财政收入，强行实施"买公田"的政策，等于变相强行掠夺民间财富，导致民怨沸腾，而包恢在其中推波助澜，哪算得上有"本心"的人？自从汤汉、徐霖死后，陆九渊的学问也就基本上没人传承了。方回的这种议论带有很深的成见，不过也反映了陆氏后学喜欢独立门派、独树一帜的特点。

元代大儒吴澄，也在很大程度上继承了陆九渊的学问。南宋时期，杨简的门人陈埙曾在贵溪象山书院刊刻《象山先生语录》，到了元英宗至治三年（1323），金溪学者又在金溪青田书院重刻此书，请吴澄作序。吴澄在《象山先生语录序》指出，陆九渊的学问，不是依靠单纯的言传就可以学到的，为此要谨防把陆九渊的思想理论"学问化"，把他局限在书本里，因而抛弃了其重视践行的精神。陆九渊强调，反观自身，就可以知道自己的天性；天性是不需要到外面去寻找的，而除了扩充之外，天性也是不需要外物来做加法的。总而言之，陆九渊的精髓就在于"简易而切实"。在金溪，谈论、仰慕象山先生的人比比皆是，可他们是否真的领悟到了这一精髓？

明代李奎在《重建象山书院记》中，高度肯定了陆九渊接续"道统"的功劳，但与陆门弟子的说法已经不同。在这个"道统"中，从尧舜禹汤到周文王、周武王、周公，再到孔子、颜回、曾子、子思、孟子，中间基本断绝，到北宋周敦颐出来之后，才重新"上续千载不传之统"，紧接着就是二程、朱熹，然后"圣贤之道大明于世"，如日中天。至于"深明君子小人义利之辨"，深得孟子"先立乎其大者"之意，则在于陆九渊。"其道如青天白日，其语如震雷惊霆"，风动一时，振起后学，取得了前所未有的成就。然而在李奎看来，这也只是"有补于道"，而不是"唯一之道"。这一评价比较客观，已不再像陆门弟子一样力排他说，独树一帜了。文章见《同治贵溪县志》卷四。

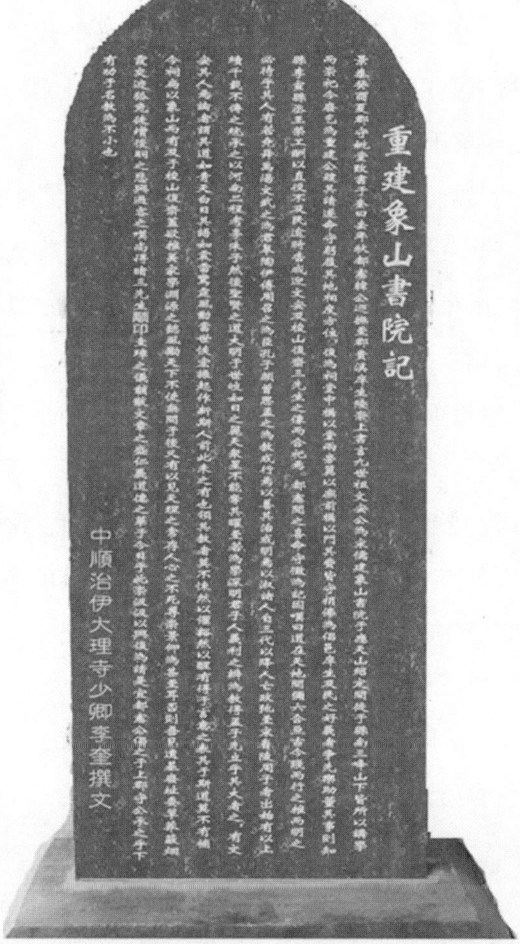

嘉靖年间，心学盛行，陈九川、王宗沐等人，都有意关注象山书院。可惜种种原因，导致象山书院基本上已经成为一个空壳，没有了学生，多讲也便无益。故而讨论象山书院的教学，明朝基本上可以忽略不计。象山书院错过了心学的鼎盛时期，这不能说不是一种遗憾。

二、清代象山书院的教学管理

刊刻于光绪年间的《象山书院章程》，较为典型地反映了清朝书院的教学管理模式。清代的书院事实上已经沦为科举制度的附庸，在教学管理上也采用了应试教育的管理模式。

《象山书院章程》规定了院长的职责，认为院长在书院中起表率作用，因此一定要选择品学兼优之人。事实上，所谓的“品学兼优”之人基本上都是进士或者举人。贵溪县以往有个惯例，即按照考上进士或举人的先后次序，轮流替补，依次充任象山书院的院长。但实际上进士、举人中也有很多人品不好或学问很差的，故而这种惯例显得很不合理。为此《象山书院章程》说：“经不明，行不修，虽举人、进士不可也。”谈不上“品学兼优”，就是举人、进士也不能担任书院山长。但这只是说举人、进士出身的也需要选择，并不意味着没有功名的文化人士也可以充当。因为学生到书院学习，就是为了应试，并不是对什么思想理论感兴趣；山长最需要掌握的技能就是精通科举应试文章。

《象山书院章程》规定了书院的人员构成及其职责。除了院长之外，书院还设有主事的人员数名，名为“监院”，负责管理一院的事务，类似于白鹿洞书院的“督洞官”，略等于现代的“书院管理委员会主任”。院长和监院都要求常住在书院之内。此外的人员尚有：管理财务的“司账”一人、负责伙食的“膳夫”二人，“长班”即长期跟随的仆人一人，粗工二人，都由书院负责提供薪金和工钱。伙食待遇分为两等：院长、监院、司账为一等，膳夫、长班、粗工为一等。

《象山书院章程》规定，象山书院不准留客住宿。学生除了外出应试之外，要求常年住在书院里，寒暑无间。允许学生的家长和亲戚朋友来书院看望，但一律不准留餐、住宿。学生不准介入打官司等事务，以免招惹闲人。如果有“包揽词讼”的行为（类似于现代人做兼职律师），就必须禀明县官，严加惩办。凡是地方文武官员赴任，或者是省、道、府等各级官员因公来县，一概不准借用书院为公馆或者旅店。贵溪县城乡的士绅，更不能在书院借宿、演戏、嫖妓、聚赌，而司账、膳夫等人，一概不准将家属带到书院来居住。书院中的花果树木，不准外人随意攀摘。各人房中也不准安置马桶，以保持书院的卫生。

《象山书院章程》对学生的起居和学习做了详细的规定。

在录取住院生方面，《象山书院章程》规定要根据各人所写文章的优劣来挑选。每年甄别一次,分为不同等级,其中"超等"十名,"特等"二十名,"上取"十名,"中取"二十名,都可以录取为住院学生,叫作"住院生"。而列入"壹等""次取"的,只能到书院里听课、学习,不能住在书院里,叫作"在院生"。"住院生""在院生"享受的待遇是有差别的。"住院生"如果三个月不报到,就算自动除名。第二年甄别时若达不到要求,也必须除名。"住院生"有名额空缺时,可以在"壹等""次取"内挑选补充。

在开学仪式方面,《象山书院章程》规定,每年开学之际,地方官亲自到场,参拜先贤,拈香作揖。之后在讲堂偏右的地方设方桌子一张,地方官席地而坐,面向西南,"监院"中的一人站着,面向东边,开始宣讲雍正皇帝制定的《圣谕广训》中的一条。如果已经定好了学生名次,则由学生中的"超等"生进行宣讲。众人听讲完毕,院长、监院及诸生均要衣冠整肃,走上讲堂,院长向南而立,监院向西而立,诸生向北而立,对院长作三个揖,院长也进行答礼,同样回三个揖;又对监院作一个揖,监院回一个揖,然后诸生分班互揖而退。

在生活起居方面,要求学生常年居住在书院之内,遵守书院的各项规定。住在书院的学生,黎明起床,夜晚到二更时分(即晚上九点至十一点)休息。如果有人愿意读到三更、四更,也不强行禁止,但应当根据自身的身体状况来决定。要求学生穿着整齐,即便是夏天,也不能赤膊、赤足。也不能在一起嬉笑打闹,结伴游逛。除了请假探望亲人之外,学生一般不许外出。如有事情请假,应当禀告院长,限定时间,出门、进门都须报告。二更时封锁大门,没有重大事情,不许开门。如果违反,由院长除名出院。

在功课方面,要求学生每天做好功课,并撰写"功课日记",有时是撰写科举应试文章,有时是撰写读经、读史的心得;这也是为撰写科举应试文章服务的。撰写心得,以有独到见解为上,其次是能够辨析前人观点,再次是对前人观点提出疑问。每天的功课情况要做好记录,即做好"功课日记",每隔十天,就将"功课日记"交给院长审查一次。其内容主要是:每天读了哪些经史文章?自己形成了哪些观点?提出了哪些疑问?辨析了哪些观点?等等。院长把"功课日记"集中起来,年终时送到县里,评定等次。上等的给予

奖赏,较差的由院长进行指导。最差的由院长进行训斥,作“留院观察”处理:半年以后还没有长进,就逐出书院;没有长进但学习态度很诚恳的,则继续留下来读书。

书院规定,学生每个月按时缴纳两次作业,主要是各人所撰写的科举应试文章,以缴卷的形式上交,称为“月课”。到了规定的期限,住院学生限定两日缴卷,在院学生(不住书院者)限定三日缴卷,过期不收。排在前三名的文章,由书院的管事人抄写出来,张贴在大门外。“月课”有时是官府规定的,做得好的就给予奖励。如果发现有抄袭剽窃行为,不论是谁,一律除名。《象山书院章程》还认为,江西的科举文章自古以来就闻名天下,它们具有“代圣贤立言”的意义,所以学生必须高度重视。

在德行方面,《象山书院章程》规定,如果学生有性情乖戾、喜好奢华、甚至喜欢惹是生非、包揽词讼等现象,由院长随时教导训斥。如果顽固不化,无法造就,就予以除名。

光绪十九年(1893),贵溪知县张詧又在城内梅花墩故址修复了象山书院,其弟弟张謇为之撰《移建象山书院记》。张謇(1853—1926),字季直,号啬庵,江苏省海门人,清末状元。张謇创办了中国第一所纺织专业学校,首次建立棉纺织原料供应基地,努力发展近代纺织工业的实践,创办了20多个企业,370多所学校,成为中国近代实业家、政治家、教育家。张詧(1851—1939),字叔俨,小名长春,号退庵、退翁,江苏南通人,为张謇三兄。1892年署理贵溪知县,1901年调江西东乡知县。1902年为江西学正。1904年回南通协助张謇办实业。

张家世代务农,但张謇却走了几十年的科举之路。同治八年(1869),张謇考中秀才。此后每两年就去参加一次乡试,1885年考中举人,1894年考中进士,被主持殿试的翁同龢推荐为第一名,成为状元,授以翰林院修撰。张謇在科举考试的道路上走了26年,进出科场20多次,直接耗费在考场上的时间合计120天,其中的痛苦与荒诞只有他自己最清楚。在时代风潮的影响下,他对科举考试有深刻的反思,《移建象山书院记》也表达了这一思想。

张謇认为，陆九渊的学问，关键在于三点：“一是弄明白义和利的区别，二是搞清楚思想动机在于义还是利，三是在学问上不要固执于门派之争。”而陆九渊追求的效果，就是一种“实效”：借助他的学问和修养，改变家风，改变乡风，改变官场的风气，让每个人都能回归自己的本来就具有的“良心”“本心”。陆九渊虽然持有与朱熹不同的见解，虽然也有一种“辩论不清绝不罢休”的劲头，但与朱熹并非出于门户之见，两人都只是为了改变社会风气而已。可是朱熹和陆九渊的后学，无法理解这一思想的精髓，反而借此挑起门派之争，就好像子孙没有出息，反而归罪于他们的祖宗一样，进而颠倒是非，混淆黑白，这是多么荒谬的事情啊！

以张謇的眼光看来，清朝的“体制”不可谓不完善，可实际效果呢？从体制上来看，清朝的读书人有专门的官学和书院，又有官府提供的伙食费，又有大量的藏书，经史子集，无所不包，又有不同的就学途径，可以适合每个人的口味。对于读书人来说，这个环境够好的了！可是到了考试的时候，一切都归于“统一”，统一用八股文来考核读书人，统一使用《四书集注》的“标准”注解，统一用官府规定的格式来衡量文章的好坏。聪明的读书人，就因此看出了门道，从“标准的”经书当中看出了符合官府口味的东西，以此让各级官员“皆大欢喜”，让自己在科举的道路上走得更加顺利，他们也就成为全社会选拔出来的“优秀人才”；如此一来，谁还会关注先贤的精神实质？在上千人之中，难得有一两个人对此进行反思的；而能够对此进行反思的少数人，要么是出身的条件太差，无书可读，要么是没有好的老师提携；于是这些千分之一的人，因此也就有百分之四五十被糟蹋了。

如此一来，古今的对比就非常明显：古代人唯恐讲论之风太盛，免不了意气之争；当下每个人都在读书，却都不知道读书的精神实质，每个人都不知道正视或克服自身的毛病，更谈不上理解先贤讲论的实质！就从贵溪而言，这是一个大县，然而读书人最强烈的感觉就是：为什么考科举总是失利？为什么在考场上总是比不过别人？大概是风水不好吧！什么义利之辨，那是多么遥远的事情！堪叹我的老哥费心心机，建造了象山书院，又哪能确保科举功名的兴旺发达！这种感慨，从一定意义上来说也适用于当下。

三、象山书院章程

一、书院以经费为先。往者，公款称裕。兵燹以后，经理者不得其人，视为利薮，霸耕魆典，且有易膏腴之田抵以硗瘠。兹当整顿院章，清厘田产，所有书院之田，其都图所在，四址所迄，佃户何人，岁纳租谷若干，详载征信册内，俾久远可稽。凡经理院事者，每岁必须量入为出，务使有余，勿形不足，以防歉岁。四季造报，一岁总报，册书二分，一存县署，一存书院，均盖县印，使阅者一览了然，弊庶少减矣。

二、书院经费，旧章与宾兴公费各别。军事初平，公田几归私室，其时自爱之人不敢过问，互相推诿。嗣以事不可废，以岁科试前列诸生与闻其事，所以混合书院公费为一。岁迁月易，事益混淆。复延首事经理。今书院既清厘有绪，不可无画一之规，查照向章，分而为二。盖宾兴之费，支给无定，而书院之费，取用有程，且界限分清，将来岁有赢余，均受裨益。宾兴费中分为文武，公车之费亦拨自宾兴，文武各得其半。贵溪材武之风，固不逊于文也。

三、院长有表率诸生之责，必慎求品端学裕之人。贵溪俗例，以科名先后递次轮充，不唯大雅所嗤，亦久奉通饬所不许。此后务须恪遵定章，破除成见，如其经明行修，虽布衣可也。经不明，行不修，虽举人、进士不可也。如此，庶人无势利之心，士识学问之路。

四、院长必请住院，而首事数人中亦必有人轮替在院，稽察一院之事。此外，司账一人，膳夫二人，长班一人，粗工二人，各给俸工。每日火食，院长、监院、司账为一等，膳夫以下为一等。院系清静读书之地，肄业生之父兄戚友至院探望，理所不禁，惟不关书院公事，概不准留餐、住宿，盖恐肄业人多，朋分类至，应给不暇也。倘因讼事至城，自恃一矜，可以盘踞书院，遇事羼越，即由院长理斥。如仍倔强，许首事禀官驱逐。若系包揽词讼，即禀县严拿按治。

五、书院为诸生肄业之所，除应试而外，寒暑无间。凡遇地方文武官弁赴任，概不得借作公馆，省道府宪委员因公下县，亦不得借作寓舍。此外，城乡绅衿更不得借地寓客、演戏、挟妓、聚博，司账、膳夫人等不准携眷住院。院中花果，不准外人攀摘，如违，禀官究治。各房并不准安置溺桶，以昭洁净。

六、评量文艺，应论其优劣，随课升降。惟挑取住院士子，宜以每年甄别为准，超等十名，特等二十名，上取十名，中取二十名，均当住院。其列壹等，以及次取者，名曰"在院"，只可预课，不得住院。如遇超、特、上、中内生童因他故不得住院者，必先禀明院长，然后将递遗号舍，于壹等、次取中挨次挑人，不得过六十名之额，以示限制。倘在住院之列，不先禀明，三月不到者即予扣除。今年住院生童，明年甄别不在住院名次者，一概不准住院，此以见去取之公，亦以寓激劝之道。

七、目前经费不充，诸生在住院列者，自备铺板一具，木案一具，书架一具，扼凳两张。或择相契五六人同雇一膳夫，米谷菜蔬之资，数分均派，不得因饮食之间致启争端，有伤大雅。其箸碗、面盆、茶壶、灯台零用等物，均归自置，俟经费扩充，再由书院酌量补给，诸生相勖自爱而已。

八、住院诸生，黎明即起，夜以二更为度，其有读书至三四鼓者，宜自量精神心力为之。虽当盛暑，不得赤足居恒，亦不得群居嬉笑，出外游行。除告假省亲而外，如有要事必须亲出，当禀明院长，限定时日，出告人谒，谨守礼法。二爆时封锁院门，非有大故，不准妄开。诸生有不遵者，由院长除名出院，以肃成规。

九、诸生除每月两课期外，每日须有功课日记，不必专习时文，或治一经，或治一史。经史即时文根柢，未有能通经史而不善时文者也。是故，治经治史以有心得者为上，折衷前人成说者次之，能致疑难者又次之。随条举例，胥著于篇，然剖断古今，贯穿故训，以成一家之说者岂可多得？即博观诸老先生之言，而抉精择微，亦非易事。故入门者，必以质疑问难为始。每日读何书，作何说，设何疑，问何难，必有数条，不得草率，十日呈送院长鉴核，年终送县分别等次，取其尤者数人，量予奖赏。至劣者，由院长随时指示。尤劣者训饬，半年以后仍无长进者，不准住院。其虽无长进而孜孜不已，能自困勉者，仍许住院。

十、诸生读圣贤书，当知进德修业，取法古人。如有性情乖戾，习尚浮华，甚至好理外务，干预词讼者，由院长随事戒饬。若犹不改，则是无可造就，即予立时罢出，毋许逗留。

十一、诸生逢课期，住院者限定两日缴卷，在院者限定三日缴卷，过期不录。卷由司事收集弥缝。前三名文，由司事抄贴门外，官课亦同。其官课奖赏并由书院司事散给，以免衙门克扣、私换毛钱之弊。其有钞袭陈文及雷同之作，住院者固当斥出，在院者亦即除名。至若杂凑成文，由院长严饬记过一次，记至三次者，扣除。盖时文虽小道，亦须自出心裁，思所以代圣贤立言之意。自来江西制艺冠绝天下，诸生取法乎上，不可不勉也。如经费扩充，再于每月设经古两课，厚予奖赏，斯所望于来者矣。

十二、院长束脩、膳金，由县中照章支送。此外，如诸生感激其师，每年三节有所将敬，以修弟子之仪，亦听其便。院长陶成后学，衡文一秉大公，决不以小节而分厚薄也。

十三、书院之设，作育人才，整饬风化，其义一贯。今议定每月朔望，照申明亭之例，于地方官拈香事毕，在讲堂偏右安设方桌一张，地方官席地西南向坐，每年第一二次，由监院首事中择一人东面立，宣讲《圣谕广训》一条，务宜曲畅旁通，随时劝导，不独学者有所遵循，庶使环听愚人皆知观感。自甄别定有名次后，则令前列超等诸生中宣讲。听讲之后，院长、监院及诸生均充冠诣讲堂，院长南向立，监院西向立，诸生北面，三揖院长，院长答如礼；一揖监院，监院答如礼；诸生分班，交揖而退。

十四、应储四部之书甚多，兹先购备《十三经注疏》《廿四史》《廿二子》及宋五子书、《说文》《文选》《御选唐宋诗醇》《古文辞类纂》各一部，钤以县印，并象山书院藏印，责成账司妥慎收藏。用木牌书明书目，每书何本，共有几卷，细注于下。如肄业生童请书诵读者，须先禀明院长，请读何书，由院长发帖账司，账司送院长，院长付肄业生。读竟一部，缴呈院长，院长仍发还账司，取收条销号。如肄业生读书未竟，即有事他出数日，必须将书缴还，回院再请，不得存留斋房，更不得携书出院。如有缺少，即着查明，少自何人手者，何人认赔。此外，尚有应备书籍，俟将来经费充裕，由院长酌定添购。

十五、院中雇用长随膳夫人等，不遵约束，诸生等务须禀明院长，监院主之，如有作事怠忽，告之监院，分别轻重，申饬更换，不得专辄。

（据邓洪波编著《中国书院章程》，湖南大学出版社）

第四章　象山书院的三大规制

祭祀、藏书与学田，构成了古代书院的三大规制。这三大规制，决定了书院的存在状况。就这方面而言，象山书院具有自己的鲜明特色。祭祀上以陆九渊或陆氏三兄弟为主，其他先圣先贤不受重视，更谈不上祭祀不同门派的人物了。在藏书方面，以学习陆九渊及其后学的著作为主，故而刊刻了不少陆氏后学的书籍。但这种特色，也未免使象山书院陷入困境。明清时期，程朱理学独占鳌头，尊崇陆学的象山书院便难以为继。在学田方面，仅靠贵溪一县的财力维持，规模也非常有限。

一、象山书院的“三先生”祭祀

白鹿洞书院的祭祀，是由官府举办、官府维持的，具有典型的“公办”性质。不仅是礼圣殿的祭祀完全由官府举办，或在官府的指导下由书院举办，就是紫阳祠、先贤祠的祭祀，也都不需要依靠朱熹门生、朱熹后裔的力量。典型的如地方官员到书院视察，都要举行祭祀典礼，而书院每年开学，也要进行祭祀，这些都属于“公费开支”，并不需要与书院的其他经费截然分开。然而象山书院的祭祀，却具有“公办私营”的性质，亦即由官府筹办、由陆氏门生或陆氏后裔来维持的，主要祭祀对象就是陆九渊三兄弟。

南宋时期，在象山精舍、象山书院祭祀陆九渊及其兄弟，主要是陆氏门生或后学来维持的。据《广信府志》卷六记载，刘启晦，字建翁，朱文公门人，庆元二年知贵溪县事，在陆九渊居住的象山“方丈”上建造陆文安公祠，春秋致祭。《古今图书集成 · 山川典》说刘启晦约定象山门人于每年正月初九日登山会祭，临江人章茂献曾为之作记。这是一个“公办”性质的祠堂，为此激

陆夫子祠

发了陆九渊广大弟子的热情，他们自发每年到山上祭祀陆九渊，形成了“公办”祠堂、私人祭祀的局面。绍定二年，江东提刑赵彦悈再次重修象山精舍的祠堂，予以祭祀。后来象山上的祠堂又荒废了。袁甫《重修象山书院记》说：“象山实隶贵溪，祠宇荒颓，过者悽惨。”

元朝至顺年间，贵溪文人祝蕃又重修象山上的祠堂，予以祭祀。据元末危素《上饶祝先生行录》、李存《祝蕃远墓志铭》记载，祝蕃为贵溪县西昂里人，早年服膺陆九渊的“本心”之说。象山书院的山长岳浚很赏识祝蕃，让他到自己的义兴老家训导子侄，后来又以“茂材异等”的名义荐举了他。延祐四年，祝蕃出任绍兴路高节书院山长，后为建康路儒学正，退居乡里。他看到象山上的陆先生祠堂荒废已久，就请求郡守秦从龙复建祠堂，率领周边数郡的士人上山行“释菜礼”，不下百人。祝蕃看到陆九渊的后代只剩下一个叫陆文美的，极度贫困，五十岁了，还是个单身汉，就设法筹集资金，让他娶妻生子。祝蕃此后再度出仕，于至正七年(1347)去世。与祝蕃一同在象山上举行祭祀的有李弘范。李弘范，字仲冶，号了庵，鄱阳人，十三岁学道于上清宫，至元十二年(1275)获得道士的度牒，至元二十七年，受张天师之命掌管符箓。延祐三年(1316)去世，享年八十。元世祖至元年间，祝蕃在象山上

建造陆文安公祠，李弘范便跟随祝蕃上山祭祀，为此成为祝蕃的学生，精通象山之学。李弘范曾在金溪祈仙观与诸儒会讲，大谈陆氏“本心”之说，令人叹服，甚至有人把这次聚会称为“小鹅湖之会”。事见张宇初《岘泉集》卷三《故上清宫提点了庵李公墓志》。

绍定四年，三峰山象山书院建成之后，袁甫撰写了《象山书院告先圣文》，派池州属官去书院祭祀先贤。又作有《先师兖国公祝文》，兖国公就是孔子的弟子颜回。

《告先圣文》是在礼圣殿祭祀孔子等圣贤时所用的礼仪性文字，内容一般上都是表达对先贤的敬重之情，以及表达传承道统的决心。但袁甫的《象山书院告先圣文》却显得有些不同。他只用一句话概括了先贤的功劳：“先圣之道，昭揭万世。”接下来却指斥所有的儒学传承者都难免“昏蒙”，不知道“吾心即道”这一道理，然后说陆九渊“指示道心，明白的切”，乃是儒学的正宗传人，故而必须加以祭祀，必须为之建造书院，传承他的学问，这样才能确保“先贤之道”不会沦落而中断。在白鹿洞书院，虽然也有祭祀朱熹的紫阳祠，但很明显对孔子的祭祀是主要的，对朱熹的祭祀处于从属的地位。但袁甫的《象山书院告先圣文》却反映象山书院的祭祀是以陆九渊为中心的，而不是以先圣先贤为中心的，对先贤的祭祀只能是徒具形式而已。

《同治广信府志》卷九记载，三峰山象山书院建成之后，专门建造了“三先生祠”，陆九渊的弟子杨简和袁燮都作为“侑祠”，也即陆九渊祠堂中的从祀对象。又陆九渊的得意弟子傅子云，也“配享三陆祠”。从创办性质来说，“三先生祠”当然是官办的，但在这里祭祀陆九渊的，却主要是陆氏后学，以及在书院读书的学生。

三峰山象山书院开工之时，袁甫作《初建书院告陆象山先生文》以告慰陆九渊在天之灵，大致意思是说：陆先生的英灵啊，你是不是还在金溪的故居，优游徘徊？你是不是还在象山精舍，侃侃而谈？你是不是散布在上下四方，与天地而同流，与四时而运行？而今晚辈袁甫我任职江东，弘扬正学，勘察地形于贵溪，建造书院于徐岩。这里有风光而无限，离象山而不远。山峰环绕，可以令人高山仰止；大河横流，可以让人荡涤心胸。真乃是天造地设的地方,并不是人为安排的结果。都说在这里可安顿先生的英灵,更可以振兴先生的事业!有人问袁甫:"你应当在象山精舍的原址上建造象山书院,怎能另外选择地方建造呢?"袁甫说:"你这种看法,实为皮相之见,没有看到象山先生的精神实质。"他认为,陆九渊发明本心,昭示学人,道理明白,却又振聋发聩,世上的读书人为之获益良多。诚如先生所言,"宇宙内事即己分内事",象山书院原本就是面对众生,面对寰宇的,是一所开放的书院,如此又何必计较是否建造在金溪县故居,还是建造在象山精舍原址,或者建造在徐岩?

袁甫又作有《祭陆象山先生文》,有"书院肇建,躬致一奠",可知就是在象山书院祭祀陆象山所用的文章。文章用四言韵语写成,大意是说:陆先生的学问,得之于孟子:他阐明了人的"本心",原来是光明如此。不知道"本心"的人,他的心灵就好像被云雾遮蔽的太阳;知道"本心"的人,他的"本心"是如此的表里澄澈。陆先生阐述他的思想,是如此的完整而系统。他叫人不要迷于偏见,也叫人不要迷于外物。象山书院新建之际,我亲自来祭奠先生。恍惚之间,先生的音容就在眼前,而先生的英灵又竟然是如此的遥远。

三峰山象山书院的"三先生"祭祀,一直维持到元末。书院因战乱被毁之后,祭祀亦绝。直到明朝景泰年间,才重新建造祠堂,恢复了"三先生"的祭祀。然而这一举措,始终都在陆氏后裔的推动下进行。先是陆九渊的九世孙陆崇给巡抚韩雍上书,要求恢复三峰山象山书院的"三先生"祭祀,得到批准,韩雍遂命广信知府姚堂主持此事。姚堂,字彦容,慈溪人,正统年间进士,景泰年间任广信知府,曾经为境内的先贤设立祠堂,进行祭祀,陆象山的祭祀也在他手上得到恢复。据李奎《重建象山书院记》,建造"三先生祠"的经费是由官府发动、各界人士捐助的。建成之后,"迎文安及梭山、复斋三先生之像而合祀焉。"又据李奎的《象山书院祭田记》,"三先生祠"建成之后,姚堂又在官府徭役之中抽调了两名劳力,充当"三先生祠"的门子,负责管理,操办祭祀活动。景泰六年(1455),贵溪一带发生饥荒,姚堂又来募捐,有一个大姓吴良辅愿意"输谷四百石于公",姚堂便将稻谷悉数发放给灾民。

到了秋天粮食收获季节，领到稻谷的灾民都愿意按照一分的利息偿还稻谷，姚堂便用这些利息购置了一些水田，用以维持“三先生祠”的祭祀。管理祭田、收取租谷、举办祭祀的任务，则交给了陆九渊的后代陆绍文、陆德，并由陆氏子孙世代经营。如此一来，“三先生祠”又成了典型的“公办私营”性质的祭祀。

成化二十年，陆九渊的九世孙陆崇再次给朝廷上书，说“三先生祠”荒废已久，要求官府重建。这一请求得到批准，朝廷下令按照“乡贤祠”的规格重建“三先生祠”，配套的祭祀也就有了保障，每年由官府举办一次祭祀。这时距离景泰四年（1453）不过三十来年。景泰四年陆崇给巡抚韩雍上书，说“三先生祠”荒废已久，自然是实情；可是在知府姚堂建造“三先生祠”之后，他为何还要说“三先生祠”荒废已久，丝毫不提及姚堂建造“三先生祠”一事？按理说，这三十年间贵溪一带并无战乱，姚堂建造的“三先生祠”也不可能这么快就毁了。其中的隐情应该是陆崇觉得姚堂建造的“三先生祠”，在名分上还不算太正式，私人祭祀的色彩太重，故而请求朝廷下令重建，这样“三先生祠”的官方身份就得以正式确立了。

陆夫子祠旧址

陆采林编撰的《中国东陆氏通谱》（2011 年编印），收有成化二年（应当是二十年）的《敕建象山书院帖》，其中提到了陆崇的上书，陆崇说景泰三年巡抚韩雍着令地方建立祠庙，予以祭祀。但这只是“私祭”“无以为荣，祠庙易以朽败，历年未改，又复倾圮，瞻拜不堪，过客兴叹”，故而请求朝廷下令重建。这就可以明白陆崇为什么再次上书了。又收有同年朝廷敕建象山祠的批文，其中要求官府“建立祠宇，再令许给门役二丁，时加看护”“祠前建立一坊，每年春秋宜从有司祭以少牢，行礼如仪”。又要求地方官吏“于象山书院故址重立书院，仍令每年春秋二次，从仪致祭”。又有“仍乞赐额‘象山书院’以昭”之语。这些敕令，应当是可靠的。综合起来，明代象山祠的恢复是在景泰年间，但整个书院的恢复在成化二十年，“象山书院”的明代赐额应该是明宪宗颁发的。

据万历年间贵溪知县吴继京的《象山祠题词》，“三先生祠”的祭祀在成化年间以后一直得到维护，如王守仁、李梦阳、蔡克廉、王宗沐等人在江西任职期间，都加意呵护，并栽培陆九渊的后裔陆经、陆行两人，使其拥有“衣冠子弟”的身份，得以维持“三先生祠”的祭祀。

正德十四年(1519)七月下旬，王守仁平定宁王之乱，在地方政局陷于崩溃混乱的情况下，一度成为江西的实际执政者。正德十五年正月，王守仁下令礼待陆九渊的子孙，写有《褒崇陆氏子孙》的批文。他接到抚州府金溪县三十六都儒生陆时庆的上书，要求官府祭祀陆九渊三兄弟。王守仁认为，陆九渊三兄弟在学术上得到孔孟的真传，属于儒学的正宗。然而到了后代，传承之人，他们的思想未能得到发扬光大，陆九渊也未能进入孔庙，享受官方的祭祀，他的后代更是没有得到官府的礼遇。为此他特意下令，让金溪县参照其他圣贤子孙的惯例，免除陆九渊嫡系子孙的差役，又在他们当中选拔聪明俊秀之人，送到官府学校就学，以便他们获得“衣冠子弟”的身份。同时也显示官方扶持“正学”的决心。应该就在此时，贵溪象山书院的祭祀也得到恢复。

蔡克廉，字道卿，号可泉，晋江人。嘉靖八年进士，曾任江西提学佥事、江西按察使。

王宗沐，字新甫，号敬所，临海人。嘉靖二十三年进士，嘉靖三十五年任江西提学副使，三十八年任江西参政，次年任按察使。任上曾关照象山书院，作有《象山祠题词》。

万历八年，张居正下令废除天下书院，“三先生祠”也差点被毁，幸好有知县伍袁萃捐资赎回书院产业，但为了避讳，将书院改名为象山祠。张居正死后，书院恢复，“三先生祠”也得到恢复，主其事者县令吴继京。万历三十二年，吴继京作《吴文肃公文集跋》说：“继京宰贵溪……顷芗之象山先生祠且颓然，嗣且萧然，京念之，重加恢创，为其后请奉祀生员，藉诸故实。”吴继京翻修“三先生祠”之后，又在陆九渊后裔中挑选了陆镗，给予县学生的身份，让他维持祭祀。

“祠学合一”即祭祀先贤和学生的读书融为一体，本来就是书院的特征。三峰山书院建成之后，象山精舍的祭祀便趋于荒废。到了清朝乾隆年间，城内的象山书院建成，但“三先生祠”依然在三峰山，出现了“祠学分离”的情况。这种情况其实也意味着清朝的象山书院，已经不复有传统书院的特征，而三峰山下的祭祀，虽然得以维持，却日趋冷落。清末浙江诸暨人周子豪（字伯雄）任贵溪知县，曾经重修象山祠，请陈子韶代为作《贵溪县重修陆象山先生祠堂记》，此记经过马一浮修改，有“祠毁于风，先生裔孙某方欲来告，伯雄适至祠下，遇诸途，一时闻者以为灵爽实式凭焉”（见浙江大学出版社《马一浮交往录》及《马一浮集》）。可知三峰山下的祭祀一直由陆氏子孙维护着，但也基本上沦落为陆氏的家庙了。

二、象山书院的藏书与刻书

陆九渊开创的象山精舍，是他与众多弟子共同经营起来的，与官府没有关系。在经营象山的过程中，彭世昌和住在山下的张氏兄弟出力很多，居功甚伟。陆九渊离开象山之后，彭世昌继续留在山上，与其他同门一道，维持着山上的讲学局面。为了让学者们有书可读，彭世昌还到处去采购书籍。《朱子语类》卷一百二十四记载，彭世昌去拜访朱熹，说象山上田地、菜园、石碓之类都已齐备。朱熹问道：“那你下山来干什么？”彭世昌说：“陆九渊先生的书院已经有了，但是没有藏书，所以我到处去采购书籍。”朱熹说：“要紧的书，哪用得了多少？我过去也喜欢藏书，后来想到，书籍这种东西，有聚必有散，何必如此孜孜以求？”从这一则故事来看，象山精舍时期已经开始藏书。

绍定四年，袁甫在三峰山新建象山书院，也很关注书院的藏书。袁甫的父亲袁燮曾著有《絜斋家塾书钞》，今尚存从《永乐大典》中辑佚而成的十二卷本。袁甫在序文中说，自己自幼跟随父亲读书，每日清晨父亲都要端坐讲书，晚上又讲一次。父亲告诉他说，学问的关键在于“明本心”，而每个人自己的本心，就是古代圣贤的本心，就是天地之心，就是天下万物之心。一旦明白这个道理，就知道“圣人即我，我即圣人”。大舜面对父亲的作为，忍辱负重；大禹三过家门而不入，诸如此类，莫不出于“本心”。“本心一昏，迷惑如彼，本心一复，光明如此。”袁燮又曾对袁甫说，陆九渊先生读到《尚书·康诰》，有所反省，简直觉得不能容忍自己；又读到《尚书·吕刑》，觉得就像发自肺腑；这都是“本心”的体现。因此，袁甫特意刊刻了《絜斋家塾书钞》，存放在象山书院，供学者阅读。这实际上是袁甫有意保存陆学渊源、家学渊源的表现。

除此之外，袁甫特意在象山书院刊刻《陆象山文集》，自己作跋云：“象山先生文集，先君子尝刊于江右，甫将指江左，新建象山书院，复摹旧本以惠后学。”袁燮当年曾在江西地区刊刻《陆象山文集》，而袁甫此次属于翻刻。从这一点来看，南宋末年的象山书院已经具备刻书的功能，这是相当不错的。在雕版印刷的时代，刻书毕竟是一件花销很大的事情。袁甫刊刻《陆象山文集》的目的也很明确，就是要学者发明本心，在跋语中引用陆九渊的话说：“千百世之上，有圣人出焉，此心同也，此理同也。千百世之下，有圣人出焉，此心同也，此理同也。”而众多学者之心，“即先生之心”。又据元代吴澄《陆象山语录序》：“杨敬仲门人陈埙尝锓版贵溪象山书院，至治癸亥，金谿学者洪琳重刻于青田书院。”故知南宋晚期，杨简的弟子、袁甫的同门陈埙又曾在象山书院主持刊刻《陆象山语录》。

陈埙，字和仲，号习庵，鄞县人。嘉定十年进士，绍定年间通判嘉兴府。他是杨简的学生，与袁甫同门。陈埙作有《象山先生语录序》，据文章中“蒙恩司治，道由书院，瞻谒祠像，如获执经升堂。见同门所录训语，编未入梓，咸以为请”一段话，他这篇文章是为象山书院作的，相当于给象山书院的“书面讲义”。文章主要有几层意思，一是说孟子去世一千五百多年以后，只有陆九渊接续了他的“道统”，直指“本心”，明白简易。二是说陆九渊设教不求繁杂，简明扼要而又体系完整，与那些将书生“淹死”在书山和你说我说之中的学派迥然不同。三是说《象山先生语录》虽然篇幅短小，但已经够用了，只有这样，才能体现“读书而又不惟书”的象山精神。

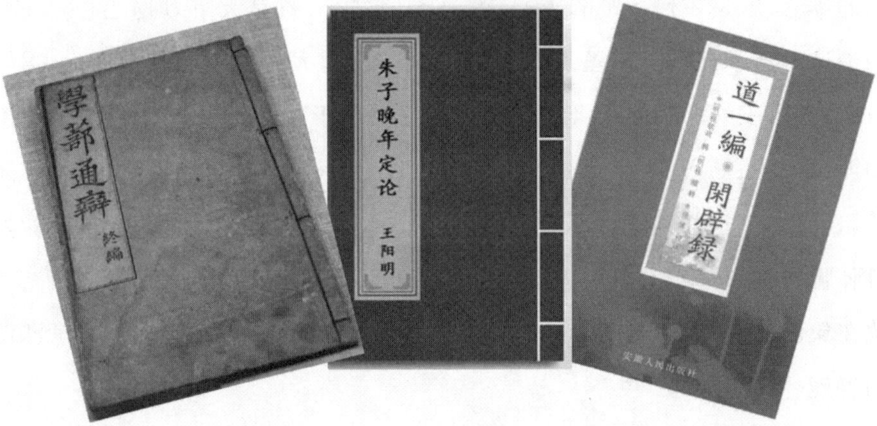

袁甫作有《书慈湖遗稿》一文，介绍杨简门人冯兴宗、周之德刊刻杨简《慈湖遗稿》的经过。冯兴宗与袁甫同门，绍定六年被袁甫聘任为象山书院堂长。袁甫在文章中说：杨简先生的言论很多，门人冯兴宗、周之德在其中精选了一部分，编成一本书，叫我刊刻出来，“以惠后学”。据此推测，袁甫刊刻《慈湖遗稿》，应该在象山书院，此书也被当作象山书院学生的必读书籍。有人觉得此书选录太少了一点，袁甫说：“杨简先生哪是个喜欢啰嗦的人？”他说杨简日常起居，没有一点懒散的样子；与人言谈，不说一句废话；写作文章，不写一个潦草的字，在朝廷光明正直，任职地方体恤百姓，如同父母，这都是“本心”的表现啊。杨简曾侍从象山先生，就“本心”提问，听了陆九渊的解答之后，忽然觉得“本心”十分清明，又无始无终，无所不通。后来他又说自己自幼好学，成年后才有所得，感觉到“本心”澄澈空明，广大无际，并体现在日常生活、一举一动之中。杨简先生的感觉和言论，真真实实，的的确确，这一本小书已经足以体现，又何必选录太多？陆九渊并不主张多读书而迷了心窍，袁甫这番议论，也体现了正宗陆氏后学的色彩。

元末危素《说学斋稿》卷一有《静明书塾记》,作于至正九年(1349)。文章说南宋之时,袁甫担任江东提刑,在贵溪徐岩建造象山书院,祠祀陆九渊,以象山之学造就人才,影响深远,直至元末还有很多陆氏传人,而元末贵溪人陈立大就是其中一位。陈立大虽然隐居不仕,终老田园,却能坚守象山之学,他在家中藏书上千卷,并把藏书之所题名为"静明书塾",其中悬挂陆九渊的画像,春秋两度,虔诚祭祀。陈立大的行为,或能说明象山书院的陆氏传人也是注重藏书的。

据清朝叶德辉《书林清话》卷四,元朝大德年间,信州路儒学刻《北史》一百卷,版心有"象山书院刊"等字样。可知元代象山书院参与了《北史》的刊刻工作。

明代顾宪成《贵溪县志序》、明钱邦伟《贵溪县志序》记载京口人钱邦伟担任贵溪县令,感慨贵溪没有县志,于是申请上司批准,"开局于象山书院",召集诸生,反复考证修订,历时八个月,终于大功告成:"其为纲者八,为目者五十,至于人物一款,尤极慎重,必户问而家访焉。"可见明代象山书院还曾作为编修县志的场所。

光绪年间刊刻的《象山书院章程》,提到了书院的藏书,这属于清代晚期的情况。章程认为,书院应当购买的书籍很多,限于经费,先行购买《十三经注疏》《廿四史》《廿二子》及宋五子书、《说文》《文选》《御选唐宋诗醇》《古文辞类纂》各一部,加盖县衙的印章,以及象山书院藏书之印,责成管账之人妥善收藏。并用小木牌标明书目,哪本书属于哪种刊本,共有几卷。如有书院诸生需要借阅,必须先向院长提出申请,院长写条子给管账的人,管账的人把具体借阅的情况告诉院长。读完之后,直接还到院长那里,院长交付给管账的人,销号收回。如果学生还没读完,又必须外出,则必须先将书籍交还,下次再借,不能存放在自己的斋舍里,更不能带出书院。如有遗失,必须查明责任人,进行赔偿。这种管理方式,已经有点像现代的图书馆了。

象山书院藏书目录

陆九渊的著作及其研究概况

陆九渊主张不立文字，不重著述。他一生留下的只有少量的诗文，大部分是与师友论学的书札和讲学的语录。开禧元年（1205），其子陆持之编成《象山先生全集》28 卷、外集 6 卷，由象山大弟子、宝谟阁学士杨简为序。二年后，象山弟子、抚州郡守高商老在郡庠临汝书院将其刊刻成书，是为象山文集第一次面世。

嘉熙元年（1237）泉使陈埙刊陆象山语录，自为序。此为象山语录第一次成书。

宝祐四年（1256）秋，临川使君谢奕懋据象山弟子袁燮、傅子云以及金溪学者李恭伯编辑整理的《陆子年谱》刊刻于郡，由包恢撰写年谱后跋。是为陆子年谱首次问世。

此后，《象山先生全集》的刻本较多，计有：

明成化间（1465—1487），陆和刻本；

明正德十六年辛巳（1521）王守仁序李茂元刻本；

明嘉靖三十八年（1559）荆门州儒学学正廖恕刻陆象山全集，在荆门地区发行；

明嘉靖四十年辛酉张孟尝、陈玉客校刻本；

明嘉靖间杨绣辑刻本；

明万历四十三年乙卯（1615）周希旦刻本；

明崇祯十三年庚辰（1640）陆邦瑞刻本；

清乾隆三十年乙酉（1765）《四库全书》抄本；

清道光三年癸未（1823）金溪槐堂书屋刻本；

民国八年己未（1919）上海商务印书馆初次影印《四部丛刊》本；

宋陆九渊《象山先生全集》三十六卷，四部丛刊初编景印明嘉靖刻本。（《宋人别集叙录》误作正德刻本）。

民国十八年己巳上海商务印书馆二次影印《四部丛刊》本；

民国二十五年丙子上海商务印书馆缩印《四部丛刊》本；

此外，还有《语录》等，如：《象山语录》。

新中国成立后，陆九渊著作印行三次：一为 1980 年，钟哲以嘉靖本为底本并参照其他诸本予以校勘、点校，改为今名《陆九渊集》，由中华书局出版。《陆九渊集》为当今最易见到的本子。二为1992年中国书店刊印的《陆象山全集》；三为1993年北京书店影印的《象山全集》36卷。

在国外，日本国历代都多次刊发陆氏著作，其中以当代福田殖先生的《象山先生文集》最具代表性，最有影响力。

综上所述，陆九渊著作经过近800年的流传，到目前已定型为全集三十六卷，即书17卷（卷一至卷十七）、奏表1卷（卷十八）、记、赠序2卷（卷十九、二十）、杂著2卷（卷二十一、二十二）、讲义1卷（卷二十三）、策问1卷（卷二十四）、诗1卷（卷二十五）、祭文、墓志铭、行状3卷（卷二十六、二十七、二十八）、程文3卷（卷二十九、三十、三十一）、拾遗1卷（卷三十二）、谥议1卷（卷三十三）、语录2卷（卷三十四、三十五）、年谱1卷（卷三十六）。

此外还有少量的佚作，时有发现。如王心田的《陆九渊知军著作研究》、孙响城的《象山吟》都收有新发现的陆九渊诗文。

现存最早的陆九渊著作，是明成化陆和刻本，珍藏于北京图书馆。

800多年来，研究陆九渊及其学术思想的主要著作，据不完全统计，出版当不少于80部，其中有王心田的《陆九渊知军著作研究》《陆九渊与象山文化》，王法贵的《陆九渊新探》，孙响城的《象山吟》，王婷、王心田等主编的《走向世界的陆象山心学》，涂中流编的《陆子心语》等。关于研究论文，见诸各种报纸期刊等。

元代

朱子说书纲领辑录一卷

元董鼎辑。元延祐五年（1318）建阳余氏勒有堂刊，与《书蔡氏传辑录纂注》合刻。《五经补纲》本不题纂集人名氏。

文公感兴诗通一卷

元胡炳文通释。明成化二十三年（1480）熊绣刻本。国家图书馆存。

晦庵先生朱文公诗集□□卷

元代人编，国家图书馆存元刻本残帙一册，存卷十一至二十二。

明代

朱文公政训一卷

明彭韶编，成书于化十二年(1476)。取朱熹与门人问答时政之语以成此编。彭韶认为“文公之学，全体大用之学也，范我后人，如规之园，如矩之方，万事所不能外也。间与门弟子问答时政，又皆指示病源，亲切的实，读之使人凛然知惧，盖不独为门人弟子语也”。(彭韶《朱文公政训、前序》)

此书现存《宝颜堂秘笈、续集》本，《丛书集成初编》本。

朱文公政训摘要一卷

明叶挺秀编。今存《叶润山辑著全书》本。

文公先生经世大训十六卷

明余佑编，成书于正德九年(1514)。是书采集朱熹《文集》《语类》二书，按类编排，分为三十六门。编者为明儒胡居仁的门人和女婿。

朱子奏议十五卷

明朱吾弼编。万历三十二年(1604)叶向高序。此书皆从《朱文公集》中抄出，共奏章十卷，书、状、扎子五卷。被讥为“《朱子文集》家传户诵，此刻可谓屋下屋，床上床矣”。(《四库全书总目》卷五十六)此书由朱吾弼自刻于万历三十二年。

晦庵题跋三卷

明毛晋辑。今存《津逮秘书》本，《第十三集》、《丛书集成初编》本。

朱子学的第二卷

明邱壑编。成书于天顺七年(1463)。采朱熹著作中言论，以类编次。上卷分下学、持敬、穷理、经蕴须看，鞭策、进德、道在、天德、韦斋十篇，下卷分为上达、古者、此学、仁体、为治、纪纲、圣人、前辈、斯文、道统十篇所谓“学的”，乃以圣人为目标之意。其体例，丘濬自识称乃“拟《论语》”之体例。清蔡衔锟序云，此书“分上下卷以拟《小学》，总二十篇以拟《论语》。上篇自《下学》以至《天德》，由事以达理，而终之以《韦斋》，所以纪朱子之生平言行，犹《论语》之有《乡党》也。下篇自《上达》以至《斯文》，有理而散事，而终之以《道统》，所以纪濂洛关闽之学之所由来，犹《论语》之有《尧曰》也”。(《朱子之学》，《正谊堂全书》本卷首)

此书今存明刻、清《正谊堂全书》本。

晦庵先生文钞七卷

明吴纳编。此书系吴氏从《朱文公文集》各体文中“各录数篇，汇成一帙”（吴纳《晦庵文钞前序》），并加以音点，刊刻于宣德五年（1430）。

此书今存明刊本六卷本、七卷本，以及明嘉靖十九年（1540）与崔铣辑《续集》合刊十卷本。

晦庵文钞续集四卷

明崔铣编。成书于嘉靖十三年（1534）。崔氏以吴纳所编未备，复为续楫，并以上接吴氏所编为一书，故名《续集》。自序云：“今甲午夏，铣闭户三月，止酒屏事，三读《文公大全集》。窃立言之旨，得其忧道之心乎，录是编稍释大意。”（崔铣《晦庵文钞续集前叙》）

此书今存明嘉靖十九年（1540）张光祖刻本，与吴纳编六卷本合刊，名《晦庵文钞》十卷。

朱子钞释二卷

明吕柟编，成书于嘉靖十五年（1536）。该书为朱子门人杨与立所编《朱子语略》的节要本。吕柟任国子监祭酒时，“遗其重复，取其切近，钞出一帙，条释其下，以便初学览阅。”（吕柟《朱子钞释序》）此书现存《四库全书》本。

朱子节要十四卷

明高攀龙编，成书于万历三十年（1602）。此书编者认为，朱熹之书“自传注而外，见于《文集》、《语录》者，浩渺无涯”。故“三复之余，节其要言，访朱子，《近思录》例，分为十有四卷，而不敢拟于《近思》，名曰《朱子节要》”。（高攀龙《朱子节要序》）

此书今存《高子全书》本。

抄朱子札言四卷

明叶挺秀辑。今存《叶润山楫著全书》本。叶挺秀，字谦斋，好润山。濮州（今濮阳）人。天启五年（1625）进士。历知南乐，衡水、获鹿三县，累官兵部右侍郎。受业于名儒刘宗周，学问精湛。黄道周被诬下狱，廷秀与其本无

交往，冒死论救，获重罪，处之恬然。著有《西曹秋思》《诗谭》《考验启蒙》《素园遗书》流传于世。

朱子学训三卷

明叶挺秀辑。今存《叶润山辑著全书》本。

晦庵先生朱文公文集把十八卷目录二卷续集十一卷别集十卷。

明朱吾弼编。万历三十二年（1605）吴养春、朱崇沐刻本。此书乃居闽宋刻本《晦庵先生朱文公文集》百卷本重编。将正集奏议类十三卷抽出编为十五卷另刊，而将剩余的八十七卷编为八十八卷。

唐荆川选辑朱文公全集十五卷

明唐顺之编，朱熹《文集》节选本。国家图书馆存明刻本。

朱子大全私抄十二卷

明王宗沐编。明嘉靖三十二年（1553）临海王宗沐自刻本。国建图书馆和苏州大学图书馆存。

晦庵先生五言诗抄一卷

明吴纳编，成书于宣德十年（1435），收朱熹五言诗200首。今日本内阁文库存明成化间刻本。前有宣德十年（1435）海虞吴纳序，成华十八年（1482）琴川周木序；后有宣德十年四明陈敬宗跋。北京师范大学图书馆存嘉靖二十一年（1542）与《晦庵文钞》合刻本。

晦庵先生朱子诗集十三卷

明成化年间（1465—1487）刻本，日本尊经阁文库存。

晦庵先生朱文公诗集十二卷

明程璩编。明正德十六年（1521）程氏自刻本。北京大学图书馆存。

新刻紫阳无言诗选二卷

明万历三十年（1603）郑云竹刻本，安徽省博物馆存。后附朱熹七言诗十四首。

新刻宋名贤晦庵五言诗钞前集二卷

新锲宋名贤晦庵五言诗钞后集二卷

明万历年间刻本，日本尊经阁文库存。

朱子大全集补遗八卷

明朱培辑，国家图书馆存清抄本一册。

晦庵诗说一卷

明沈爚辑，《谈艺丛珠》本。

朱文公游艺至论二卷

明余祐辑，明嘉靖刻本，国家图书馆存。

朱紫阳诗文训略

明祁承㸁《澹生堂书目》著录。

朱子书节要十四卷

朝鲜李滉编，朱熹《文集》选编本。其自序云："因病罢官，载归溪上，得闭门静居而读之。自是渐觉其言之有味，其义之无穷。……顾其篇帙浩穰，未易穷观，……窃不自揆，就求其尤关于学问而且切于受用者表而出之，不拘篇章，惟务得要。乃属诸友之善书者，及子侄辈分卷写讫。"（李滉《朱子书节要序》）

清代

四书朱子语类摘抄三十八卷

清张履祥、吕留良辑。张履祥（1611—1674），字念夫，一字考夫，号杨园。浙江桐乡人。明末清初著名理学家。吕留良（1629—1683），字庄生，一字用晦，号晚村。与张履祥等人治程朱理学。明亡，家居授徒，不愿为官。死后数年，因文字狱牵连，于雍正十年（1732）被戮尸枭示。此书有清康熙四十年（1701）南阳讲习堂刻本，国家图书馆存。

四书朱子大全四十卷

清戴名世、程逢仪辑。戴名世（1653—1713）清文学家、教育家、"桐城派"奠基人。字田有，号南山，安徽桐城人。康熙进士，授翰林院编修。留心明代史事，因著《南山集》，用明永历年号，以"大逆"罪被杀，株连数百人。程逢仪，钱塘人。

本书以朱子《四书集注章句》为主，而以朱子精义、辑略、或问、语类诸书采掇会粹，合于集注章句者列而存之，不合于集注章句，为早年未定之论，则不录。此书今存清康熙四十七年程逢仪刻本。因戴名世之故,被列入禁毁书目。今有《四库存禁毁书丛刊》本。

朱子语类纂五卷

清李光地编。此书与朱熹礼学专著之外,凡说礼之条散见《文集》《语类》者,以类纂集。分为总论、冠昏、丧、祭、杂仪五目。被清四库馆臣评为"朱子说礼之言参差散见,猝不能得其端绪。光地类聚而区分之,使秩然有理,于学礼者亦有功矣"。(《四库全书总目》卷二十二)

此书今存清雍正十一年(1733)刻本、《四库全书》本、《李文贞公全集》本、《榕村全书》本。

朱子礼仪释宫一卷

清佚名辑,索隐所刻书本。

朱子五经语类八十卷

清程川编,成书于雍正三年(1725)。取朱熹语录之说五经者,以类编排。计《易》四十卷、《书》九卷、《诗》七卷、《春秋》三卷、《礼》二十一卷。"此编于每经皆以总论居前,论旧说得失者次之,其余则以经文为序,并各著某人所录于下。且注其年月及朱子是时年若干岁于首条。条分缕析,至为明白。"(《四库全书总目》卷三十三)

此书现存《四库全书》本。

朱子四书语类五十二卷

清周延编,成书于康熙十七年(1678)。此书蒋黎编《朱子语类》中论四书的五十一卷语录辑出,分为五十二卷刊行。"别无增损",亦无所考订发明。(《四库全书》卷三十七)

朱子议政录一卷

清邢延荚编,成书于清光绪二十五年(1899)。光绪二十九年(1903)劳乃宣重印。劳氏跋云:"右《朱子议政录》一卷,醴泉邢氏撰。刺取朱子书中言变法者,以谂当世,便笃旧学者泯异视新学之情,崇新学者释鄙夷旧学之惑。"(劳乃宣《朱子议政录、跋》)

汇呈朱子论治本各疏一卷

清赵炳麟编，成书于光绪三十四年（1908）。此书“将朱熹奏疏关系治本者，节其要而择其精，汇辑为书，恭呈御览”。（赵炳麟《赵柏岩集汇呈朱子论治本各疏》）编者时为京畿道监察御史，奉圣命而进讲此书。今存民国十一年（1922）排印本。

二程语录十八卷

题朱熹编，实从《二程遗书》中辑出。今存《正谊堂全书》本、《丛书集成初编》本。

朱子学归二十三卷

清争端编，成书于康熙二十二年（1683）。郑氏认为“欲正所学，必以真儒为归，欲归真儒，必以圣贤为则”。（郑端《朱子学归序》）此书为书名“学归”之由来。此书仿朱熹《近思录》的体例，采撷朱熹文集、语类中言论，分类编辑，共列二十三门，门为一卷，计二十三卷。

此书今存清光绪五年定州王氏谦德堂刻《畿辅丛书》本和《丛书集成初编》本。

朱子文语纂编十四卷

清严鸿逵编。成书于康熙五十七年（1718）。是书仿朱熹《近思录》体例。采辑朱熹《文集》《语类》之语编成。《四库全书总目》卷九十五著录此书，题为“不著编辑者名氏，”实为编者严鸿逵乃吕留良门人，因受吕留良禁书案牵连，雍正十年（1732）被戮尸枭首。故馆臣编纂《四库全书》，隐其名而上之。此书清华大学图书馆存清康熙五十九年刻本。

近思续录四卷

清刘源渌编。此书亦仿朱熹《近思录》门类，采辑朱熹《四书或问》《朱子文集》《朱子语类》三书分门编辑。其弟子马恒谦序称刘氏为编此书，“于朱子《文集》《或问》《语类》三书，沈潜反复，撮辑纂叙。席不暇暖，手不停笔。二十余年，凡三创草，三脱稿，乃成是书云。”（《四库全书总目》卷九十八）国家图书馆存此书康熙三十二至三十三年（1693—1694）马常沛抄本。

近思录集注十四卷

清黄叔璥编。黄叔璥（1666—1742），字玉圃，号笃斋。大兴（今属北京

市）人，康熙进士。由户部主事迁史部员外郎，擢御史。曾奉召巡抚台湾。究心先儒书，其学以立诚为本，以笃敬为要。对训诂、考证、金石都有研究。

朱子语类四纂五卷

清安溪李光地编。自序云：“自始读《语类》，苦其以多，于是芟沉重，录精要，以备遗忘。取舍失中，过则稍觉，或增或省，至是而四。”以故书名“四纂”。此书今存清福洲正谊书院刊本、《李文贞公全集》本、《榕树全书》本。

朱子语类纂十三卷

清王钺编。王钺（1623—1703）字仲威，号任庵，山东诸城人。顺治十六年（1659）进士，曾官广东西宁县令。工于诗文。此书摘编《朱子语类》理气、鬼神、性理、论学四门，而间附以己说。今存清康熙五十三年（1714）刊《世德堂遗书》本。

朱子约编八卷

清郑士范编，成书于道光二十二年（1840）。为朱熹《文集》《语类》节选本，分为主敬、穷理、省察、克治、德行、政事、论治、训蒙八类，每类一卷。郑士范，陕西凤翔人，编有《朱子年谱》。

朱子语类日抄五卷

清陈澧编。陈澧（1810—1882）、番禺（今广州）人。字兰莆，一字兰莆，别号止斋。清代著名经学家、音韵学家。此书为《朱子语类》节抄本。成书于咸丰十一年（1861）。今存《广雅书局丛书》本、《有诸己斋格言丛书》本。

朱子语类选九卷

清朱泽沄编，成书于康熙间，为《朱子语类》选编本。今存清光绪二十三年（1897）于朱泽沄编《朱子分类文选》合刊本。朱泽沄，字湘陶，号止泉，学者称止泉先生。生于康熙五年，卒于乾隆十年，年六十七。长王懋竑两岁，于王懋竑同治朱子之学。他于王懋竑是清初双星并峙的宋学大家，扬州学派的前驱，宝应学派的创始人。

朱子语类辑略八卷

清仪封张伯行辑，今存《正谊堂全书》本，清同治五年（1866）福州正谊书院刊。

御纂朱子朱子全书六十六卷

四书直解图

清李光地等奉敕编纂，清康熙五十二年(1713)成书。将朱熹文集、语类分类重编，门类则仿《朱子语类》。馆臣认为，朱熹的文集编纂“杂出众手，编次亦不在一时，故或以私意润色。不免失真。或以臆说托名，全然无据”。针对此“则之不精”之病，“特诏大学士李光地等汰其榛芜，存其精粹，以类排比，分为十有九门”。(《四库全书总目》卷九十四)故此书，实际上是一个将前人所编文集删节而成的选本，并不是所谓的“全书”。由于此书乃奉敕编纂，编成后曾颁行全国，在当时有一定影响。有康熙间内府刻本、乾隆十一年(1746)古香斋刊袖珍本，《四库全书》本及清刻本多种。

朱子文集大全类编一百一十卷

朱熹十六世孙建安朱玉编，刊行于清雍正八年(1730)，题“紫阳书堂”。此书将朱熹之文全部分类重排。依次为年谱、诗词、奏对、政绩、书札、问答、杂著、记序等。又搜罗朱熹佚文作补遗为编纂此书，朱玉殚精竭虑近30年，用力甚勤。然吃力不讨好，被后人评为“割裂繁琐，究不及《大全集》之原本为能存其旧也”。(《四库全书总目》卷一七四)

此书今存本还有乾隆十五年(1750)、道光二十年(1840)重印本。

汇抄朱子文

清蒋天锦辑。清康熙抄本，中央党校图书馆存。蒋天锦，字绣章，博山(今山东淄博)人，曾任东昌府冠县教谕。

朱子文集十六卷

清张伯行辑。清康熙四十七年(1708)福州正谊书院刻本,江西省图书馆存。此书又有十八卷本,收入《正谊堂全书》,清同治五年(1866)福州正谊书院刊。

朱子文抄二十卷

清杜庭珠选编。成书于康熙五十一年(1712)。杜庭珠,字怡谷,秀水(今浙江嘉兴)人,官知县。

朱子分类文选九卷

清朱泽沄编,成书于康熙五十八年(1719),朱熹《文集》选编本。今存清道光元年(1821)刻本和清咸丰三年(1853)刻本。

朱子晚年全论八卷

清李绂编,成书于雍正十年(1732)。李绂(1673—1750),字巨来,号穆堂,江西临川人,幼以神童称,清康熙四十八年进士,选庶吉士,累官工部右侍郎,乾隆初授户部侍郎、累至内阁学士,著有《穆堂累稿》《续稿》《别稿》等传世,该书系从《朱文公文集》中辑出朱熹万年与其门人,友人的论学书信,讲义、记文、墓表等357篇,文末间有简短评论。以此证明朱陆晚年之争,乃门人各守师说所致。此书有清雍正十三年(1735)刻本,江西省图书馆存。中华书局2007年版段景莲点校本。

朱子书三卷首一卷

清冯云鹓辑,清道光十四年(1834)冯氏自刻《圣门十六子书》本。冯云鹓,字集轩,崇川人。

朱子文钞

清吕敬甫编,成书于道光十七年(1837),王宝仁序。今存清道光刊本。

朱子论定文钞二十卷附外编一卷

清吴震方编,成书于康熙四十一年(1702)。从朱熹著作中“凡又论及经传史暨秦汉唐宋之文者,摘而调之,附以本文”。(吴震方《朱子论定文钞.序》)编者之意,盖欲由此引导读者“由文章以求性道”。有清康熙四十四年(1705)刻本,清华大学和浙江图书馆存。

朱子古文读本六卷

清周大璋编，成书于康熙五十六年(1717)。为朱熹《文集》选编本。编者周大璋，字聘侯，号笔峰。安徽桐城人。雍正二年(1734)进士，是清初同城人古文学家，曾历知松江府学教授，私淑归有光。他认为朱熹《文集》"全书浩博"，未易购求，因而选其要者"出而布之"。周大璋《朱子古文读本序》。今存康熙五十六年(1717)刻本，清道光二十八年(1848)长沙小琅环山馆重刻本，以及清道光间喜闻过斋重刻本。

朱子古文节选二卷

清杜宗岳选评。成书于道光三十年(1850)。此书据周大璋编本节选，现存清咸丰元年(1851)宝孺堂刻本。

馆选朱子古文读本二卷

清光绪七年(1881)同文堂刻本，选朱熹之文五十余篇。前有光绪七年邬杰序上海图书馆存。

朱子节要抄六卷

清潘世璜编，成书于嘉庆九年(1804)。潘世璜，字黼堂，江苏吴县人，乾隆六十年(1795)进士。此书节选明高攀龙《朱子节要》一书。存《还远复斋遗书》本。

朱子大全集补遗二卷

清朱启昆辑，国家图书馆存清抄本一册。朱启昆，字我裕，号敬斋。湖广汉阳人。康熙二十年(1681)举人，康熙三十六年(1697)进士，选庶吉士。四十四年(1705)出任乙酉科乡试云南考官。曾任教紫阳书院，在书院编有《性理大全书辑要》八卷、《朱子大全集补遗》二卷。

朱子文集补遗五卷附录一卷

清陈敬璋辑，国家图书馆存清朝本一册。陈敬璋(1764—1813)，字奉莪，号半圭，海宁人，郡庠生。性喜抄书、藏书、见异书辄手抄。藏书即为其手抄本。

朱文抄选四卷

上海图书馆存朝鲜刻本。

朱书百选六卷

上海图书馆存朝鲜活字印本。书名页题《御朱书百选》,内容以选录朱熹函扎为主。

雅颂八卷

或作《雅诵》。朝鲜正宗元年(1777)铜活字印本,北京大学图书馆存;清嘉庆四年(1799)朝鲜活字印本。

内收朱熹祠、赋、诗、铭,箴、赞、文而成八卷。此书“纸精墨纯,书品宽大”,为高丽精印本。

朱子可闻诗集五卷

清洪力行辑释,成书于康熙六十一年(1722),清刻本。洪力行,字侍臣,新安人,此书编成于其执教常熟县学之时。此书从《朱子大全集》二千多首诗中取十之二三,分体编次,并作笺释。其重点在选录朱熹诗作中“流连景光,雕刻万物,以歌咏乎性情者,尤而游之”的作品。他认为如此,读者“自然忘理学之高深,而乐风雅之和易,久而有得,将更有进于理学之道,此则夫子之文章可得而闻者也”。(洪力行《朱子可闻诗集序》)故以名其集曰《可闻》。

朱文公诗赋全集十卷　朱文公诗集补遗一卷　训蒙诗一卷

清抄本,以朱玉《朱子文集大全类编》为底本。

朱子诗集十卷附考异

故宫博物院存清康熙内府精抄本。

朱文公诗集十卷

清道光二十七年(1847)六安徐启山校刊本。

朱子诗抄四卷

清杜庭珠辑,清采山亭刻本。

文公集钞一卷

清吕留良等辑,《宋诗钞初集》本。

文公集抄一卷

清管庭芬等辑,《宋诗钞补》本。管庭芬(1797—1880),字培兰,号芷湘,海宁人,诸生。清画家,并工诗文,精鉴赏和校勘。著有《渟溪老屋集》《海昌艺文志》。

朱子诗选一卷

清东海陈吁选编,《宋代五十家诗集》本。

朱子诗集一卷

清坐春书选辑,《宋代五十六家诗集》本,传世有清宣统石印本。

晦庵祠一卷

清江标辑,《宋元名家祠》本。江标(1860—1899),字建霞,号宣圃,江苏元和(今吴县)人。光绪十五年(1889)进士,官翰林院编修。博学工诗文,尝刻《灵蒹阁丛书》,世称精本。

民国

童蒙须知一卷

民国周学熙辑。《周氏师古堂所编》本,民国三十年(1941)刊。周学熙(1866—1947),字缉之,别号子庵。安徽东至人,周馥之子。北洋政府财政总长,曾任山东高等学校校长。

朱子语类一卷文集二卷

民国周馥辑。《周氏师古堂所编书·宋五子节要》本,民国二十六年(1937)刊,周馥(1837—1921),子务山,号兰溪,安徽建德(今东至县)人。诸生出身。咸丰末年,避战乱辗转到省城安庆。同治元年(1862)春,李鸿章组建淮军。周馥应募,深得李鸿章办洋务达三十余年,诸多赞画,深受倚重。逐由候补县累迁至封疆大吏,成为淮系集团中颇有建树和影响的人物。

朱子闲适诗选一卷

民国周学渊选。《八家闲适诗选》本,收入《周氏师古堂所编书》。周学渊、周学熙弟,亦曾任山东高等学校(今山东大学)校长。

朱子尺牍墨迹

民国十九年(1930)北平故宫博物院印本。

叠山书院辑刻的朱子丛书

经说三十卷

昭武黄大昌、鄱阳王迂编次。宋赵希弁《郡斋读书附志》卷五上著录："晦庵先生朱文公熹仲晦之说也。《易说启蒙》三卷、《大意问答》两卷、《尚书问答》三卷、《毛诗问答》一卷、《礼记问答》一卷、《周李春秋问答》一卷、《论语问答》并《拾遗》八卷、《孟子问答》并《拾遗》并《孝经刊谈》四卷、附《太极解义》、《太极问答》、《西铭解疑问答》三卷、通为三十卷。……凡六经之要旨，论孟之奥义，息可以类而求之。延平廖德明为之序。"黄大昌、邵武黄峭后裔，黄永存之孙，黄公绍之父。

朱子成书十卷

元黄瑞节辑。今存元至正元年(1341)日新书堂刻本。此书由朱熹《太极图》《通书》《西铭》《正蒙》《易学启蒙》《家礼》《周易参同契》《阴符经》和蔡元定《津吕新书》《皇极经世指要》十种汇集而成。每书各为一卷。

朱子遗书

清康熙御儿吕氏宝诰堂刻本。子目十五种见《中国丛书综录》471 页，上海古籍出版社 1982 年新一版。

朱子遗书重刻合编

清贺瑞麟辑，西京清麓丛书。子目十一钟详见《中国丛书综录》260 页。贺瑞麟(1824—1893)字角生，清末著名理学家、教育家、书法家。授业于李

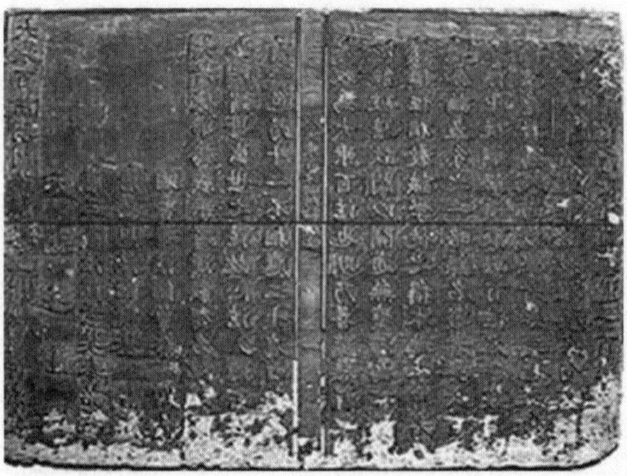

木刻板版图

桐阁,与山西内城薛玉瑛、朝邑杨树春并称“关中三学正”。同治九年(1870)创立正谊书院。主讲正谊书院20年,学兼体用,精研程、朱之道。

三、象山书院的学田

如同其他书院一样,象山书院也有自己的学田。遗憾的是,因为历代象山书院都未编撰志书,所以象山书院早期的学田情况,已经无从知晓。

陆九渊在象山,开辟了象山精舍,学者闻风而至,纷纷在山上建立斋舍。象山精舍没有官府的支持,因而也没有田产。学者在象山,或者自带粮食,或者耕读相济,饮食皆必须自备。象山在陆九渊开辟之前,已经处于荒废状态,山中有一些田地,这时就被开辟出来,供学生耕种。据《朱子语类》卷一百二十四记载,陆九渊离开象山之后,彭世昌留守象山书院(象山精舍),后来去拜访朱熹,跟朱熹说:“山上有田可耕,有圃可蔬,池塘碓硙,色色皆备。”朱熹问他:“既然什么都有,那你还下山来干什么?”从这一则故事可以看出,象山精舍通过彭世昌等人的经营,已经有了水田、菜地、池塘以及加工粮食所用石碓、石磨,可以在很大程度上解决师生的粮食问题,不过这些学田都是陆九渊的弟子开辟、耕种的,与官府置办的“学田”很不一样。

绍兴四年,江东提刑袁甫在三峰山徐岩新建象山书院,特作《象山书院记》,又购置学田。当时有数以百计的学生,学田的数量当在不少,但没有任何详细的记录。三峰山象山书院到元末毁于兵火,这些学田也就彻底散失了。

明朝景泰三年,巡抚韩雍、知府姚堂恢复了象山书院陆九渊三兄弟的祭祀,并购置有田地,用于祭祀。据《同治贵溪县志》的《职官志》,明代知县江万仞、周如斗分别购置学田二十亩,主簿李绍科添置十亩,明代象山书院从此开始有了五十多亩学田。周如斗,字允文,嘉靖二十六年进士,历官江西贵溪知县,江西道监察御史,终巡抚江西副都御史。为此可知周如斗置办学田是嘉靖年间的事情。

又据明代毕竟容的《增置学田记》,嘉靖年间的广信府推官姚篚又为象山书院添置了学田。姚篚,字希贤,别号龙津,浙江平湖人,后寓居华亭。嘉靖十年举人，授广信府推官。任上筑玉山城，置关隘，山贼不敢啸聚。嘉靖三十九年，他在推官任上，到贵溪视事，在贵溪待了几个月，拿出俸禄来，让教谕黄士元、训导林志、李元征购买学田，收缴田租，用以资助书院学生；又叫诸生樊一贵等五人亲自踏勘，选择了上好的田亩，每年共计租谷二百斛，相当于一百一十多亩田的田租（其中应当包括江万仞、周如斗置办的学田）。教谕黄士元、训导林志认为这是值得继承的方法，就竖立石碑，将设立学田的前后经过和田亩数都刻在石碑上。

据《同治贵溪县志》的《书院学田》记载，明朝的象山书院学田保留到乾隆初年，还有一百零二亩，地有一亩二分，历代相传是明朝知县周如斗购置的，每年的租金用于支付山长的薪金，考试的费用开支，帮助贫困学生缴纳租税，不足的部分则由县令筹措。

乾隆年间知县彭之锦也为象山书院筹措了一些学田，但根据《同治贵溪县志》的记载来看，彭之锦筹措的学田，可能不是专门给象山书院的，而是用于扶持全县学生的。例如乾隆九年，知县彭之锦给书院划拨了八十二亩八分田，另外添置二十五亩七分，均用于增加书院学生的膏火补贴，并竖碑于象山书院，自己撰写记文。按照这个数字，加上明代的学田，就应当接近两百亩了。实际上并无明确记载说象山书院有两百亩学田。

《同治贵溪县志》记载的清代学田，来源多方，但用途不明，更不能说专门用于支持象山书院。清代的学田，大概有几种来源：一是没收寺庙的田产，例如乾隆十三年，将三十四都仙岩寺充公的六亩田拨给书院，土名墟上，位于寺庙之前。一种是新开垦的田地，如在浮桥渡一带属于公家的河边洲上开垦田地二十一亩。一种是官员和私人捐助的，有田产也有银两，如道光四年知县胡宗简捐助四百两银子，借此发动大家给书院捐助，人们纷纷响应，其中如职员邵守棠等六人，分别捐助了数十亩水田，为此官府给他们颁发了“助兴文教”的匾额，以示嘉奖。其中邵守棠捐助最多，有六十二亩六分，折合田租谷一百二十四担二斗。其次为程昶，也捐助了六十分零九分，折合田租谷一百三十二担八斗。大多数居住的数额在一亩至十亩之间。《贵溪县志》还专门记载了一些捐助学田的仁义之士，如程尹耕，三了桥人，少年时发奋读书，但未能获取功名。嘉庆十一年，给象山书院捐助六百担稻谷，县令为之刻石纪念。道光四年，其子程昶又给书院捐助了六十亩水田，得到了官府颁发的“助兴文教”匾额。清朝的象山书院位于城内，除了学田还有一些店铺，其中县衙后面有店铺一处，县衙前面有店铺三处，上坊桥有店铺两处等，均以租赁的方式，租给商号或私人营业，收取租金，用于贴补书院开支。

这些来源于社会各界的学田、资金、店铺等，很难说都用在了学生身上。例如刊刻于清朝光绪年间的《象山书院章程》，就专门指出了“经理者不得其人，视为利薮”的弊端，其中指出：以往书院可用的公款很多，经过咸丰年间的战乱之后，掌管者将它作为牟利的手段，往往存在用差田偷偷换掉好田的情况。为此《象山书院章程》规定，要认真清理田产，载明田地的方位和四至、租种学田的佃户以及每年收取的租谷数额。掌管书院的人，每年都要量入为出，千万不能超支；并且每个季度都要递交报表，一式两份，加盖印章，一份存在县衙里，一份存在书院里，以便核查。《象山书院章程》又指出，以往书院经费与资助科举考试的“宾兴费”是分开的。经过咸丰年间的战乱之后，书院经费与资助科举考试的“宾兴费”混合为一，就成了一笔糊涂账。因为用于资助科举考试的“宾兴费”是不固定的，而且用度无常，很难管理。因此《象山书院章程》要求将资助科举考试的“宾兴费”与书院经费分开，以求专款专用。从这一点来看，象山书院学田的收入，也很难保证不被挪用。

《象山书院章程》还规定了学田收入的开支项目。首先，书院院长的“束脩”“膳金”也即薪酬和伙食费，由县里按照规定发放。此外，每年三节诸生给院长送礼，则属于私人行为，县里不予约束，但也希望书院老师不要因此而厚此薄彼。其次，书院给学生提供“米谷菜蔬之资”，按照总数来均分，其他需要自备的东西有铺板一副，桌案一张，书架一个，两张凳子，而碗筷、面盆、茶壶、登台等日用品，也需要自行备办。如果书院经费充裕，可以酌情补贴。从这一点来看，清末象山书院的学生，所能得到的资助也是很微薄的。

明置书院学田

旧田一百零二亩奇，地一亩二分，历传为明知县周如斗所置，为周田。每岁官收租银，为本学斋长束脩、科岁考花红及解给贫士完纳国赋之费，不敷则知县捐俸以足之。乾隆九年，知县彭之锦将诸生资斧田八十二亩八分，并自置田二十五亩七分、地二十二亩八分，俱入义学，增给膏火颁赡诸费，通详各宪，立碑象山书院，自为记学田。后两月，得明参政毕竟容所撰《学田记》，乃嘉靖庚申署县郡推姚篚所置也。《记》云租二百斛，计田应百十余亩，周江之田在内与否，不可知，要其数则两倍之。今统名周田，而不知有江与姚；江犹注于职官，姚则并其名而逸之。意姚署篆日浅，仁声未洽，周先任，既积有声，后复为江西巡抚，尊势所在，群情震附，故掩姚之美，崇饰于周。江虽略有记注，不敌口碑，遂为故事也。至李绍科之十亩不传，又可知矣。按姚田较今周田之数已为过赢，况合江、李与周所置，则当一百七十余亩。今止一百零二亩者，积年既久，或荒或隐，如伍田原四百二十余，今祇存三百，余从可类推。闻故老言，

康熙初年，学田有八百余亩。近年清厘，祇共存四百三十二亩。因思数百年中，长吏培植学校，捐置膏火，如江、姚、李之没而不传者，不知凡几。国初，叶田转瞬鬻为民业，其一端也。姚田幸见毕记，今搜罗及之，使事与文俱传，亟以周、江、姚、李并记以书其大略，俾邑人士饮水知所自也。

按《职官志》，明知县江万仞暨周如斗各置学田二十亩，主簿李绍科置田一十亩，邑有学田，自周、江、李三人始。且江、周、李所置者仅五十亩耳，而余田五十亩有奇，续置之人，世远年湮，其名莫考，并志于此，庶几勿忘所自云。

周、江、姚、李学田一百零二亩一分七厘五毫，官斛租一百零二石一斗七升。都图、土名、号墩、四至开后。外地一亩二分。

五都二图：晚田五亩一号，坐落夏姓门首大路下东港内。南北至江姓田。晚田五亩三分二号，土名吴家垄，四至俱潘田。

十一都一图：早田一亩七分五厘一号，土名官山下，东北张田，西南至塴。

十一都二图：早田一亩一号，土名董家坝。东西南至港，北至朱田。

十四都二图:晚田六亩四号,土名水碓旁。东张田,西止塝,南北程田。

十九都:晚田四亩二分十号,土名上梅源。东南小圳,西止路北高塝。早田二亩二号,土名倪家垅。东江田,西朱田,南朱山,北李田。晚田三亩三分二厘五毫三号,土名炭塘垅,东止山西学田,南吴田,北林田。

三十八都二图:早田二亩四分七号,土名黄沙。东南北止山,西止路。

三十九都:早田二亩一号,土名詹家坂。东杨田,西汪田,南北方田。早田二亩四分一号,土名南山口。四至俱杨田。

四十一都二图: 早田二亩二号,土名荒田嘴。东西南俱吴田,北至山。

四十一都三图: 早田八分一号,土名西江坂。东西南黄田,北汪田。早田二亩四分一号,土名刘家坂,东西汪田,南周田,北朱田。早田一亩五分二号,土名西江坂。东止路,西涂田,南汪田,北乐田。早田一亩三分一号,土名汪家背。东南汪田,西北小圳。早田七分一号,土名汪家背。东南汪田,西许田,北汪田。早田二亩三分一号,土名大路荒塘下。东西北汪田,南孔田。早田五分一号,土名庙嘴山。东西北傅田,南黄田。早田二亩四分一号,土名枫连嘴。东南西黄田,北官圳。早田一亩二分一号,土名余家山。东官圳,西吴田,南黄田,北黄田。

四十三都:早田三亩五分一号,坐落吴姓门首。东夏田,西北圳,南黄田。早田一亩二分二号,土名漳铺墩。东南黄田,西吴田,北胡田。早田五亩二号,土名西江坂。东南张田,西北涂田。晚田一亩八分一号,土名鹅科垅。东南西北俱邓田。早田二亩二分,土名枫树底。东南西北俱邓田。早田七分一号,土名金家墩,东汪田,南徐田,西北杨田。早田三分一号,土名莱坝坂。东南胡田,西小圳,北屋场。晚田二亩五分一号,土名勇内。东西南汪田,北陈田。地一亩二分一号,土名桂家屋背。东南北颜地,西汪地。晚田三亩二号,土名蔡家垅。东张田,西南汪田,北学田。

四十八都:早田三亩二号,土名方姓门首。东北吴田,西汪田,南璩田。早田八分一号,土名轻塘。东北胡田,西南桂田。早田一亩二分一号,土名轻塘。东胡田,西汪田,南北桂田。早田九分一号,土名蔡塘垅。东汪田,西南吴田,北张田。晚田一亩二分二号,土名蔡垅。东北张田,西南汪田。

五十二都：晚田二亩二分一号，土名藕塘。东南西北俱万田。

五十三都：早田一亩五分一号，土名撩车坵，四至俱鲁田。早田一亩二分一号，土名枫树塘，四至俱鲁田。早田八分一号，土名荒塘下，四至俱鲁田。

六十三都：晚田三亩七号，土名枫垅。东小圳，西南周田，北樊田。早田一亩一分一号，土名庙首。东张田，西黄田，南夏田，北汪田。晚田三亩四号，土名张岭垅，东西南北俱何田。晚田二亩九号，土名张岭垅，东南何田，西北张田。晚田一亩二分十六号，土名陕西坞，四至俱张山。晚田一亩一分一号，土名胡家坊，东北汪田，西南港。晚田一亩三分一号，土名猪头石，东周田，西大路，南汪田，北郑田。晚田一亩一分一号，土名下山，东南郑塘，西北大路。

六十四都：晚田三亩九号，内有小塘一口，土名傅源，连号，四至俱丁田。晚田二亩三号，土名慈姑垅，东港，西江田，南丁田，北周田。（《同治贵溪县志》卷四）

册载书院学田（地附）

二都二图：早田二亩四号，土名石脚下，东西南止汤田，北止岭脚。早田一亩二号，土名井边，东止港塝，西北止汤田，南止姚田。早田一亩五分一号，土名龙尾，东西止汤田，南止姚田，北止学田。早田五分二号，土名塘沿，东西北俱止汤田，南止学田。晚田二亩五分一号，土名小思源，东止汤田，西止周田，南止汤田，北止江田。晚田二亩五分二号，东止汤田，西止周田，南止汤田，北止江田。以上早晚田共十亩，总土名象山书院门首，额租共十二石八斗七升。

五都二图：早田五亩四号，土名源口夏村面前，东西北俱止江姓田，南止小港，额租五石。晚田五亩三分二号，土名陈家坞垅口，东南俱止陈田，西止蒋田，北止吴田，额租五石三斗。

十一都二图：晚田一亩七分五厘一号，土名坂上何，东止山，西止何田，南止圳，北止何田，额租一石七斗五升。

十一都二图：早田一亩一号，土名董家古塘坝，东北俱止朱田，西南俱止港，额租一石。

十四都二图：晚田六亩，土名郭水塘九号，东止港，西止唐山，南止张田，北止李田。土名梅源二号，东止港，西止李田，南止张田，北止港。土名长塘尾五号，东止姚田，西止李田，南止张田，北止山，额租共六石。

十九都：晚田二塅，土名泉水坞，大小□号，东止聂田，西止山，南止聂田，北止山。土名枫树坞，大小□号，东西俱止山，南止汪田，北止揭田，额租共六石。亩色号数册未注。早田二亩三号，土名版桥淡塘，东止林田，西南俱止朱山，北止吴田。晚田三亩三分二厘五毫，土名版桥淡塘二号，东止吴田，南止凌田，西北俱止儒学田，额租共五石三斗二升五合。早田二亩四分七号，土名版桥邓家塝，东止苏山，西南北俱止林田，额租二石四斗。又册载额租四石二斗，额租二斗，土名号塅亩色均未注。

二十七都一图：早田二亩五分二号，土名长垅，东西北俱止詹田，南止港。早田八分二号，土名李家坝头，额租共三石三斗。

三十四都一图：晚田五亩五号，东止山，西止路，南止周田，北止黄田。晚田一亩二号，东止路，西止舒田，南止舒田，北止舒田，土名均坐落墟上，额租共九石。

三十九都：早田二亩四分一号，土名南山门上，东西南北俱止杨田，额租二石四斗。又册载额租二石，土名号塅亩色未注。

四十一都：早田四亩，土名井口垅，东西南北俱止刘田，额租四石。早田四亩，土名井口垅，四止俱刘田，额租四石。早田九分，土名广二田，四止俱刘田，额租九斗。早田二亩二分，土名广二田，东止圳，西止山，南止大路，北止刘田，额租二石二斗。早田一亩三分，土名上高坂，东南俱止刘田，西止徐田，北止圳。早田二亩二分，土名下高坂，四止俱刘田，额租三石五斗。以上田亩册均未注号塅。又册载额租二石五斗，土名号塅亩色俱未注。

四十一都二图：晚田七分五厘二号，土名主碑坝，东止邹田，西止港，南止张田，北止圳，额租七斗五升。早田一亩二分一号，土名栗山边，东西南俱止张田，北止山，额租一石二斗。又田二亩一号，土名周家墩，东西南俱止张田，北止小路。又田六分一号，土名乐家塘，东止路，西北俱止张田，南止圳。

又田一亩三分一号，土名枧头，东西俱止张田，南止小路，北止圳。又田一亩四分一号，土名　上，南北东俱止张田，西止路。又一亩二分一号，土名窑山背，四止俱张田。以上田五坵，册未注明早晚，额租共六石五斗。晚田一亩一号，土名石塘碑，东止张田，西止港，南止张田，北止港，额租一石。早田一分五厘一号，土名下坂，东止港，西止张田，南止圳，北止港，额租一斗五升。早田八分一号，土名梨树埂，东止港，西止圳，南北俱止张田，额租八斗。晚田六分一号，土名周家墩，东西北俱止张田，南止圳。早田六分一号，土名祠堂边，东止张田，西止路，南止圳，北止张地，额租共一石二斗。

四十三都：晚田三亩一号，土名松山嘴，东止汪田，南止黄田，西北俱止刘田。晚田一亩一号，土名西港坂，东南俱止李田，西止涂田，北止汪田。晚田三亩一号，土名西港坂，东西俱止刘田，南止张田，北止涂田。晚田八分一号，土名汪姓厥上，东止汪田，西止张田，南止塘，北止汪田。早田二亩二号，土名亭子上，东止圳，西南北俱止涂田。早田一亩五分二号，土名黄牛柞，东止港，西止汪田，南止黄田，北止圳。早田二亩一号，土名石头山，东止江田，西止张田，南止杨田，北止石山。早田八分一号，土名方家山，东止山，西止园，南止山，北止周田，额租共十四石一斗。早田二亩五分一号，土名枫田嘴，东止侯田，西止杨田，南止侯田，北止杨田，额租二石五斗。早田三亩五分二号，土名港溪，东止胡田，西南北俱止圳，额租三石五斗。晚田三亩二号，土名蔡塘垅，东南俱止汪田，西北俱止魏田。晚田七分一号，土名西江塽，四止俱汪田。晚田二亩五分一号，土名勇塖上，东止杨田，西南北俱止汪田。早田三分一号，土名莱陂坂，四止俱胡田，额租共六石五斗。晚田三亩一号，土名西江坂，东止张田，西止塝南，北止涂田。早田二亩二号，土名菖蒲山，东南北俱止黄田，西止胡田，额租共四石。晚田二亩二分一号，土名藕塘，东北止熊田，西止吴田，南止朱田，额租二石二斗。晚田一亩八分一号，土名鹅窠垅，四止俱邓田。早田二亩二分一号，土名鹅窠垅，四止俱邓田，额租共四石。

四十四都一图：早田一亩三分一号，土名下高坂，东西南俱止徐田，北止刘田，额租一石三斗。早田二亩七分一号，土名箭垅，东止刘田，西南北俱止徐田。旱田五分一号，土名下高坂，四止册未注，额租共三石二斗。旱田二亩一号，土名高坂，东南北俱止徐田，西止刘田。旱田一亩六分一号，土名菩萨墩，东止詹田，西南俱止刘田，北止徐田，额租共三石六斗。旱田三亩一号，土名高坂，东西北俱止徐田，南止刘田，额租三石。旱田二亩五分一号，土名高坂，东南俱止徐田，西止刘田，北止圳，额租二石五斗。旱田七分一号，土名高坂，东南北俱止徐田，西止刘田，额租七斗。旱田九分一号，土名凤形山，四止俱刘田，额租九斗。旱田一亩一号，土名高坂，东西北俱止徐田，南止刘田，额租一石。

四十五都：田六亩五分四号，土名富家垅，东止港，西止大路，南止黄田，北止港，额租六石五斗，册未注明旱田晚田。旱田九亩，大小十号，土名西垅坂，东西止黄田，南止张田，北止学田及黄田，额租九石。旱田三亩，大小三号，土名西垅坂，东西南俱止学田，北止黄田。晚田三亩，大小四号，土名万家塝，东西止黄田，南止陈山，北止黄山，额租共六石。

四十八都：旱田二亩一号，土名黄石垆，东止杨田，西止汪田，南止学田，北止杨田。旱田一亩一号，土名黄石垆，东止杨田，西止桂田，南止汪田，北止学田。晚田六分一号，土名蔡塘垅，东南俱止学田，西北俱止汪田。晚田八分一号，土名黄石垆，东西南俱止桂山，北止胡田，额租共四石四斗。旱田一亩二分一号，土名黄石垆，东止汪田，西南北俱止桂山田。旱田九分一号，土名蔡塘垅中，东西南俱止汪田，北止山及水圳。晚田六分一号，土名蔡塘垅中，东西北俱止汪田，南止魏田，额租共二石七斗。

四十九都一图：晚田六亩，大小七号，土名叶家垅中，东止乐田，西南北俱止桂田，额租八石。

五十三都：旱田二亩二号，土名枫树塘脚下，东止山，西止水圳，南止山，北止周田，额租二石。又册载额租十一石七斗，册载额租二石三斗五升，均未注明亩色号塅土名。晚田二亩三分五厘一号，土名上垅，东止余田，西止路，南止周田，北止学田，额租二石三斗五升。旱田一亩五分一号，土名周家坂，东西南俱止鲁田，北止周田，额租二石三斗五升。

六十三都：晚田三亩二号，土名显心源，一号东南北俱止周田，西止路，

一号东止路，西南北俱止周田，额租三石。晚田一亩二分一号，土名乌石嘴，东止周田，西止张田，南止林田，北止周田，额租一石二斗。晚田一亩二分二号，土名上马石社坛上，东止萧田，西止张田，南止熊田，北止港，额租一石二斗。晚田三亩六号，土名古路源，东止圳，西止周田，南止张田，北止张田及周田，额租三石。晚田三亩四号，土名樟岭北龟山脚下，东止港，西止何田，南北俱止张田，册载额租一石，土名亩色号塅未注。

六十四都：册载额租三石，又载额租二石，均未注土名亩色号塅。

在市一图：晚田八分一号，东西俱止杨田，南北止山。晚田一亩二分一号，东西止应田，南北止山。晚田三亩，东止杨田，西止张田，南北止圳，册未注号，额租共五石，土名册未注。

一都二图：洲地六亩，坐落浮桥渡头，东止小河，西止樊贞斯学洲地，北止大河，南止大路，额租足钱八百四十文。洲地八亩，坐落浮桥渡头，东止左景斗学洲地，西止汤张远学洲地，南止大路，北止大河，额租足钱一千一百二十文。又册载额租足钱八百八十二文，又册载额租足钱五千四百文，地亩界止均未注明。

十九都：册载额租足钱五千四百文，地亩界止均未注。

以上田地，土名、亩色、号塅、界止及额租数目，均据嘉庆五年曲升令印册开载，核与郑志所载不符。相距未四十年，而志册互异如此，是不可不随时加意稽查也，故备录之。（《同治贵溪县志》卷四）

道光四年捐助书院田亩

道光四年三月，宗简权篆视事，首图添设书院膏火，俾生童肄业有资，因捐廉四百两为倡。秋七月，又奉抚宪程檄，发白金百两，以作书院膏火。宗简仰体大宪教育至意，谕令生员彭天锡广为劝捐，而邑人之踊跃从事者，则职员邵守棠、职员邵邱棠、监生程昶、监生周源、监生汪仪韶、故职员丁云馥之妻程氏等六人，呈请愿捐膏火田各数十亩有差。又监生王曰嘉劝监生项邦耀捐田数十亩，急公好义，知所先务。业经申请，前抚宪程给“助兴文教”额奖矣。所捐田亩，土名、号塅、额租数目开列于后：

邵守棠捐早晚田六十二亩六分，额租一百二十四石二斗正（乡桶）。

土名南乡邋遢石及石塘垅，晚田二十七亩五分正，计大小六十号。又庄屋七榀六间及拖步。又左边旁屋二榀一间。又荫塘六口。南乡东源汪筑塘，早田二亩五分，计五号。比乡库桥毕家仓晚田五亩正，计一号。祝家背早田六分，计一号。杨树桥早田二亩，计三号。邱家壕泉水坵早田一亩五分，计二号。姜坞口晚田六亩五分，计十二号。王源禾塘里晚田一亩六分，计一号。禾塘东塝上晚田二亩八分二号。杨姓映墩边早田二亩九分连二号。碓垅里晚田一亩四分，计一号。池马桥早田一亩七分，计一号。下山早田六分，计一号。顾家脊早田四分，计一号。顾家脊二亩二分，计一号。顾家脊早田一亩二分，计一号。顾家面前早田八分，计一号。港里徐陵坝头早田四分，计一号。坂上白沙里晚田一亩，计一号。

程昶捐早晚田六十亩零九分，额租一百三十二石八斗正（乡桶）。

土名七亩坝，早田三亩六分，计五号。道士坵，早田二亩八分，计一号。上岗，早田四亩七分，计六号。黄源背，早田六分，计一号。鸦源，早田二亩，连四号。徐家岗，晚田一亩五分，计一号。鸦源，早田三亩七分，计一号。鸦源，早田三分，计二号。鸦源，早田三亩六分，连三号。顾家脊，晚田二亩，计一号。瀑布坵，早田二亩，连二号。顾家脊，晚田二亩一分，计一号。恩山，早田三分计一号。仔坞里，早田一亩五分，计二号。源头里，晚田一亩，计三号。梅垅底栏垅坵，晚田五亩，计一号。顾家面前晚田三亩，计一号。王家岭早田一亩五分，计四号。鸦源早田一亩九分，连二号。野鸡坞早田一亩三分，计二号分，计一号。荫垅里晚田一亩六分，计一号。鸦源晚田二亩五六分，计一号。彭家洲晚田三亩，计一号。酒坛坵晚田五亩二分，计大小二号。早田一亩二分，连三号。老碓基晚田九分，计一号。鸦源早田五分，计一号。

邵仰棠捐早晚田六十一亩六分正，额租一百二十一石六斗（乡桶）。

土名枫树，晚田二亩三分，计三号。杨家枧上石嘴头早田一亩二分，计二号。晚田八分，计一号。顾家社公前早田一亩二分，计一号。又晚田二亩计一号。港里李屋背早田一亩，计一号。金塘背早田二亩，计一号。港里李屋背早田一亩，计二号。又早田一亩，计一号。桂洲圳上早田一亩，计一号。

叶源垅晚田三亩五分,计五号。何家背晚田一亩五分,计九号。张村坂冷水坵晚田二亩,计一号。叶源垅晚田二亩五分,计五号。祝家背早田二分,计一号。黄水桥早田一亩六分,计一号。渔家湾早田五分,计一号。祝家门首早田陆分,计一号。新屋背园塝下早田六分,计一号。彭家洲早田四分,计一号。鲤鱼墩早田一亩一分,计二号。邱家垅早田二亩,计三号。枫树垅晚田一亩六分,计一号。土皮桥港东早田一亩六分,计一号。土皮桥西早田二亩五分,计一号。又晚田一亩,计一号。裤桥东边当垅早田二亩,计一号。姜坞口早田一亩,计二号。邱家垅早田一亩,计一号。罗家田早田二亩,计一号。西宣垅晚田二亩,计三号。裤桥土皮桥早田二亩二亩五分,计二号。桥上洋路湾晚田二亩四分,计三号。裤桥西宣垅晚田二亩,计二号。裤桥来龙背早田九分,计一号。又早田一亩,计一号。南洋湾晚田三亩五分,计一号。又晚田六分,计一号。又晚田一亩,计一号。裤桥广东山早田七分,计一号。早田一亩六分,计二号。

汪仪韶捐早晚田五十六亩八分,额租五十三石九斗五升正(乡桶)。土名蒋家　,早田四十亩零四分,计四十五号。又晚田九亩七分计九号。又早田二亩计一号,又早晚田四亩七分,计四号。

项邦耀捐早晚田三十三亩一分,额租六十石零六斗正(乡桶)。土名象山嘴傅姓门首下边,早田八亩五分,计七号。又早田五亩五分,计二号。又傅姓门首下边早田十二亩八分,计五号。象山嘴出水坝上边早田一亩六分,计一号。出水坝下边早田一亩六分,计一号。又早田一亩四分,计一号。麻蓬松林下阳坂早田一亩七分,计二号。

周源捐早晚田七十四亩四分五厘额租一百三十四石一斗五升(乡桶)。

土名毛山里早田一亩八分,计三号。岭上屋边塘田脚,小塘二口灌荫。杨家塘早田一亩二分,计一号,有中山塘灌荫。上屋早田一亩二分,计一号,有杨家塘灌荫。下塘早田一亩二分,计五号,有众山塘灌荫。钩鳞塘早晚田三亩,计五号。南塘垅早田六亩五分,计九号。黄金保坂上晚田四亩七分,计四号。洋泥湾晚田二亩四分,计大小十六号。黄金保下山侧边晚田一亩三分,计十号。面前垅上早田一亩计二号。大塘上垅尾早晚田八分,计三号。郑家坝晚田一亩一分,计一号。戈家塘大塘上晚田三亩,计六号。戈家塘下晚田一亩三分,计三号。戈家门首晚田九分,计一号。黄金保门首晚田一亩二分,计四号。戈家塘垅上晚田二亩,计三号。戈家塘门首早田一亩二分,计二号。黄金保门首早晚田三亩,连三号。黄金保马厂坵早晚田一亩五分,连二号。钩鳞塘晚田二亩,连二号。燕家山晚田一亩一分,计四号。华耳坞早田一亩八分,计一号。黄金保坝上早田五分,计一号。甄家碓晚田六亩,连三号。戈家塘下早田三亩一分,计二号。戈家塘下晚田一亩,计一号。黄金保坂上晚田一亩,计一号。泗沥桥祝家垅早田一亩二分,计一号。祝家垅屋背早田一亩五分,计二号。戈家塘垅晚田一亩,计二号。戈家塘下晚田二亩四分五厘,计二号。黄金保门首早田三分,计一号。仓底　早田三分,计一号。又早田一亩二分,计一号。又早田一亩七分,计二号。柴家　早田二亩四分,计连塅八号。柴家　上早田三分,计一号。柳树桥早田一亩六分,计一号。梅垅嘴晚田三亩,计一号。

丁云馥妻程氏捐早晚田六十七亩正,额租一百二十五石三斗五升(乡桶)。

西垅口早田二亩二分,连三号。古塘下社司北早田七分,计二号。东垅柿树里早田一亩一分三号。古塘里晚田一亩,计一号。又晚田一亩三分,计一号。又早田一亩二分,计二号。又早田四分,计一号。人围里早田三分,计一号。源尾垅早田一亩,计三号,外有荫塘一半在内。山塘尾口路下早田七分,计一号。东垅柿树底早田三亩四分,计七号,又荫塘一口。竹围里早田四分,计一号。赵前塘早田二分,计一号。东垅里早田一亩四分二号。古塘背　早田七分,计二号。了坞里早田七分,计二号。西垅口晚田一亩,计二号。古塘尾早田六分,计一号,又荫塘一口。萧家门首早田二亩,连三号。东边垅里早田一亩,计一号。祝家塘周姓门首晚田一亩九分,计一号。又周姓社司前晚田一亩,计一号。又晚田三亩四分连三号。又晚田三亩二分连三号。又晚田一亩三分计一号。又晚田二亩计一号。邹姓背泉水塘塝上早田一亩二分,计一号。又早田一亩,计一号,该田内有荫塘一口。岗上早田一亩二分,计一号。璋咀塘早田一亩,计一号。左家塘邹姓井早田五亩八

分,计七号。璋咀塘早田三亩计四号。又璋咀塘四股之一。彭家桥下晚田三亩三分连二号。庙脚底早田六分,计一号。徐姓大墩边早田二亩一号。翁家围早田一亩七分,计一号。又早田五分,计一号。青江坵早田一亩二分,计二号。徐家祠堂背早田一亩三分,计一号。皮坞里晚田一亩六分四号。官山咀即高墈下早田一亩七分,计一号。官山咀庙前早田八分,计一号。桃树坞垅上晚田陆分,计一号。直分里晚田五分,计二号。上坂早田一亩二分,计二号。官山咀庙侧早田一亩四分,计一号。殷家屋基窝早田一亩三分,计四号。以上俱旧志。(《同治贵溪县志》卷四)

第五章　象山书院的建筑

象山书院的建筑，与一般书院的建筑类似，又有自己的特色。象山精舍时期，众多的学生在象山建造了草庐，陆九渊模仿太学的做法，给很多草庐题写了名字，这些名字逐渐固化为象山文化的一部分。三峰山象山书院建造之后，很多名字被继承下来，甚至还延续到元明时期。明清时期，大部分书院建筑趋于“规范化”，与其他书院没有多大差异。

一、象山精舍、方丈、斋舍

陆九渊在象山讲学时期，建造有“象山精舍”“方丈”，还有一个用于登眺观览的“部勒群山阁”。

根据陆九渊《与王谦仲书》，彭世昌在象山搭建了一个草庐，请陆九渊上山居住。陆九渊于冬日上山之后，觉得这个草庐太小，于是彭世昌又在寺庙遗址上搭建了一个草堂。第二年春天陆九渊再次登山，觉得草堂建在寺庙遗址上，有点不合心意，于是又另建一个“方丈”来居住。陆九渊将应天山改名为象山之后，又将草堂名为“象山精舍”，这就是陆九渊讲学的地方。据陆九渊与朱熹的书信介绍，“象山精舍”前面有两座山，如同两臂环绕，腋窝处均有池塘，东曰濯缨，西曰浸月，一家结庐于东山之上，比象山精舍稍高，云雾缭绕，故名为“储云”；另一家结庐于西山坡上，比精舍稍低，有石涧飞瀑，故名为“佩玉”。

象山精舍示意图

“精舍”二字，出自《后汉书·包咸传》，陆九渊《与杨敬仲书》说“精舍”是东汉时儒者讲习之地，用来取名，甚为恰当。但到后来，佛教徒使用的频率更高。方丈原为道教固有的称谓，在道教中有“人心方寸”“天心方丈”之语，又是对道教十方丛林最高领导者的称谓，亦可称“住持”。佛教传入中国后借用了这一俗称，遂常用于称呼禅林住持。

陆九渊在象山讲学，众多学生在山上“结屋”“结庐”以居。宋人吴锡畴《结屋》：“结屋须教坐对山，把茅才此有三间。”宋代杨时《寄题环翠楼》：“子云终须守一廛，诛茅结屋才数椽。”杨时《题愚斋》：“结庐依林丘，回峰争盘纡。……结茅可容席，一瓢来此居。”从这些描述中可知，所谓的“结屋”“结庐”“结茅”都是一回事，就是搭建简易的茅棚、茅屋而已。

陆九渊弟子在山上搭建的茅屋，用于读书，所以称为“斋舍”。宋朝太学中学生读书住宿的地方称为“斋舍”。程颐《论礼部看详状》：“旧法每斋五间，容三十人，不闻有诉窄狭者。今新立条制，每斋展为七间。”元代吴澄《宜黄县学记》：“未几庙殿成，讲堂成，两庑从祀之室各五，斋舍四，各三间，中门五间，外门六楹，立先圣像。”可知“一斋数舍”是宋朝“斋舍”的通行建造方法，也就是一栋独立的小屋中有好几间房子，合起来称为“斋舍”。《宋会要辑稿》：“太学置斋舍八十斋，斋容三十人。”

陆九渊弟子在山上的“斋舍”,各有名号,这也是从太学中学来的。《梦粱录》卷十五记载,宋朝的太学有二十斋,匾曰“服膺”“修身”“习是”“守约”“存心”“允蹈”“养正”“持志”“节性”“率履”“明善”“经德”“循理”“时中”“笃信”“果行”“务本”“贯道”“观化”“立礼”。

据《象山年谱》及陆九渊的文章记载,陆九渊弟子“斋舍”的总数多达数百间,都是生徒们自己构筑的讲庐、书斋,各因山势、风景而建。其名号有很多是陆九渊题写的,名号的含义可以大致分成两大类。

一类名号源出于儒家经典,属于“劝学”性质的。

“居仁斋”“由义斋”“养正堂”,三者都是张伯强的居室,陆九渊题名。“居仁”“由义”原见《孟子·尽心上》:“居仁由义,大人之事备矣。”指内心存仁,行事循义。朱熹作有《居仁斋铭》:“胜己之私,复天理兮。宅此广居,纯不已兮。”又有《由义斋铭》:“羞恶尔汝,勉扩充兮。遵彼大路,行无穷兮。”可见朱熹也曾用作斋名。“养正”语出《周易》:“蒙以养正,圣功也。”孔颖达疏:“能以蒙昧隐默自养正道,乃成至圣之功。”

“明德堂”,张行己的居室,陆九渊题名。语出《礼记·大学》:“大学之道,在明明德。”

“志道”(主人周孚先),语出《论语·述而》:“志于道,据于德,依于仁,游于艺。”

“愈高”(主人倪伯珍),意思大致如司马光所说:“道如山也,愈升而愈高;如路也,愈行而愈远。学者亦尽其力而止耳。”

“规斋”(主人祝才叔),意思大致如陆九渊《与诸葛诚之》所说:“以诚之之勤笃,从事于规矩准绳中,此亦其所长也。”

“达诚”(主人朱幹叔),表达诚心,《周礼传》曰:“大祝主达诚于鬼神之大者,小祝主达诚于鬼神之小者。”

一类名号是描述象山风景特点的。

“储云”,张伯强与张行己在林木幽深、云雾缥缈的地方建造了休闲居所,陆九渊将它命名为“储云”。“储云”意同于“藏云”。

“佩玉”(主人张少石),意指山涧水发出佩玉一样的清脆声音。

“惠林”(主人周元忠),意指树木茂密,充满荫凉,给人带来恩惠。

“琼芳”(主人冯泰卿),意指白玉一般的水花。

“濯缨池”(主人吴子嗣),源出“沧浪之水清兮,可以濯吾缨”。意指池水清澈,可以洗去心头的尘灰。

“封庵”(主人张少石),意指白云封门,《咸淳临安志》记载有“云封庵”:“在山之西北,即许真君旧隐,外极平敞,俯视群山高下,奔轶若万马然。常有云锁窗扉,故号云封庵。”

“批荆”(主人彭世昌),意指“披荆斩棘”,彭世昌有开山之功,故而以此名之。

在南宋早期,书院的建筑规制还没有完全定型。朱熹开辟白鹿洞书院之后,书院的建筑规制开始形成,但也没有完全定型。陆九渊在上山讲学,没有模仿白鹿洞书院的意思,也并没有另立书院的建筑规制,只是沿用了宋代太学的一些做法。在陆九渊在世的时候,象山精舍的建筑,只有类似于书院“讲堂”的建筑(即象山精舍)和师生个人居住的“斋舍”两大类,其他类型的书院建筑尚未出现。但是,一个讲堂和众多的书斋,散布在秀丽的象山之中,却形成了一道独特的风景线,如同一个天然而巨大的园林,这也是“象山精舍”最突出的特点了。陆九渊为斋舍题写的名号,在后来的象山书院也得到了一些继承。

绍熙三年(1193)十二月,陆九渊去世,但陆九渊的门人如彭世昌等人还在象山坚守阵地。庆元二年(1196),时任贵溪知县的刘启晦,字建翁,甫田人,朱熹门人,为之立象山先生祠于象山的“方丈”。自立祠后,春秋致祭。官方的行为也激发了学生的激情,于是象山门人约定每年正月九日登山会祭。这也就是说,象山上第一次出现了祭祀先贤的建筑,亦即陆九渊的居所“方丈”变成了“先贤祠”。绍定三年(1230),江东提刑赵彦械,字元通,余姚人,杨简门人,陆九渊再传弟子,又重修象山精舍,并为之祀。这也就是说,陆九渊在世之时的象山精舍,也已成为祭祀、纪念性的场所,但仍可以用于讲学。据志书记载,元顺帝至元年间(1335—1340),贵溪人祝氏建祠于山间精舍遗址,聚徒讲学。《宋元学案·静明宝峰学案》亦记载,贵溪人祝蕃曾重修象山讲堂,“帅同志舍菜焉”,也就是在象山祠堂举行释菜之礼。“方丈”“象山精舍”演变为祭祀场所,为后来创建“三先生祠”奠定了基础。

二、宋代象山书院的建筑规制

绍定四年(1231),陆九渊门人杨简的弟子袁甫担任江东提刑,选择与贵溪县城隔河相望的三峰山(徐岩)建造了象山书院。

袁甫建造象山书院之时,白鹿洞书院已经历经五十年的发展过程,各种规制都已经基本成熟。例如朱熹在淳熙八年(1181)成功获得了宋孝宗的赐额和朝廷的赐书,等于给白鹿洞书院赋予了官方的名分,各项举措都得以名正言顺,动用官方经费和劳力也不在话下。朱熹离开南康军之后,继任的知军钱闻诗建造了礼圣殿,白鹿洞书院有了正式的祭祀场所。朱熹首创的学田得到添置。开禧元年(1205),山长李中主建造了云章阁,用于贮藏书籍。这一切,都给袁甫修建书院提供了成熟的范例。因此,袁甫就请求朝廷,按照白鹿洞书院的规制来建造象山书院,不久即获得批准。

(1)袁甫奏请朝廷赐额,于是宋理宗御笔“象山书院”四字以赐。这一赐额当然是题刻在大门上的,因此可知三峰山象山书院是有大门的,用的是皇帝的赐额。

(2)限于地形,三峰山的主体建筑都只能面北而建。陆九渊的高足弟子傅子云听说袁甫选择了徐岩这个地方,就提出非议说:“书院为讲书习礼之所,而先圣北面,学者南面而拜之,非礼也。宜择南面之地。”这一提议没有被采纳,但可知象山书院必然和白鹿洞书院一样,建有“礼圣殿”,用以祭祀先贤,其规制大体如同白鹿洞书院。书院完工的当年岁末,袁甫遣池州属官到书院宣读《告先圣文》。次年三月,袁甫又亲至书院,作释菜告文,宣布开学。这些举措都可以反映象山书院是有礼圣殿的。

(3)嘉定十年(1217),朱熹的儿子朱在知南康军,在白鹿洞书院大兴土木,据黄榦《南康军新修白鹿书院记》记载,朱在修建了“前贤之祠,寓宾之馆”等建筑。“前贤之祠”即先贤祠,主要用于祭祀朱熹等人。这一举措也得到袁甫的模仿,他在象山书院修建了一栋三先生的祠庙,专门祭祀陆氏三兄弟即陆九渊、陆九韶、陆九龄，并配以杨简、袁燮。

陆九渊、陆九韶、陆九龄，杨简、袁燮等七人讲学图

(4)象山书院建成之后，袁甫刊刻了《陆象山文集》《絜斋家塾书钞》《慈湖遗稿》等陆九渊门派的书籍，存放在象山书院，供学者阅读。元朝大德年间，信州路儒学刻《北史》一百卷，版心有“象山书院刊”字样。据此可知，象山书院也有藏书的建筑，甚至有专门用于刻书的建筑，但具体名称已经不详。

(5)象山书院的讲堂名为“彝训堂”。袁甫作有《彝训堂铭》:“大哉彝乎，天地之先。人处彝伦，日用粲然。是为大训，倚衡参前。彝则不变，易则易迁。是迁不迁，乾元坤元。元即彝训，发育无边。乾坤不言，皇极敷言。言何所言，极即坤乾。”所谓的“彝训”，就是受之于天的“天理”，意味“彝训堂”是讲述天理的地方。这一名称在宋元时期较为常用。

(6)袁甫在象山书院新建了房舍，有“斋舍百楹”，名之为“志道”“明德”“居仁”“由义”“储云”“佩玉”等，这都是原来象山精舍之旧名。但从私人修建的书斋到官方修建的“斋舍”，性质有了很大的变化。

由于史料的匮乏，三峰山象山书院的建筑大致只能知道这么多了。

象山书院建造之时，袁甫撰写了《象山书院上梁文》，见《象山先生年谱》:“尽其心,知其性,见先生存养之在天;在则人,亡则天,岂后学讲明之无地。”《上梁文》是架设主梁时所用的祝福性文字,一般人家也会用到,通常是祝福主人家兴旺发达,文字较长,正文之后还有一段韵语,通常以“抛梁东”“抛梁西”等开头。《象山先生年谱》收录的《象山书院上梁文》,应该只是其中一段。书院的《上梁文》自当祝福书生学业有成,文运、考运俱佳。但袁甫的《上梁文》却带有很浓重的门派气息,等于说象山书院是专门用来讲“陆学”的,不欢迎其他门派的讲学。其同门陈埙也在《跋象山书院额》中说,体现陆学正宗的而称得上“硕大光明”的,只有杨简和袁燮,所以他们的著作是象山书院学习的主要对象。如此一来,三峰山书院的建筑就很有“象山文化”的意味了。

值得一提的是,三峰山旧传有朱熹的“象山书院”题额。明代陈九川《寄遵岩王少参》:“况象山院额,晦翁手笔也。互相尊信,亦与晦翁无嫌。”明代夏言《三峰亭》:“岩扉徐氏旧,崖笔紫阳真。”也提到了此事。按理说,袁甫于绍定四年在三峰山修建象山书院,此时朱熹已经去世三十余年,不可能给这里的书院题额。但陆九渊当时在象山精舍讲学之时,有意在象山上建造书院,因随即去荆门任职而未果,此时是否曾请朱熹题额,也未可知。按照陈九川的说法,这一题额是朱熹、陆九渊两人“互相尊信”的体现,正认为是陆九渊在世时朱熹为他题了字。或许袁甫建造书院之后,得到了皇帝的题额,又有意独立门派,与朱熹一派分庭抗礼,故而没有采用朱熹的题额。而后人则将朱熹的题额刻在崖壁上,所以明代夏言还能见到。

三、明清象山书院的建筑

三峰山象山书院一直延续到元代末年,因战乱而毁,其建筑也荡然无存。

据《雍正江西通志》卷二十二、《明宪宗实录》卷二百五十一等记载,明朝景泰三年(1452),巡抚韩雍、知府姚堂重建象山祠,用以祭祀陆氏三兄弟,又增置田亩,以供岁祀,不久重又荒废。成化二十年(1484)再次重建象山祠。根据李奎的记载来看,象山祠是一个非常简单的建筑,呈半包围形状,即中间是祠堂，两旁是两庑，与普通的乡贤祠差异不大。

礼圣殿

正德年间，提学李梦阳、知县谢宝对象山书院予以重修。明代象山书院以此时最成规模。《雍正江西通志》卷二十二记载了明代象山书院的大致建筑规制。

（1）礼圣殿：礼圣殿居于正中，是祭祀先圣先贤的场所，两侧的房子是“两庑”，即安排从祀人物的地方。

彝训堂

(2)彝训堂：礼圣殿之后为彝训堂（即讲堂），左右两侧相连的分别是居仁、由义、志道、明德四斋。

(3)仰止亭、濯缨亭、浸月亭：彝训堂之后为仰止亭，亭子后面有池塘，池塘上建有濯缨、浸月两个亭子。据《同治贵溪县志》卷二，仰止亭在三峰山下，正德六年（1511）知县谢宝建，有李梦阳的题诗。

(4)储云精舍、佩玉精舍、三先生祠：彝训堂外围左侧是储云、佩玉两个精舍，外围右侧是梭山、复斋、象山三先生祠，安放有宋朝的赐额“象山书院”和袁甫的记。

根据上述描述，明代象山书院大致是两重半包围的结构，居中的一重是祭祀场所，外围是讲堂和斋舍，再往后有少量的园林建筑。

从《雍正江西通志》的叙述来看，上述建筑规制好像是宋代的规制。实际上这是不对的。因为宋代的三峰山书院建有“斋舍百楹”，而上述建筑只有四个“斋”和两个“精舍”。宋代是否建有“礼圣殿”，也不够明确。“濯缨”“浸月”是象山精舍时期的旧名，三峰山象山书院是否建造，没有明确记载。仰止亭则明确是明代县令谢宝建造的。据这些情况来看，《雍正江西通志》记载的象山书院建筑，应该是明代的象山书院，其中有些“斋舍”沿用了宋代的名字，而宋代的三先生祠也得到继承，但规模已经很小。即便是如此之小

濯缨亭

的象山书院，不久又趋于荒废。晚明时期，书院建筑大体只类似于一个象山祠。

嘉靖年间，名臣夏言曾在三峰山居住数年，也为这里增添了一些建筑。

夏言(1482—1548)，字公谨，贵溪人。正德十二年进士，曾任兵科给事中等官职。嘉靖年间，深得皇帝宠信，升任礼部尚书兼武英殿大学士，不久又擢为首辅。嘉靖二十一年因失宠而被削职，还乡居住，直到二十四年才重返朝廷。嘉靖二十七年因收复河套事触怒明世宗，又遭严嵩诬陷，被弃市而死。有《桂洲集》十八卷及《南宫奏稿》传世。

夏言为诸生时，曾随李梦阳在象山书院讲学、唱和，对三峰山颇有感情。嘉靖二十一年还乡之后，便在这里建造了象麓草堂，以供养病读书之用。据《同治贵溪县志》卷二记载，象麓草堂在三峰山之右，东距象山书院不足半里，因而名为象麓草堂。夏言又在附近山崖上建造了三峰亭，并有诗歌咏之。

此外，南宋时三峰山还建有三山堂，县令赵彦彬题字云："自爱槛前山有意，谁云堂下水污人。"赵彦彬，四明人，嘉定年间任贵溪令，廉以律己，严以御吏，宽以恤民，有座右铭曰："俸薄俭常足，官卑清自尊。"离任之时，百姓争相挽留，依依不舍。据说在他之前，贵溪县令无一不贪，当时有谚语说："饮却三山堂下水，纵非污者也成污。"所以赵彦彬有此题字。事见《浙江通志》。

乾隆十年(1745)，知县彭之锦在贵溪城西的万安寺废址上重建象山书院，嘉庆年间又被废弃，在梅花墩义学旧址上新建房舍。梅花墩象山书院在咸丰年间又被废弃，同治二年在旧当铺原址上建起了象山书院。光绪十九年，知县张詧又在梅花墩旧址上建造了象山书院。

据张謇《移建象山书院记》，光绪十九年在梅花墩旧址建造的象山书院，"为屋凡五十七楹，讲堂、斋舍、楼榭、门庑、庖湢，坐卧之具、食饮倚用之器咸具，可以容肄业百人矣。"

清代象山书院的建筑，除了讲堂、斋舍、大门、厨房、厕所等建筑之外，有所不同的是如下数种：

(1)翠屏楼:乾隆时期县令彭之锦的《象山书院翠屏楼额跋》介绍说,"翠屏"是陆九渊在象山精舍所题的名字。万安山象山书院建成之后,登楼一望,苍茫一色的象山就在视野之中,因而用"翠屏"来命名此楼。可知万安山象山书院之中有"翠屏楼",为登临眺望之所,当时有很多文人在上面题名题诗。

(2)文昌宫:旧当铺象山书院,院内西侧为文昌宫,中间是讲堂,东侧为山长的住房。文昌宫属于旧有建筑,新建书院时亦予以保留。

(3)象山书院移到城内之后,三先生祠仍然在三峰山,没有搬动。城内象山书院,也未见有祭祀先贤的记载。

(4)学生所住的斋舍,也没有沿用象山书院的旧名。

综合各个时期象山书院的建筑情况,可以说最能反映象山书院建筑特征的是三峰山象山书院。象山精舍时期还没有出现典型的书院建筑,只能说是象山书院的准备时期,或者说象山书院的文化积淀期。南宋时期袁甫兴建的三峰山象山书院,才成为一个典型的宋代书院。书院的礼仪性建筑,主要有殿、祠、门等。其中祭祀陆氏三兄弟的"三先生祠"反映了象山书院的建筑特色,并延续到明朝。书院大门最早出现在南宋时期,袁甫申请朝廷,得到了宋理宗的亲笔赐额,这一赐额题字一直保存到明朝。礼圣殿这一用

翠屏楼

于祭祀孔子等先贤的地方，有可能在三峰山象山书院时期就已经出现，但有明确记载的还是在明代。

到袁甫修建象山书院之后，有了比较正式的讲堂，称为“彝训堂”，相沿到明朝。至于藏书阁之类，没有明确记载，但从宋元时期象山书院曾刊刻不少书籍的情况来看，应当有藏书楼乃至刻书处。

象山精舍时期，学生住宿的“斋舍”多达数百间，建造于象山之中，但都属于私人建筑，亦各有名称。三峰山的书院建成之后，有正式的“斋舍”上百间，也继承了很多原有的名号，体现了象山书院的特点。书院的园林景观建筑，主要有仰止亭、濯缨亭、浸月亭等亭子，也沿用了象山上的一些名称。

浸月亭

清代建造的象山书院，基本上是徒有其名。这时期的象山书院，与附属于科举考试的官学没有什么差别，已经完全失去了讲学功能，学生在书院中接受的只是应试教育而已。不但如此，象山书院的祭祀也没有得到继承。据《同治贵溪县志》记载，城内象山书院建造之后，象山祠依然在三峰山下。三峰山象山书院的斋舍，保留了象山时期的名号，但清代象山书院的斋舍也没有使用这些名号。

第六章　象山书院的诗赋

历史上有关象山书院的诗歌有三四十首。陆九渊不太喜欢写诗，其诗歌流传下来的不到30首，而朱熹现存的诗歌则有1200多首。受陆九渊的影响，在象山精舍就学的陆门弟子以及在象山书院学习的陆氏后学都很少作诗。应天山比较偏僻，三峰山虽然好一点，但过往的人也不算多。种种原因，使得象山书院的诗歌显得数量偏少。

一、象山精舍的诗歌

陆九渊在象山精舍期间，作有《象山》诗，收录《全宋诗》。诗云："我家应天山，山高数百丈。上开园池美，林壑千万状。"大意是说，我家就在应天山上，巍峨高山，数百余丈。仿佛是天开的园林清池，更有那长林深壑，千姿万状。西望就是龙虎仙山，烟霞缥缈，历历在望。寒泉清澈，微波荡漾，晴日翠色，散布叠嶂。天光照着我的小舟，野色随着我的手杖。我带着两三个良师益友，空山中尽情地玩赏。山谷中，云雾间，几个人都兴致勃勃，纷纷题名于岩石之上。仰望着碧空，想象着骑鹤吹箫，惊动了仙人的纱帐。几个人相视一笑，歌咏而归，宛如当日孔夫子带着弟子们闲游的景象。

刘定夫在象山上读书时，曾作有《象山诗》："三日观山山愈妍，锦囊收拾不胜编。万山扰扰何为者，惟有灵台山岿然。"这首诗充满了理趣，得到陆九渊的欣赏。意思是说，象山上万象鲜妍，境界迭出，看了三天，写了无数的诗歌，还觉得没有尽兴。可是反过来一想，这么多令人眼花缭乱的景象，又有什么必要特别关心？只要心中岿然矗立着一座"灵台山"，那也就够了。就像人生在世，只要心中有主，又何必牵挂太多？

袁说友，字起岩，号东塘居士，福建建安（今建瓯）人。隆兴元年进士，累官至吏部尚书。其《东塘集》有诗《送彭世昌山台小饮》，描述象山上“象山只在水西头，云木犹高瀑更流”的情景，充满了怅惘的色彩，应该是有感于陆九渊去世之后象山上的凋零景象而作。诗歌说巍峨的象山，依然矗立在河水的西岸，依然是高高的林木，飘飞的白云，终日喷泻的瀑布。然而想起这里的往事，就会想起那众多的师友；他们走的走了，散的散了，炎凉的世态令人更加怀念温馨的友情。而今东风又吹绿了溪边的青草，明月还伴随着孤独的行舟；可老兄已是白发苍颜，而我也不再青春年少；只能在高高的石台上，喝一杯薄酒，洗去无限的春愁。

洪迈，乐平人，南宋时著名文人。他作有《应天山》诗，主要歌咏从学于陆九渊的张氏家族：“文安陆子幽栖日，张氏诸贤尽执经。”陆九渊在象山隐居之日，象山下的张氏都乐意执经相从。张氏自昔以文章事业扬名乡里，如今依然是诗礼传家，书香门第。岩上的阁楼里，风清泉白；溪边的水田里，稻子青青。真是一个天造地设的好田园，俨然就是一个世外桃源。据考证，此诗《嘉靖广信府志》卷二，亦见元朝陈旅《安雅堂集》，题作《为张真人赋象山》应当是元朝诗人陈旅所作。陈旅，福建莆田人，元统二年出任浙江儒学副提举，举行乡试时曾到江西临川请已经退休的虞集出来主持考试，在临川逗留了十来天，诗歌应当作于此时。

应天山毗邻天师府，本来就属于道教的势力范围，禅宗倒在其次。到了元朝，龙虎山的天师道深得朝廷宠信，势力大增，应天山也重新蒙上了道教的色彩。据元代袁桷《清容居士集》卷十九《小领水亭记》记载，龙虎山附近有小领山，元朝上清宫道士薛玄卿于小岭之西建崇贤馆，其下则为进出龙虎山的必经之地。小岭的东边就是象山，乃是陆九渊讲道的地方；西边为台山，奇峰突起；南边为云林、尘湖、圣井、琵琶诸峰。在这种情况下，象山的儒家色彩也逐渐褪去了。如元代著名文人虞集，作有《应天山》诗，就是从仙山的角度来描绘象山的。矗立在他眼前那座巍峨无比的象山，往日曾得到先哲的青睐。这里有清流潺潺，有良田居庐，俨然“似是桃源人，鸡犬相因依”。山涧里沙砾洁白，高岸边崖壁彤红，溪流之中，晶莹闪烁，如同散布着无数的珠宝。难怪古代的仙人，都愿意在这里流连隐居。是啊，红霞映照着墙壁，白露悬挂在茅檐，这宛然就是仙境，又何必像徐福那样，去远方的海岛求仙？

贡师泰，字泰甫，号玩斋，宣城人。泰定四年（1327）进士，元代著名文人。他作有《象山》诗，用比喻的手法描绘了象山："载宝出西域，献深自南溟。仙人一叱之，化作青峻嶒。"如同有一只大象，驮着来自于南海和西域的宝物，经过此地。没想到被仙人看见，大喝一声，立马化作一座山，从此就永远待在这里。这种描绘，也与陆九渊无关。

揭傒斯，丰城人，元代著名文人。他作有《张真人象山图》，主要从张天师的角度进行歌咏。诗歌说，贵溪的象山是江右的名山，遥望之中还像有哲人在那里徘徊流连。张天师的道行闻名于人世，张天师的子孙布满了此间。天地消磨，岁月迁移，陆九渊已经随着朝代的更迭，变得黯然无光，只留下张天师的子孙独占鳌头，享受着新朝的皇恩："陆氏已随尘世换，张公独异圣朝恩。"象山上的一座座山峰，也仿佛化作了无数的旗幡，象山上的一道道流水，如同佩玉一样喧腾。在一场场法事中，张天师祝愿民风变得越来越淳朴，也祝愿大元皇帝比轩辕黄帝的寿命更长。不过这一切都只是美好的愿望而已，从朝廷回来的张天师，依然只能是"归来烂醉东西坞，更为文安理故园"。诗歌"曲终奏雅"，总算在结尾点到了陆九渊，表明元朝文人还没有完全忘却象山精舍。

李存，字明远，一字仲公，号俟庵，安仁（今江西余江）人。他服膺象山之学，与贵溪祝蕃同游。延祐初一试不第，遂杜门著书，以教授乡里为业。著有《俟庵集》。李存作有《游古象山一首赠别陈又新入京》一诗，此陈又新为龙虎山道士，或者在应天山上建有道观。元代诗人杨载有诗《次韵陈又新真人北上》。李存用诗歌的后半部分描述陈又新的仙真气度，但在前半部分却表达了对陆九渊的缅怀之情。他说陆夫子曾在象山讲学，山因于类似大象而得名，也因为高贤而扬名。近来自己跟随师友，登上象山，分开荒草，走过溪流，看到的却是一片荒凉景象。踏入荒芜的象山祠，首先看到的是坚固的石阶；栋梁依然存在，但只有荒草相依相伴。李存虔诚地上了一炷香，香烟袅袅，陆夫子的神灵宛然还在身边。环顾四周，只有打柴人还知道先贤的遗

迹，而象山上的一切，都已经被僧人所占据了。为此李存“触景有深省，敬礼心共专”，言下之意希望陈又新能够关注象山，为陆夫子做一点贡献。否则，就像山上的僧道一样，来了又去，去了又来，又哪能给象山增添一丝光彩！

李存不希望象山重新被道教占领，但这种态度在元朝已经很少见了。而从元朝中叶到明朝嘉靖初年，在这漫长的两百多年中，几乎已经无人关注象山。直到阳明心学兴起，陆氏之学才重新得到尊崇，也偶尔有人登临象山，凭吊夫子。

嘉靖十七年左右，心学传人陈九川一心想恢复象山精舍，他与几个同道中人登上象山，作有《秋暮同诸公登应天山寻象山书院遗址慨然有感》（见《明水陈先生文集》卷十一），描绘了象山的荒凉景象，抒发了无限的感慨。

陈九川在诗歌中说，往日的先贤，在象山上建造了“方丈”，遂使儒家的山头，高过了道教圣地龙虎山。象山先生只用片言只语，就揭示了“本心”，令四海苍生振聋发聩。于是一时英才，纷纷响应，在山上结庐居住，听先生论道谈经，而象山也成了万人景仰的嵩岳与岱宗。然而世道变迁，先贤离去，真理沉沦，象山又变成了狐兔出没的地方。

多少次感慨之后，陈九川终于和几位同道登上山峰。拄着拐杖，踏上石阶，分开荆棘，走上前峰。眼前是一片金黄的田野，可它们又是为谁而耕种？瀑布的声音消失在树林里，山风传来了寺庙的钟声。可叹啊，眼前的农夫不再供养那些担当人世的学生，却徒然养活那些不负责任的僧人。

几个人一边叹息，一路前行，终于登上了绝顶，看到了象山先生的遗踪。整个山峰就像一只大象，一只从天而降的大象。在远古的洪荒时代，它就背负着沉重的“天道”，走下九霄云外的天门，停留在这里，雄踞于万山之上。它以深邃的目光看着苍翠的群山，苍茫的人寰，势欲冲破闽越之间的重重障碍，如同象山先生一样，胸怀宇宙，担当人世，吐纳风云，谈笑风生：“当时山中主，宇宙涵心胸。谈笑生风云，呼吸起虬龙。”先生虽然离开了人间，但他的英风足以传播万世，覆被群生。诗人忍不住要问：“谁还有这么大的手笔，谁还能恢复这象征文明的学宫？谁还能再现自己的本心，像明月一般高挂天空？谁还有海涵地负的勇气，来拯救这日益衰颓的世风？”可是诗人走了，离开了象山,也带走了浓重的失望,而象山精舍的最后一点遗踪,也将永久沉埋在荒烟衰草之中了。

万历之后,心学渐趋没落,象山也不再有人关注,倒是在天师府的影响下,重新成为道教的胜地。邹维琏,江西新昌人,万历三十五年进士,作有《登象山玉皇阁》诗,这个玉皇阁应当是道教的建筑。明人王素节作有《登象山》诗,描述在仙台上见到"输绿万山皆北向,朝阳一水自东来"的景象,丝毫不及陆夫子。明人杨时乔《应天山》是一首酬唱之作,也没有提到陆九渊。而清朝顾元揆《应天圣井两山道中留瞩 》则明确提到"上清仙馆面烟霞"的景象,可知到了明末清初,象山上重新成为道教的领地。

崇祯九年(1636)十月二十三日,著名旅行家徐霞客游览了象山书院,见《徐霞客游记》中的《江右游日记》。第二天,徐霞客从贵溪城出发,渡河后坐马车去上清镇。走了十里,到达新田铺。又走十里,到达联桂铺。又走二十里,过马鞍山,到横石铺。又走了四里,到达申命地。申命地南对应天山,从这里开始进入张真人上清宫的地界,称为"申命"(发布命令),与"应天"(感应上天)是对应的,合起来表示代替上天发布命令之意。可知到了明末,应天山又恢复了本名,没有人再跟徐霞客谈论陆九渊在这里讲学的情况,而陆九渊把应天山改名为"象山",这一点也没人提起。因此徐霞客在应天山下只是过了一路,没有上去寻访象山遗迹。

二、三峰山象山书院的诗文

宋元时期,三峰山象山书院颇为热闹,一直有教学活动,但留下的诗作较少。其中值得关注的是两首纠结于"朱陆之争"的诗歌。

宋元之交的文人方回,有《次韵象山书院山长汪德载垂访》,作者站在朱熹的立场上,劝导汪德载关注朱学,不要去讲什么陆学。元代婺源人汪泽民,在其编撰的《宛陵群英集》中,收有自己所写的《送罗与可象山山长》诗。这个担任象山山长的罗与可,应该也是徽州人。因朱陆之间的门户之争,汪泽民对陆氏之学怀有成见。他说,朱熹和陆九渊在鹅湖之会上展开论辩,显现出他们的为学之方大相径庭。可是朱熹论"无极""太极"非常精当,哪里

用得着陆九渊喋喋不休？平心而论，两位先贤讨论这一问题，还是出于公心，但朱陆的后学就很难说了。到了后来，他们（其实主要是说陆氏后学）各立门派，互相标榜，互相攻击。现在罗与可去担任象山书院的院长，大家对你寄托很深啊！希望你能够好好地跟他们讲一讲朱熹的学问。言下之意是，那个地方是陆氏心学的“老巢”，你要好好教训一下他们！

《宛陵群英集》卷六还收录了元朝吴镔的《象山书院即事》。吴镔，字子彦，宛陵人，曾任福建钞库提举，历知耒阳州。诗歌说：

我本闽中客，因人得胜游。泉声晴亦雨，山气夏先秋。旧友能青眼，新知岂白头。开怀尽樽俎，更为月岩留。

三峰山象山书院毁于元末，景泰年间才开始修复，但直到正德初年，都未见有教学活动，也很少有人关注。

方献夫，字叔贤，号西樵，南海人。弘治十八年进士，官至内阁首辅。解官后隐居西樵山，讲学于石泉书院。著有《西樵遗稿》。方献夫曾拜访三峰山象山祠，作有《贵溪谒象山先生祠》：“道在人心自不忘，象山高与此溪长。梅花已算余三百，谁为先生一瓣香。”又说朱熹也算是一代大儒了，可是经过鹅湖之会，却让人看出他的“为学之方”难免有支离破碎的毛病。从诗歌来看，方献夫拜访象山祠，应该在李梦阳修复书院之前，这里的景象较为荒凉，难免令人感慨。

李梦阳（1473—1530），字献吉，号空同子，庆阳（今属甘肃）人。弘治七年进士。弘治十一年任户部主事，后迁郎中。他个性刚烈，为人正直，抨击奸邪，不遗余力。弘治十八年，弹劾孝宗皇后的弟弟寿宁侯张鹤龄，被囚于锦衣狱，不久释放。出狱后，李梦阳在路上遇见张鹤龄，顿时怒火中烧，上前斥骂，又扬起马鞭，打落张鹤龄的两个门牙，张氏也不敢计较。正德元年，又替尚书韩文写《代劾宦官状疏》弹劾专权的太监刘瑾，被谪山西布政司经历，不久下狱，赖康海说情得以释放。刘瑾被诛之后，才起任原官，正德五年（1510）迁江西提学副使。

李梦阳在江西任职期间，多次亲临广信府，来到贵溪，瞻仰象山遗迹，并致力于修复象山书院，作有《象山书院同友》诗：

晓岸霜林出并骢，冬晴丹壑自含风。遗祠俎豆攀缘日，往事荆榛想像中。半冻岩泉和雨断，实连山谷暗云通。搴萝更洗磨崖读，迥立徘徊落叶红。

诗歌充满了对陆九渊的缅怀之情，而荒凉的祠堂，残留的书院，更是令他感慨不已。李梦阳又有《冬日象山书院》诗：

草疏叶黄沙出溪，日高南崦气凄凄。人亡故国还祠庙，世异阴崖尚品题。鸟雀石林迎旆散，野狐风草怒人啼。昔贤名迹谁堪此，两泪遥伤万仞梯。

一片冬日萧瑟的景象，和诗人的两行热泪互相映衬，体现了浓重的悲伤情怀。

刚介耿直的李梦阳，到江西后又与当地的权贵发生了激烈冲突。提学副使是总督的下属，身居此位的李梦阳却与总督陈金对抗，令陈金怀恨在心。李梦阳又叫江西诸生不要拜谒巡按御史江万实，江万实为此又恨上了李梦阳。淮王朱佑棨的校官与诸生发生争执，李梦阳将校官鞭笞了一通，惹得淮王大怒，上奏给朝廷；而江西参政吴廷举亦与李梦阳有过节，上疏论其越权之罪。于是这些人纷纷搜集材料，打击李梦阳，朝廷派大理寺卿燕忠等人来江西勘问，李梦阳孤立无援，卧病待罪，最终算是苍天有眼，只是以“居官无状”被罢官，返回家中。李梦阳在江西官场狂狷使气，自己也有过错，但他敢于与权豪势要抗争，为弱者鸣不平，深得民心，当他被羁押在广信府监狱之中时，竟然有一万多个诸生为之鸣冤。

《嘉靖江西通志》卷十收有李梦阳描写三峰山象山书院的一首诗，《空同集》原题为《广狱成还南昌候子》之三。这是李梦阳在江西官场陷入纠纷、待罪下狱之时写的一首诗。他来到三峰山，这里刚经过一场雨，枯萎的乌桕树叶舒展开来，山坡上长满了兰草，紫色的葛花竞相绽放，高高的徐岩上喷洒着流泉。诗人站在亭子里，凭虚而立，让清凉的风吹动着衣襟，止不住思绪万千：“居高乃虑孤，涉历悟攸遣”，高洁自傲的人虽然感到孤危，经历了变故之后却更加坚定了直道而行的决心。君不见，象山书院里的“三先生祠”，千秋万代享受着人们的祭祀，岂不就是因为如同明月一样的本心和

本性!

李梦阳到象山书院之时,贵溪人夏言同游,作有诗歌,见《同治贵溪县志》。夏言(1482—1548),字公谨,贵溪人。正德十二年进士。初授行人,后任兵科给事中。明世宗继位后,夏言因议礼而受宠,升至礼部尚书兼武英殿大学士,不久又擢为首辅。后为严嵩等所构陷,回乡闲居。嘉靖二十七年因议收复河套事,再遭严嵩诬陷,最终被弃市而死。有《桂洲集》十八卷及《南宫奏稿》传世。

夏言随李梦阳同游象山书院之时,尚未正式踏入仕途。他在《次李空同游象山书院》诗中说,陆九渊祠堂荒废在荆棘丛中,无人祭祀,自己身为贵溪人,对象山书院却没有做出什么贡献,真是感慨良深。现在李梦阳下决心修建书院,先贤之道赖以发扬光大,实在令人敬佩。夏言又有《奉次空同过象山书院韵》:

> 千寻峭壁俯清溪,野竹含风弄晚凄。祠下几年无过客,崖前此日重留题。未逾沧海难忘楫,欲步丹霄信有梯。怅望讲堂荒草合,日斜惟听鸟声啼。

从诗歌可以看出,象山书院一片荒凉,不但早已经没有师生在这里讲学,连象山祠也许久无人问津了。

李梦阳修建仰止亭之后,桂恭带了几个学生在这里讲学。三峰山书院迄今尚残存有明代石刻云:“正德壬申冬重修书院,本邑人夏言来观。”“大明正德壬申□□,邑人桂恭下□,讲学于此。时在门者毛凤起、毛凤鸣、彭景哲、桂辅、许元奎,弋阳翁□□。”正德壬申即正德七年(1512),这次重修象山书院,就是李梦阳主持的。桂恭是贵溪人,正德五年举人,他带着几个学生在此讲学,不过是给李梦阳凑凑趣,为荒凉已久的象山书院做一丝点缀罢了。从李梦阳的诗歌来看,象山书院的讲堂早已经让位给一片荒草,因此桂恭所带的这几个学生,应当是府学或县学的学生,不是象山书院的学生。

《江西诗征》卷五十五收有夏言的《仰止亭》,诗中说自己挟着象山的文集,带着诸生坐在山亭之中,身边三座孤峰,如同翠绿的屏风;眼前一双瀑布,发出清脆的声响。一阵鸟声传来,随即远去;台阶上的小草,在书声中显得越发青翠。“相看有桂树，一一待秋馨。”眼前的学子，与山中的桂树，相映成趣，待到秋来桂花开放，也就到了学子们“折桂”成名的时候了。这首诗应该作于桂恭讲学之时，也是给李梦阳凑趣的作品。

李梦阳到象山书院之时，同游者有杨廉，亦作有《象山书院和李提学韵》，见《贵溪县志》。其中说道：“论人我敢轻随众，为学谁今更切题。易简岂非由积累，高明终是绝阶梯。”似乎对陆九渊的简易功夫抱有微词。明代前期，程朱理学独霸天下，陆九渊的理论不太受人重视，杨廉的这种议论也是可以理解的。杨廉为丰城人，正德年间任南京礼部侍郎。

王洙，浙江临海人。正德进士，汝州知州。他曾登临仰止亭，作有诗歌，描述“石骨云千窍，山腰风一亭”的胜概，颇有表现力。诗歌结尾感慨天地辽阔，而陆夫子的馨香于此地流传不绝，体现了无限仰慕的情怀。

夏言入仕之后，逐渐显贵，对三峰山象山书院亦不能忘情，后来在这里建有象麓草堂，闲居读书。

夏言于三峰山建造象麓草堂，大约在嘉靖十年至十四年之间，这从费宏、费懋贤父子的唱和之作可以推断出来。费宏，铅山人，成化二十三年进士，嘉靖时官至首辅，嘉靖十四年去世。他作有《答夏公谨见贺并题象麓草堂》诗，因此可知在他生前夏言的象麓草堂已经建成。费懋贤，费宏之子，嘉靖五年进士，官至兵部郎中。他作有《沁园春·和其贺烈桥卜筑韵，寄题象麓草堂》，词中说夏言“正名播儒林，望隆青琐，升华陟要，馆阁崇阶”，显示建成象麓草堂之时，夏言已经成为馆阁之臣。据《明史·夏言传》，嘉靖十年三月，夏言升为少詹事，兼翰林学士，掌管院事。由此可知费懋贤之词作于夏言担任翰林学士之后。夏言在《象麓草堂初成和杜六首柬方石山尚书郎》中说：“中年卜居总为此，独坐凭轩聊散愁。”夏言生于成化十八年(1482)，嘉靖十年至十四年之间为五十出头之人，称为“中年”也很合适。综合起来，象麓草堂大约建造于嘉靖十一年至十三年之间。

象麓草堂名为草堂，费宏也在诗歌中说它“幽闲草屋数椽宽”，看起来格局不大，不过是个简陋的草堂而已。但费懋贤在词中却说：“象峰佳胜处，喜新堂，百堵弘开。有朱栋飞云，琼窗隐雾，山光摇曳，溪水萦回。”“百堵”形容房子很多，而“朱栋”“琼窗”之类，适合形容豪华的建筑，根本不能用于形容真正的“草堂”。由此看来，象麓草堂可能有很多房子，而且富丽堂皇，非一般的隐居之所可比。根据《明史·夏言传》推断，嘉靖十年至十四年之间，夏言并未长期离开京城，而构建如此华丽的“草堂”，也非一日之工。联系他当时正深受嘉靖皇帝宠信的情况，“象麓草堂”很可能是地方官员为巴结他而建造的，所谓的“草堂”其实是豪华的“别墅”而已。

不仅如此，夏言在象麓草堂居住期间，还有不少达官显贵纷纷与他唱和，一时间“草堂”几乎成了“朝堂”，在这里闲居的夏言几乎成了“山中宰相”。唱和者之中，为首的是铅山人费宏，他在象麓草堂建造之前早已经官至首辅。当然，他主要还是想为儿子费懋贤留点后路，故而刻意与夏言结交。此外如夏尚朴，永丰人，正德六年进士，时为南京太仆寺少卿，作有《题桂洲象麓草堂》。又如方豪，浙江开化人，正德三年进士，历官湖广副使。他作有《象麓草堂》。又如詹瀚，玉山人，正德十二年进士，作有《登三峰山有怀象麓草堂寄题》，此前他已经担任刑部郎中之职。

夏言与上述诸人的唱和之作，集中表现了两个主题。一个主题是说夏言“堪比圣贤”，当然也不亚于陆九渊，因此也理所当然取代了陆九渊在象山书院的地位。夏言《三峰亭》云：“象山书院在，千载接芳邻。”费宏《答夏公谨见贺并题象麓草堂》云：“宇宙从来有此山，高踪远蹑陆文安。”夏尚朴《题桂洲象麓草堂》云：“自许追先哲，应无愧此身。”方豪《象麓草堂》云：“清时勋业希皋稷，长日诗书对孔颜。”詹瀚《登三峰山有怀象麓草堂寄题》云：“桂洲子，象山翁，百年气味真相同。”从这些诗句不难看出，夏言以陆九渊再世自许，而唱和者也都顺着杆子往上爬，对他大加吹捧。另一个主题是说夏言关心国家大事，堪称国家栋梁，因此不能老是在这里隐居：皇帝还眼巴巴望着他回朝辅佐呢。夏言《三峰亭》云：“凭高终极目，直北是三台。”夏言《象麓草堂初成和杜六首柬方石山尚书郎》云：“愁看直北关山迥，白草黄云秋正哀。”大有离开夏言朝廷便无法支撑之意。唱和者也认可这一点，如费宏《答夏公谨见贺并题象麓草堂》云：“匡时更仗纡筹策，莫信韩非著说难。”“莫为烟霞遂成癖，苍生方仰济时丹。”费懋贤《沁园春·和其贺烈桥卜筑韵，寄题

象麓草堂》云:“羡政事文章总异才。……早挂锦帆,远趋天阙,万里风云志壮哉。”方豪《象麓草堂》云:“莫缘幽胜称多疾,天子凭轩望汝还。”

古人云:“言为心声。”从这些诗歌中,可以看出夏言自负而狂妄,颇有不知进退的意味。与他唱和之人,也没有提出委婉的劝导,只是一味将他推上“杨树杪”,希望他百尺竿头更进一步。虽然夏言在《夜归象麓草堂用孟浩然韵》中也歌咏了“遥看稚子候荆扉,野色苍茫过桥去”的村野景致,在《象麓草堂初成和杜六首柬方石山尚书郎》也描述了“屋上风泉飞木杪,窗前烟月挂藤梢”的闲居生活,表示自己如同经营小巢的燕子一样,打算在官场风波之中急流勇退,在这里过点安逸生活了。可是,诸人的唱和之作,却反映了夏言在象麓草堂隐居乃是言不由衷之举。

嘉靖年间是阳明心学传播最为迅猛的时期,这一浪潮也给书院带来了一些生机。嘉靖三十五年,王宗沐担任江西提学副使,任上致力于传播阳明心学,还喜欢到各个书院高谈阔论,并带着学生四处游学。他的《敬所先生集》卷十三收有两首歌咏象山书院的诗歌,题为《至贵溪谒象山祠,因登三峰山顶,时诸生从行,余干诸生适至,歌声齐作》,从诗歌题目就可以想象当时师生们意气风发的场景。在诗人笔下,高高的三峰山俯瞰着碧溪,潇洒的先生带着学生尽情攀跻。山泉喷流,水珠沾衣;登上了峰头,一道彩虹出现在眼前,宛如通往仙境的天梯。古老的松杉,守护着象山的祠堂;满地的鲜花,又簇拥着诗人登上讲坛。亘古不变的道理,一代又一代地传承,就像山峰上石刻,历经风雨而难以磨灭。落日,山原,溪流,沙滩,飞雪一般的浪花,锦绣一般的青苔,禁不住让诗人手舞足蹈:“谩解尘缨临定水,且将歌韵薄行云。”看看学生们惊讶而兴奋的神情,诗人忍不住笑了:我的性情,本来就像山中的野鹿,只要有好的景致,又何妨到处追寻!

崇祯九年(1636),著名旅行家徐霞客游览了象山书院,留下了一段日记,见《徐霞客游记》中的《江右游日记》。

崇祯九年十月二十三日早晨,徐霞客叫醒同行的僧人静闻,出了贵溪的西南门,渡溪而去,开始了在贵溪境内的旅游。出发前他被旅店主人舒龙山所误导,遂与三峰山象山书院失之交臂。舒龙山告诉他:“由正南门而过中坊渡一里，即为象山，又名挂榜山，乃陆象山之遗迹也，仰止亭在焉。其西南二里为五面峰，上有佛宇，峰下有一线天，亦此中之最胜也。”这个被称为“象山”、“挂榜山”而又有“仰止亭”的地方，在贵溪城的西南面，与贵溪仅有一溪之隔，明显就是三峰山象山书院所在的地方，这里又被称为“徐岩”，即现在贵溪一中的所在地。但是，“象山”“挂榜山”“仰止亭”“陆象山之遗迹”又明显不是一个地方，旅店主人胡吹乱侃、以讹传讹，把贵溪的各种景点拼凑在一起，没有给徐霞客起到实质性的指导作用。这种介绍当然不会令徐霞客特别在意。不过旅店主人将五面峰的胜景夸耀了一通，却引起了徐霞客的兴趣，于是他就直接奔往五面峰。

游览五面峰之后，徐霞客在小隐岩偶然看见了宋人洪驹父的石刻：“宣和某年由徐岩而上，二里，复得射虎岩。”在此之前，徐霞客到了弋阳，已经关注到“徐岩”这一地名，因为他自己姓徐，所以对“徐岩”也很感兴趣。可是开始在贵溪游览时，因为匆忙，他又把这一点给忘了。眼前的石刻提醒了他，于是徐霞客便去寻找“徐岩”，可是问来问去，谁也不知道“徐岩”在哪里。

此后徐霞客一路前行，四处寻找“徐岩”。根据游记的描述来判断，徐霞客并没有走得太远，只是在贵溪县城隔河而南的一带地方兜圈子。而且，既

象山书院（贵溪一中“徐岩”）

然他已经在小隐岩看到了洪驹父的石刻,徐霞客当然也不会远离此地去寻找“徐岩”。然而当日时雨时晴,天气不好,路线又很不清晰。即将天黑的时候,奔走于泥泞之中的徐霞客还是没问到“徐岩”在哪里。这时候遇见一个老翁,老翁说:“从我家往南一直走过去,便是徐岩;但徐岩是旧名,现在已经改称朝真宫了,乃是鬼谷子修道的地方。现在天已经黑了,你也只能等明天早上再去找了。象山就在前面不远处,你还不如先去那里看看。”听了老翁一番话,徐霞客只得放弃了“徐岩”,直奔老人所谓的“象山”而去。其实老翁的介绍,又是一番“热心的误导”。

徐霞客在昏黑中闯了两个山谷,又往西南而去,找到了“象山”。根据“两崖前突,中坞不深而峻,当其中有坊峙焉”的描述,徐霞客看见的其实就是三峰山。三座山峰,两座往前突出,居于前面;一座山峰居于后面,由此形成了一个山谷。山谷不深,但是三面山崖很陡。这无疑就是三峰山的地形地貌。徐霞客经过山谷前面的牌坊,看到了后面的象山祠堂,祠堂有两重,陆九渊的牌位在前面一重,但房子已经倒了半边;后面一重房子没倒,但中间空空如也,没有任何牌位和祭祀。徐霞客穿过两重房子,忽然听见山崖间有人说话,于是匆忙沿着台阶登上去,看见有人住在山崖上,乃是一个姓杨的,他负责看护三峰山的象山祠堂。姓杨的听见有人来了,便举着火把出来,之后又带着徐霞客,登上山崖,进入仰止亭。仰止亭矗立在崖顶,四面临空,俯瞰深谷,令人流连忘返。徐霞客兴致勃勃,姓杨的却很担心:“天黑已经很久了,恐怕河上的渡船都已经停了,你还是快走吧。”徐霞客这才下山,返回大路。姓杨的很热心,在黑暗中伴随徐霞客走了两里多路,将他送到中坊渡头。一路上说自己的父亲已经八十八岁了,身体非常康健,而且饭量很大。徐霞客觉得这真是一个孝子。之后姓杨的在渡口大喊了一通,对岸的船夫才将船撑过来,让徐霞客过了河,回到贵溪县城。

总结起来,徐霞客在黑暗中游览的“象山”,就在贵溪县城的河对岸不远,乃是他最初错过、最后又绕回来游览的地方,并不是相距六七十里、远在上清镇的“象山”,那才是陆九渊讲学的应天山。过渡,步行,爬山,迷路,雨天,种种条件所限,徐霞客也不可能在一天之内到达应天山,而后又返回贵

溪城。据《雍正江西通志》卷十记载，与象山书院相连的是五面山，其山一峰屹立，削成五面峭壁，元代赵孟頫有诗。往北二里东折，为小隐岩，岩后刻有宋代洪驹父的题字。由此可知，徐霞客当天就在五面山、小隐岩、三峰山这个小范围内转来转去，并未走得太远。

根据徐霞客的游记来看，明末的象山书院已经荒废，不过还有人在看守祠堂。到了清朝，估计连看守象山祠的人也没有了，去寻访象山书院的人就更少了。清初郑日奎经过三峰山，作有《 三峰山》诗歌，就描述了“先哲今何处，古祠空黯然”的荒凉景象。郑鼎的《过象山草堂诗》（见《同治贵溪县志》）描绘了“门馆尘埃遗鸟迹，石阶风雨长苔钱”的荒凉景象，而周之旦的《过象山访陆子静先生读书处》则说：

朱陆由来无异同，追寻兄弟访空同。苔侵石榻埋芳草，藤蔓纱窗蔽晓风。意见不妨怀独得，议论何必尽相蒙。象山尚有遗编在，一脉渊源合个中。

此诗题为“过象山”，实则写的是三峰山象山书院。其中“空同”指明代诗人李梦阳，他与象山（应天山）无关。而“苔侵石榻”“藤蔓纱窗”之类的景象，也应当指破败的象山祠，不是指应天山，因为到清朝时象山上已经不可能残存象山精舍的建筑物了。

张永铨，字宾门，上海人，康熙三十二年举人。他作有《抵贵溪访陆象山读书处》，见《闲存堂诗集》。诗歌说自己到了贵溪，就去造访贵溪县衙。县衙经过翻修，可谓是焕然一新，富丽堂皇。衙门里还竖着一块巨大的石碑，刻着“大手笔”的文章，记载着有模有样的业绩。可是当他问到“象山祠”的时候，县衙里的人都傻眼了。有个人还算知道一点，他说“象山祠”万把年前就没有了，只听人传说贵溪有陆九渊读过书的地方。陆九渊当年与朱熹讨论“义利之辨”，启发学者，千百年来令人受益无穷；可是今人连他的祠堂都不愿意去修建。当今之人自己有一点功劳就大肆吹嘘，还要树碑立传，真乃是香臭不分，泾渭分明。诚然，没有了历史文化的参照和对比，自我膨胀也就难免了。据诗歌来看，张永铨没有到三峰山，实则那里的陆九渊祠堂还在，只是很少有人知道罢了。因为晚晴名臣张謇，尚于光绪十九年七月初九日作有一副对联《题贵溪象山书院陆谢二公祠》:“地非二公故居,考记征闻,释奠必有合也;祠近诸生讲舍,读书论世,尚友其在斯乎?”

三、城内象山书院的诗赋

清朝乾隆以后,象山书院迁到贵溪城内,出现了万安山象山书院、梅花墩象山书院和旧当铺象山书院。其中乾隆十年兴建万安山象山书院时颇为热闹,曾留下不少诗赋;其他两处象山书院则很少有人关注,也没有留下什么诗歌。

《贵溪县志》收录了项纯礼的《登翠屏楼应山长蔡愚山教诗》、蔡锟的《象山书院赋》《象山书院翠屏楼题名记》、彭之锦的《象山书院翠屏楼额跋》《象山书院怀古并示诸生诗》、龚为绅的《象山书院怀古一百韵》、徐兆鼎的诗、黄炎的《题新建象山书院六韵》、江之岱的《登翠屏楼诗》、胡华的《翠屏楼诗》。这些都是清朝人的诗歌,大部分都围绕县令彭之锦在万安山重建象山书院一事进行歌咏,反映了清朝官场喜欢粉饰太平、阿谀成风的现象,而文人也如蝇逐臭一般追随着,不惜用最动听的言辞来吹捧地方官。

乾隆时期县令彭之锦的《象山书院翠屏楼额跋》介绍说,“翠屏”是陆九渊在象山精舍所题的名字。万安山象山书院建成之后,登楼一望,苍茫一色的象山就在视野之中,因而用“翠屏”来命名此楼。可知“翠屏楼”就在万安山象山书院之中。

彭之锦的《象山书院怀古并示诸生诗》是用来教导书院学生的。其中先说“先生百世师,北斗悬方丈”,赞叹陆九渊的精神思想永不磨灭;然后感慨“俗学病支离”“不向本心求”;这也是倾向于陆九渊的说法。但接下来话锋一转,又说“纷纷讼异同,毋乃私所上”,意在于调和朱陆之说。最后鼓励大家努力躬行,学以致用,以体现象山精神。

项纯礼的《登翠屏楼应山长蔡愚山教诗》,其中“山长蔡愚山”即指象山书院山长蔡锟。诗中歌咏“诸峰极目烟光远,虚室澄怀道味幽”。徐兆鼎的诗说“只此薪传在,潜修仗众才”,黄炎的《题新建象山书院六韵》说“一中传未杳,义利晰分途”,江之岱的《登翠屏楼诗》说“凭轩自是开心窍,况为先贤辟草莱”，胡华的《翠屏楼诗》说“鹅湖春雨流无限，鹿洞秋风响未沉”，都为万安山象山书院接续了陆九渊的香火而感到高兴。

蔡锟的《象山书院赋》以“次朱子白鹿洞赋韵”的形式写成，序文中提到乾隆十一年县令彭之锦在万安山重建象山书院，聘请其父亲象麓先生蔡兆圻为山长，一时间求学者纷至沓来，以致无法容纳。第二年蔡兆圻辞去山长一职，县令彭之锦又聘请蔡锟担任山长。赋中歌颂陆九渊振兴斯文，先德性而后学问，在象山游息五年，弟子数千；又歌颂袁甫改建书院，历经元明而至于清朝，书院的事业更加兴旺发达了。

蔡锟的《象山书院翠屏楼题名记》，主要歌颂县令彭之锦重建象山书院，没有动用国库一文钱，没有花费民间一粒粮，后来看见求学者越来越多，书院无法容纳，又继续建造修葺，扩大规模，这一番表彰先贤、造就后学、体恤单寒的心意，令人感动。接下来蔡锟就此议论说，一个人的为人处世，主要取决于他的见识，如果见识不广，气量太小，就根本不会关心妻子儿女、身家性命之外的事情；如果见识广，气量大，就会像陆九渊所说的那样，将宇宙内的事情当作自己分内的事情，不会局限于“不在其位，不谋其政”的格局之内，只要这些事情不是为一己之私，对众人有利，就会毅然决然去做。蔡锟为此感慨说，天底下的人，对于建造佛寺道观，是如此的热心，一听说需要捐助，就纷纷拿出黄金白银，争先恐后，把寺庙建造得金碧辉煌。但是对于书院这种培养人才的根本重地，却漠不关心。书院建造已经四年了，还没有听说什么人为之捐款捐助的。在贵溪这个地方，急公好义者还大有人在；但这还得掌管政事的人大力培植。县令彭之锦就是这样的好官员，他一心一意营造书院，使当地的读书人免于风雨之苦，使各地好学之人蝉联而至，这也实在难得，必然有好的报应。

明代科举制度虽然弊端重重，但并没有扼杀思想的活力。阳明心学的兴盛，就能够反映这一点。而到了清朝，文字狱大兴，与之匹配的科举制度便多半只能培养一些儒家经典的“耳食之徒”了。他们学了几句经典，用以拼凑八股文，便狂妄起来，胡乱跟圣贤相比。万安山象山书院，只不过是一个培养科举士子的地方，根本无法与宋代象山书院相比，更不可能与象山精舍相比。可是上述诗歌给人的感觉，俨然是“陆九渊再世”，又一次降临于贵溪县城了。

不过，一片莺歌燕舞之中，也难免会夹杂一些乌鸦的聒噪声。

龚为绅的《象山书院怀古一百韵》是象山书院最长的一首诗。该诗主要叙述了象山书院的历史，开头一段叙述了陆九渊开辟象山的经历：“文安开讲席，规山起广厦。”接下来叙述绍定四年袁甫建造三峰山象山书院的过程：“买田赡膏火，殷勤从兹役。”接下来叙述元明时期的书院历史，其中说道：“正德谢侯来，作亭山后脊。时则有学使，空同老诗伯。建堂及坊匾，英风凛岸帻。山灵邀名题，幽堂无喧咋。”“嘉靖袁侯记，增修光焕奕。学使王讲学，题辞耐寻摘。”这些叙述可以和其他史料相互补充，从中可知李梦阳和县令谢宝建造了讲堂、牌坊、匾额，在山上修建了亭子，而嘉靖年间的提学副使王宗沐曾在此讲学。接下来叙述清朝的书院历史，其中提道：“康熙三十三，张侯亲治宅。雍正十一载，继张复增益。乾隆岁之十，彭公矜奇获。”可知在乾隆十年县令彭之锦建造万安山象山书院以前，还有过康熙三十三年、雍正十年两任县令曾对明代的象山书院做了一些修复工作。

诗歌接下来对乾隆十年县令彭之锦新建万安山象山书院作了夸赞：“先生正南面，礼义才顺适。”然而好景不长，彭之锦离任之后，万安山象山书院又趋于凋敝：“年来多懈弛，对景增惋惜。”作者为此感慨良多，大致是阐述兴办学校的重要性，认为学校没有规章制度，就如同脱轭之车；学校不能坚守正道，就好像柱子没有柱础；学校没有场所，学生就只能到处乱跑；学校没有老师，学生就无人引导。学校荒废之后，人心就好像荒芜的石田，民众就会唯利是图，就会喜讼好斗，就会丧失天生的聪明才智，从凤凰沦落为蝼蚁。作为一方的长官，应当体恤百姓之苦，就好像春天一般给桃李浇灌雨水，就好像莺燕一般殷勤地教导着小雏，就好像裁缝一般剪裁着锦绣，就好像医生一般给病人扎针施药。为官之人身受皇恩，为官一任也不是过客。处理官司时对待百姓应当如同家人，管理官吏时应该谨防他们上下其手。最后作者又深切缅怀象山书院辉煌的往昔，说朱熹开辟了白鹿洞书院，陆九渊开辟了象山书院，树立了楷模，教导了后人。而陆九渊教人的真谛，“良知非冥

悟，实践相悦怿。”良知不是关起门来冥思苦想，而应当在践行之中得到验证，得到鼓励。王阳明并没有曲解陆九渊，而是发扬光大了陆九渊的事业。当下的儒学已经到了末流，人们只喜欢斤斤计较朱陆之异，在朱陆之间凿出深深的鸿沟，翻出来的都是沙砾。言下之意，如今的文人的官员，都不再有先儒践行实学的精神，更何况用它来经纶济世！这种感慨是很深的。诗歌的末尾，作者又描述了象山书院的凄凉景象：“卖菜喧晚渡，明月下江驿。坏檐啮波涛，破瓦走蜥蜴。砉然一长啸，山水遥按拍。尚言殊感慨，悠悠自今昔！”这种景象，也暗示了象山书院在古代社会最终会走向没落。

第七章　象山书院的历代人物

象山书院的人物，可以分成几个时期。象山精舍时期，学者众多，但在陆九渊的遮蔽之下，大多数人物不受关注，形成了“灯下黑”的格局。陆九渊去世之后，三峰山象山书院肇建，这时期的人物，反而有了较大的影响。总体说来，在南宋后期，陆九渊的后学与朱熹的后学尚能相互抗衡，颇有一较高下之势。到了元朝，理学家吴澄、著名文人虞集等，因地缘关系，又对陆九渊形成了抬举之势。由此元代象山书院并不凋零，其中的人物，时时一现龙鳞，强于白鹿洞书院和岳麓书院，也就可以理解。明清两朝，程朱理学的地位十分稳固，心学一度兴盛，终又销声匿迹，而象山书院也不再“出产”有名望的人了。

一、象山精舍的“象山学者”

陆九渊在象山造就了很多人才，他把来象山学习的人，统称为“象山学者”。“象山学者”的影响很大，以至于有“非从学象山不得为邑寓贤”之说，也就是说没有跟陆九渊学习过的，不能算是跟贵溪有关的名贤。

陆九渊曾经张贴《示象山学者》一文，对“象山学者”进行告诫。他说，“道”是不会远离人们的，只有人们会自己背弃“道”；为此只要不背弃“道”，就可以学有所成。古人有“宿道乡方”之说，意指依道行事，陆九渊就“宿”“方”两字引申出双关意义，说“象山学者”不可只晓得在我的精舍、方丈里住宿，而忘记了“宿道乡方”的古训。

在“象山学者”之中，经营“象山精舍”最为用心的属彭兴宗。彭兴宗，字世昌，金溪人。他早年从学于陆九渊，淳熙十四年，邀请陆九渊登临应天

山，见陆九渊很喜欢这里的山水美景，就为他建造了一个精舍，即“象山精舍”。陆九渊的《与王谦仲书》说彭兴宗非常贫困，开辟象山之时，得力于山下的张氏甚多。陆九渊去世之后，彭兴宗去拜访朱熹。朱熹问他来干什么？彭兴宗说象山精舍缺少书籍，因此他四处寻访采购，顺便拜访一下朱熹。朱熹说：“关键的书也要不了几本，而且天底下的东西，有聚必有散，何必如此劳心？”朱熹经营白鹿洞书院，也曾四处采书，但对彭兴宗却说出了这样一番话，看来他还是不能忘情于“朱陆之争”。彭兴宗临走时，朱熹又给他写了一首诗：“象山闻说是君开，云水参天瀑响雷。好去山头且坚坐，等闲莫要下山来。”有人认为是当时“党禁”很严，朱熹怕彭兴宗受牵连，故而叫他不要轻易下山。但仔细品味，却颇有点讽刺的意味：按照朱熹的描绘，彭兴宗就很像一个老僧了。同门学友袁燮曾撰《题彭君筑象山室》赠送给彭兴宗，反击了“陆九渊类似禅宗”的说法，或许就是为了坚定彭兴宗传承陆学的信心。

陆九渊在象山时，有一个得意门生傅子云。

傅子云，字季鲁，号琴山，金溪人，著作有《易传》《论语集传》《中庸大学解》《孟子指义》《离骚经解》等。陆九渊升堂讲说，每到讲得淋漓痛快的时候，就会看看弟子傅子云，说：“岂不快哉！”显露出一种欣然自得的神态。傅子云在众多学生最年轻，有人因此而轻视他，但陆九渊却说：“季鲁，英才也。”陆九渊曾让人在他的席位旁边设一个座位，专门让傅子云坐在那里，有时遇到有人提问，就叫傅子云代为回答。《象山语录》记载说，傅子云从象山回去，陈正己问他：“陆先生教人，以何者为先？”傅子云说：“先教人辨明志向。”陈正己又问：“怎么个辨明法？”傅子云回答说：“义利之辨，看你立志于义还是利。”陆九渊听说之后夸赞说：“傅子云的回答，既简明又能切中要害。”绍熙二年（1191），陆九渊奉命出知荆门，遂委托傅子云代他掌管象山精舍，临行前还特意对学生们说：“我马上要去远方任职，没法为大家扫除心头的尘埃了，幸亏还有傅子云在，可以代为应对。”可见陆九渊对他的器重。绍定四年（1231），袁甫重建象山书院，时傅子云尚在。又据《弘治抚州府志》卷十四收录的傅子云《槐堂书院记》，文章末尾题为“绍定六年十二月丙子记，从事郎建宁府瓯宁县主簿充象山书院主教傅子云撰”，可知绍定四年傅子云担任了象山书院主教一职。

杨简(1141—1226),字敬仲,浙江慈溪人,因筑室居住于家乡慈湖之上,世称慈湖先生。陆九渊在象山讲学期间,杨简便成为陆九渊门下的学生。杨简继承并发展了陆九渊的心学思想,克服了其中残留的"理本论"色彩,从而建构了彻底的"心本论"思想,并坚决反对程朱"格物致知"的方法论,对阳明心学"心本论"和"工夫论"的形成有重大影响,成为陆王心学承上启下式的人物。

杨简任乐平知县期间,大办儒学,教化于民,兴学重教,扩建县学,并"首倡士民兴修学舍",使得乐平强悍之风得以驯服。从此,"乐平居恒循礼教,尚气节,耻奔竞。胶庠子弟争自修洁,以经术韬略相渐摩,尔来科名益振,贤才辈出,建树卓然。虽蓬累而行者亦廉,隅自爱素封,好施与,急公慕义,不吝囊橐,即阎井小民,罔弗知耻"(《饶州府志》)。"枹桴鼓不鸣盗贼少,鸡豚里社语声哗",穿行于婺源和乐平之间的南宋抗金名将权邦彦对当时乐平安定祥和的社会景象发出无限感慨。

乐平民风强悍却尊儒重教、崇文重学,自古人文昌达、人才辈出,与乐平迁徙历史以及南宋政治文化中心南移有关,更重要的一个因素是,杨简、马端临等乐平历代知县和名仕先贤都极力推崇儒学、注重教化于民,以至于乐平佛寺道观很少、祠堂戏台和书院社学却遍布城乡。

历代《江西通志》《饶州府志》《乐平县志》对杨简办学业绩均有记载。元人危素(1303—1372,元明之际文学家)《乐平州慈湖书院赡学田记》载:"昔杨文元公之宰乐平也,首倡士民兴修学舍,阐明心学,以崇教化。未几,民翕然应之,嚣健驯服,至今号诗书之邦""杨氏学出于陆文安公,其为乐平也"。

杨简因重儒兴学有方,不久调入朝廷任知乐平县国子监博士,最后官至宝谟阁学士、太中大夫。

杨简在乐平任职不到三年,却为政勤勉,清正为民,深得百姓拥戴。"洎阳为邑,实惟所临。宽简虽至,威信亦深。敢不兢兢,治所赋金。以谨以程,以恪以忱。"(杨简《上耿泉生朝》),在他离任之际,乐平全城空巷、万人相

送。乐平人洪迈有感于其景其情，专门作诗《送杨简迁国子博士》：

杨君解墨绶，去作国子师。
邑人十万户，遮道婴儿啼。
曩岁天旱苦，赤地无余遗。
饥殍千百辈，上山争采薇。
采薇有时尽，讵能救人饥。
慨然顾自任，舍我将告谁。
昧爽出厅事，日暮忘旋归。
大家贮陈粟，出粜不敢迟。
偷儿纷狗鼠，锄治如平时。
一意摩手抚，如子得母慈。
明年麰麦登，比屋无流移。
史牒载循吏，于今亲见之。
我亦受一廛，惜哉轻语离。
桥山未讫役，酌饯疏酒卮。
聊述路人颂，持作送君诗。

杨简一生为官清正廉洁，政绩显著，《宋史》专录传纪以彰显其生平事迹。

杨辑，字通老，长溪（今福建省霞浦县）人。仕至司农寺簿，曾上书要求朝廷“进君子，退小人”，鼓励廉洁安分之人，遏制四处钻营之人。杨辑是朱熹的学生，在朱熹和陆九渊分歧很大的情况下，却来到象山切磋学问，也很有意思。临走之际，陆九渊撰书《送杨通老》以赠。书信中指出，诸子百家哪个不是博学多才，哪个不是打着“仁义道德”的旗号，可实际情况呢？因此，好学之人必须做到“无蔽”，也就是不能用学问蒙蔽了“本心”，这才是最重要的。

张季悦，南城人，为陆九渊弟子，发愤好学，同学敬佩。但他性格刚毅，疾恶如仇，排斥异端，不遗余力，很有点剑拔弩张的意味。因此有人笑他：“南城人误以陆九渊为师最久。”陆九渊劝他说，对于“异己”之人，不必过于排斥，要为他们打开一扇“改过自新”的大门，以一种诚恳而善良的态度引导他们，使他们懂得道理，幡然醒悟；尤其对那些熏染不深的人，更要抱着这种态度。哪能说这些人就没有改正和提升的机会呢？这一教导是很中肯的。

张季忠为陆九渊弟子，发愤好学，同学敬佩。张季忠对于人的修养，抱着过于理想化的态度，因此陆九渊作书《与张季忠》，说世上之人不可能不犯错，就是孔子最得意的门生颜回也是如此，所以想人说话做事“无一不善”，没有一点差错，这是毫无道理的，往往只是争强好胜的表现。而提升人的素养，也要循序渐进，不可拔苗助长。

倪巨川，字济甫，上清人，也是“象山学者”之一，与陆九渊的亲戚饶寿翁关系甚好。陆九渊作书《与倪济甫》，体现了学者的诗人风怀。他在信中说，听说你不想参加科举考试，决定上山，让我感到非常快乐。寄来的诗歌，也让我赞叹不已。今天晚上，碧空如洗，月华高照，天地间一片空明，应该是数年来最好的月夜了。夜半之时，开门四望，情怀欢畅。转念一想，我能够不辜负这美好月夜，我能够欣赏这美好的月色，还不是得力于一班贤友，是你们帮助我造就了光风霁月一般的胸怀？因此，若有贤友来访，又何必计较是不是月明之夜？什么时候来都很合适，你也不要迟迟拖延！

倪若韶，字九成，上清人，在象山从学于陆九渊。有一段时间倪若韶觉得自己病了，显得意志消沉，精神懒惰，陆九渊遂作《与倪九成》，说他只关心自己的病症，可能没注意自己的病根；这个病根就是一种“习惯”，习惯于给自己的懒惰找借口，就像小孩子一样，不愿进入书院读书，于是千方百计寻找借口。这种借口就像是陷阱，就像是罗网，能够让人深陷于其中。所以你应当有一种巨大的勇气，克服自己的习惯，把自己从深渊中拔出来！

桂昭然，字德辉，师事陆九渊最早。乾道八年，陆九渊成进士，归家等待任命，桂昭然就来跟他学习。陆九渊《与包显道书》书提到桂昭然“今夏来处茅屋”，也就是到象山读书来了。桂昭然后来于庆元五年中了进士。

倪伯珍，上清人，建住宅于象山之上，陆九渊题名为“愈高”。

童为政，字伯虞，合盘石人，仕至江都令。早年师从陆九龄，后来跟随陆九渊。陆九渊说他志向不凡，为方圆数百里间所不多见。

袁燮(1144—1224),字和叔,庆元府鄞县(今浙江宁波)人,学者称之为絜斋先生。乾道初年入太学,先师事陆九龄,继而师事陆九渊。又从杨简问学,领悟到圣人“与天地万物同流”的境界,每当看到草木萌发,禽鸟和鸣,就觉得“与我心契,其乐无涯”。淳熙八年进士,历官礼部侍郎,知温州等。袁燮年轻时就有志于经纶济世,经常说“学者当以圣贤自期,为宦当以将相自任”。他进一步发挥了陆九渊的“本心”论,认为人生天地间,之所以能成为万物之灵长,就是因为有“本心”在。有了这个“心”,低贱也能变得尊贵;没有了这个“心”,尊贵也实质上就是卑贱。古往今来的明君,能够治理好天下,靠的就是这个“心”;士农工商从事各种技艺,靠的也是这个“心”。道不远人,本心即道,君王和百姓的“本心”都是一样的,并无尊卑贵贱之分。袁燮著有《絜斋集》《絜斋家塾书钞》《絜斋毛诗经筵讲义》《袁正献公遗文抄》等。

舒璘(1136—1199),字元质,一字元宾,学者称广平先生,奉化广平(今大桥镇舒家村)人。南宋乾道八年(1172)中进士,授四明(今宁波)郡学教授,未赴。后任江西转运使干办公事,继为徽州府(今安徽歙县)教授,倡盛学风,丞相留正称为当今第一教官。继任平阳县令,时郡政颇苛,告以县民疾苦,郡守改容而敛。官终宜州通判,卒谥文靖。学宗陆九渊,兼综朱熹、吕祖谦,史称淳熙四先生之一。著有《诗学发微》《广平类稿》《诗礼讲解》等。

沈焕(1139—1191),字叔晦,定海崇邱乡沈家山下(今属北仑区小港镇)人。24岁中举,后入太学,师事陆九渊之兄陆九龄,探究心学大要。南宋乾道五年(1169)进士,历任上虞尉、扬州教授、太学录事,充殿试考官,调高邮军教授、婺源县令、舒州通判,所至能恤民重教。曾一度讲学于定海(今镇海)南山书院。晚年迁居鄞县城内月湖竹洲。卒谥端宪。继承陆九渊心学,与杨简、袁燮、舒璘同创南宋四明学派,称淳熙四先生。著有《定川言行编》《定川遗书》等。

陆持之,陆九渊的儿子,七岁能文。陆九渊在象山讲学,学者数百人,有的人不太明白陆九渊所讲的道理,陆持之就为他进行详细讲解。开禧元年(1205)编父遗文为《象山集》。嘉定四年(1211)为隆兴府东湖书院首任山长。“其教诸生务使人返求自得，以不失其性之本。”东湖书院继象山精舍成为陆学在江西传播的中心。十六年(1223)宁宗诏为迪功郎。理宗即位，转修职郎，差办浙西安抚司，卒于临安。《宋史》称其“学是以承其家，不幸是丧”。著有《易提纲》《诸经杂说》。(《同治广信府志》卷九记载)

包扬，字显道，南城人。所居之处题为“克堂”，所以人们又称他为“克堂先生”。其兄包约，字详道，其弟包逊，字敏道。三兄弟都跟随陆九渊在象山学习。陆九渊给桂店的桂氏书院推荐掌教之人，称包显道为“贤师”，可见对他的器重。(《同治广信府志》卷九记载)

朱克家，字幹叔，跟随陆九渊在象山学习，志向坚定，陆九渊曾作《简朱幹叔诸友》诗：“利名风浪日相催，青眼难于世上开。何事诸君冒艰险，杖藜来入白云堆。”(《同治广信府志》卷九记载)

吴元子，字子嗣，临川人，庆元二年进士。在家居丧期间，几次给陆九渊写信，陆九渊后来责备他说：“你家离象山不到百里，称我为‘长者’又不急于求见，总是写信来干什么？”吴元子于是下决心登上象山，建造草庐，跟随陆九渊学习。(《同治广信府志》卷九记载)

章节夫，字仲制，学者称从轩先生，临川人。陆九渊在象山讲学期间，章节夫一直跟随在身边。有一次他问陆九渊：“先生在山中又要讲学，又要应酬，很是辛劳，为什么显得越发精神？”陆九渊回答：“不是说‘家有壬癸神，能供千斛水’吗？”他说的是道教中的一句咒语，“壬癸神”代表水神，在这里隐喻“本心”的意思。章节夫学习非常用功，深造自得，曾认真比较朱、陆异同之处，集中阐述，名曰《修和管见》。章节夫弟子众多，享年七十九岁。(《宋元学案》、《同治广信府志》卷九记载)

毛必强，字刚伯，在象山结庐问学，深得陆九渊教人本旨。又认为陆九渊与朱熹之所发生争执，都是因为两派门人以讹传讹、导致误会的结果，其实并无根本差异。(《同治广信府志》卷九记载)

刘思忠，字敬夫，南丰人，淳熙八年进士，仕至瑞州通判，与弟弟刘定夫都在象山结庐居住，跟随陆九渊。陆九渊有一次感叹世俗之人自甘沉没，没有人能够达道，便吟起了刘定夫所作的象山诗：“三日观山山愈妍，锦囊收拾不胜编。万山扰扰何为者，惟有云台山岿然。”在这里云台山比喻“本心”，“万山扰扰”比喻世俗之人充满尘灰的“尘心”。（《同治广信府志》卷九记载）

周孚先，结庐象山之上，跟随陆九渊，陆九渊题其所居为“志道”。又有临川人祝才叔，都是在象山上跟随陆九渊的弟子。又有张镇，字少石，南城人，淳熙八年进士，也在象山居住，陆九渊题其所居为“佩玉”，因为下面就是涧水，流水的声音清脆可爱。又题其所居小室为“封庵”。（《同治广信府志》卷九记载）

周良，字元忠，南城人。嘉定七年进士。跟随陆象山时间最长，陆象山说他志向坚定，用心专一，因此跟人交谈，必然会对别人有所启发，与人相处，必然会有令人佩服的举动。应天山象山精舍建成之后，陆九渊写信给彭世昌说：“你对我的主张坚信不疑，我很感动。但我还是想你放下架子，经常跟周良切磋切磋。周良的学问不能算是特别精粹，但他践行的时间长，不是一般的泛泛而谈所能比的。有的地方我都要跟他请教，你也不好轻视他。”周良也曾师从朱熹。（事迹见黄宗羲《宋元学案》卷七七）

赵师雍，字然道，浙江黄岩人。淳熙十四年进士第。历任鄞县知事、嘉兴府通判、通州知州、终朝议大夫直宝章阁。其兄赵师蒧，字咏道，开禧元年进士，曾知铅山县。兄弟两人俱师事陆九渊，同时也兼学于朱熹。陆九渊去世之后，赵师雍很是悲痛，写信给朱熹，其中说道：“我恨不得能够亲自参与鹅湖之会，看到朱陆两家争论的结果。”这句话对朱熹颇有“大不敬”的意味，朱熹便写了一封《答赵然道书》予以指斥。明朝学者宋端仪、薛应旂撰《考亭渊源录》，遂把赵师雍列入“考亭叛徒”，说他背叛了朱熹。

赵师雍的儿子赵希圣，担任鄞县主簿，跟袁甫说其父曾在家中建造“沛然堂”，还想刊刻陆九渊的文集，可惜未能如愿。袁甫便作《沛然堂记》，说赵师雍兄弟师从陆九渊，陆九渊曾致书给他们说：“趁着久雨小晴，才能去看一看风练、飞雪两处瀑布的壮观景象，只可惜你们兄弟俩不在身边。当晚接到你们的书信，颇为高兴。转念一想，你俩能够勇敢地‘去非从善’，抛弃过去的错误观念，心中的‘沛然’之气就已经和瀑布一样了，看不看瀑布，又有什么关系?”接下来陆九渊围绕《尚书》中“克艰”“儆戒”一段话,进行了详细阐述。袁甫开始不明白“去非从善”所指何意,当他读到“汩于利欲,蔽于异端”一段话时,才恍然大悟,原来这一段话暗指赵师雍跟随朱熹学习“异端”思想,依然难免沉迷于利欲之中,在错误的道路上越走越远;只有当他师从陆九渊之后,才做到了“去非从善”,勇敢而坚决,如同瀑布一样“沛然”。又据袁甫《鄞县学乾淳四先生祠记》,赵希圣也跟他的父亲一样推崇陆学,嘉熙元年(1237)担任鄞县主簿时,首次在县学中并列祭祀南宋大儒张栻、朱熹、吕祖谦、陆九渊四人。这可能有点调和朱陆的意思,与袁甫坚决维护陆九渊的想法有点不同。

二、三峰山象山书院的人物

袁甫,字广微,号蒙斋,鄞县(今浙江宁波),袁燮之子。少承家学,又从学于杨简。嘉定七年(1214)状元,授秘书省正字。绍定三年(1230)兼任江东提点刑狱,后移司鄱阳,讲学于学宫,修葺白鹿洞书院,创建贵溪象山书院。官终兵部侍郎,兼吏部尚书。袁甫所至之处,兴利除害,在朝廷能与权贵抗争,深得人们敬重。著有《蒙斋集》四十卷等。

绍定四年(1231),担任江东提举兼提刑的袁甫见象山精舍荒芜,深为喟叹,因此上奏朝廷,打算按照“白鹿洞规制”建造象山书院,得到朝廷批准,便于贵溪县城河东一里的三峰山(徐岩)建造了书院。象山书院有专祠祭祀陆九渊与其兄陆九韶、陆九龄,并以杨简、袁燮配,这相当于先贤祠。又有讲堂类建筑,称为彝训堂。又有学生居住、学习所用的建筑,即“斋舍”,建造了上百间。开工时袁甫作了祝文,又作了书院上梁文。从书院的功能而言,祭祀、讲学、藏书三大功能皆已具备。书院落成的当年冬天,袁甫主持在象山书院刊刻了《象山文集》,年底又遣池州属官至书院致告先圣文。第二年三月,袁甫亲至书院作释菜告文,宣布开学。行礼完毕,便开始讲书。袁甫又筹措经费,购置田亩,取租息以供养师生,使士子们不再需要自带粮食、自己建造房子,大大改善了求学的条件。袁甫又参照朱熹的做法,奏请朝廷赐额,宋理宗御笔“象山书院”四字以赐。除亲自讲说外,复礼聘师长主持书院并讲学其中。

作为陆九渊的再传弟子，袁甫修建象山书院，在“硬件”上照搬白鹿洞书院的规制，但在“软件”上却与白鹿洞书院迥然有异。他在《象山书院记》中讲：“书院之建，为明道也。”这个“道”主要就是陆九渊的思想理论，为此明确象山书院是宣扬陆氏心学的地方。书院祭祀的先贤，主要就是陆氏兄弟，并配以杨、袁，也体现了象山书院的个性。在教学内容上，陆九渊的文集以及杨简、袁燮的著述成为教师讲授、学生攻读的中心内容，《六经》皆为其“注脚”，这也与白鹿洞书院完全不同。新建了房舍斋舍百楹，都沿用了象山精舍原来的名字，也体现了一种区别。袁甫以后，象山书院继续发展为陆学之中心，为陆氏后学之“祖坛”。山长成为陆氏学派的领军人物。陆门后学虽位至卿相，致仕之时，都希望自己能被聘请为象山书院山长，以执掌象山书院的讲席为荣。

钱时，字子是，号融堂，淳安人，象山书院的首任山长。据《宋元学案》《新安文献志》等记载，钱时年轻时就显得特立不群，不像一般读书人那样醉心于科举，而是刻意钻研陆九渊的思想理论。钱时曾师事杨简，与袁甫是同门，曾担任过慈湖讲舍的“都讲”，又在家乡淳安建有蜀阜书院并在那里讲学。江东提刑袁甫建成象山书院之后，聘请钱时担任山长。钱时讲学颇有陆九渊的遗风，也注重“发明本心”，主要特点是“论学先论志”，以“立志”为先，认为“天下之事未有无志而成者”，又认为“为学当以圣人为的，学圣人当以闻道为的”，也就是说为学应当以“成圣成贤”为目标，而“成圣成贤”又以“行道”为目标。钱时讲学时持论宏大，指摘针砭，令学者深受启发，而且还能切中时弊，对地方政事起到积极的建设作用。担任山长期间，还多次应官府邀请去广信府、绍兴府讲学，轰动一时，以致学者纷纷前来象山书院学习，导致新建的上百间斋舍容纳不下，于是又将书院附近已经废弃的寺庙修整一番，以供求学者居住。丞相乔行简对钱时深为赏识，特意在朝廷上予以举荐，说钱时早年就表现出很高的学识和才华，特别精通世务，对于当时政事的得失，都能了然于胸，不仅仅是饱读诗书、死守陈言而已。之后钱时担任过秘阁校理、史馆校阅等职务。著述颇丰，有《四书管见》《周易释传》《书解》《春秋大旨》《蜀阜集》《学诗管见》《两汉笔记》等。

绍定六年(1233),袁甫又礼聘冯兴宗为堂长。袁甫作有《冯君振甫言行记》《冯君振甫墓志铭》两篇文章,较为详细地记载了冯兴宗的生平事迹。

冯兴宗,字振甫,慈溪人,九岁就成了孤儿。少儿时致力于经史诸子百家之学,日夜不倦。他有一个小册子,专门用来记录每天的功课。封面上题着一段话,大意是说:“人生之初,天性是完整的。依着天性而行,就是合乎道德的。然而在成长的过程中,天性却常常受到外物的改造。久而久之,也就忘却了天性。那么如何保持本心?这也是有方法的。静静地反观自己,自己的本性就会凸显出来。如果能做到须臾不离本性,则悟道也就不难。”这段话很接近于陆九渊的“本心”论。

冯兴宗与从弟冯国寿都师事于杨简先生,可惜冯国寿英年早逝。冯兴宗不但饱读经书,而且心地聪明,每次聆听教诲,马上就能心领神会。杨简说:“冯兴宗跟着我没多久,一问一答之间,就觉得他进步很快,非常人所能及。”杨简发明陆九渊的学问,培养的门人很多。冯兴宗兄弟在杨简那里获益不浅,也鲜明体现在躬行方面,遂成为杨简的高足弟子,没有辜负杨简对他们的期望。

冯兴宗晚年的学问更加融会贯通,不但做到了“以知及之”,而且做到了“以仁守之”。他不喜欢看不符合圣贤之道的书籍(实际上是其他门派的著作),不因他人的议论而扰乱自己的见解。他不但深通“本心”之说,也力行“本心”之事。他与庶出的弟弟均分家产,却毫无吝啬。为了救济贫困的宗亲,他建造了义仓,经常资助那些生计艰难的族人。还时常感叹世上之人不知道“蓄德”,只知道“蓄财”,“蓄财”本来是为了子孙,但做事没天理,反而因此祸害了子孙。冯兴宗晚年遭遇仕途艰难,遂题诗壁间云:“眼俗难观古,时闲只顺天。平生羞诡遇,投老更加鞭。”他在家乡金川的湖滨建造了简陋的住所,读书其中,浩然满怀。

贵溪是象山先生讲学的地方,袁甫按照白鹿洞书院的规制请示朝廷,在这里建造了象山书院,聘请冯兴宗担任堂长。四方之士闻风而来,越聚愈多。冯兴宗气度闲雅,诲人不倦,每天早晚都要进行讲论,训导学生,却总是

恳切而周全，其所说所论，发自肺腑，令人信服。有些人自负才高，初到书院难免自傲，可是一听冯兴宗讲论，就拱手作揖说："冯堂长真是我的好老师啊。"每见生徒犯有过错，冯兴宗就表现出伤心的样子，娓娓劝导，从不疾言厉色，大声呵斥，令生徒十分感动。他生性爽直，说话从不弯弯绕绕，常说："我只是凭着本心说话做事罢了。"有的学生没有掌握经典的精髓，也缺少生活的历练，突然接触到杨简的理论，往往出现妄加揣测、错误理解的情况。冯兴宗于书无所不读，践行功夫又很踏实，真正做到了真实论道、忠诚于道、踏实行道，以此教导学生，纠正错误，自然令人信服，用不着多费口舌。

端平三年(1236)，冯兴宗从象山书院回家探亲，半路染上了疾病。回家之后，听说书院催他回去，又马上准备行装，好像没生病的人一样。嘉熙元年(1237)八月十九日，冯兴宗忽然叫家人准备好让他沐浴更衣，刚刚穿好衣服，就与世长辞了，享年六十二岁。消息传开，人人都觉得可惜。袁甫跟象山的学友们说："像冯兴宗这样忠信而笃敬的人，如今已经没有了，陆氏后学可怎么办？现在冯兴宗去世了，正学也就凋零了，我真的为之而伤悲啊！"

据袁甫《金斗书堂记》，袁甫还曾想聘请龙泉人张伯常担任象山书院山长，因为路途过于遥远，未能如愿。后来龙泉人鲍君建金斗书堂，聘请张伯常讲学其中。

邹斌，字隽父，临川人。最初师事李缨，又师事邓名世。后来见到陆九渊，问陆九渊平常学些什么？陆九渊说："求放心。"也就是回归本心的意思。邹斌不觉心服口服。中进士之后，任德安府司户。黄干问他学些什么，邹斌说："能像象山先生那样把握孟子的精义，也就死而无憾了。"邹斌协助制使防守军事要塞，措置有方，处理渔民的官司，平反汉阳的冤案，都很得人心。担任耒阳、武冈县丞，有一件案子牵涉州县官，邹斌奉命查案，罪犯皆得到惩处。有空闲的时候，就钻研陆象山的学问，把陆九渊的言论诗歌赋整理出来，并进行注释。任满归家，不再出仕。袁甫建造象山书院，想聘请邹斌作山长，邹斌也不愿就任。著有《南堂稿》。事迹见《同治临川县志》卷四二。

宋理宗淳祐年间，汤汉出任象山书院堂长。据徐元杰《应诏荐士状》及《宋史·儒林传》，汤汉，字伯纪，饶州安仁人。与其兄长汤干、汤巾、汤中，皆知名于当时，学者柴中行一见而奇之。真德秀知潭州时，引汤汉为座上宾。汤汉曾拜访赵汝谈，赵汝谈说他是"第一流"的名士。汤汉考中淳祐四年进士，按照惯例要授任州县官职，因江东提刑赵汝腾举荐，担任了象山书院堂长。之后经过礼部考试，又要给他授任上饶县主簿。江东转运使赵希塈说："汤汉是当今海内的知名人士，哪能去州县做个小吏！"于是朝廷下令，让汤汉担任信州教授兼象山书院山长。与此同时，徐元杰也向朝廷推荐汤汉，大致是说汤汉出身读书世家，早就以文章出名，所交游的都是名儒，不但文章著述合乎法度，个人操行也十分端方，给朝廷进言时，直言不讳，不避权贵，指出当时"上下相习于欺，大欺则大得志，小欺则小得志"的现象，可谓一针见血。现在担任象山书院山长，每日训导诸生，士人因此获益不少。后来蔡杭在《荐象山书院汤饶二堂长章》中说，汤汉担任象山书院山长期间，气度宏大，条理整肃，言论精到，从学之人皆能奋发有为。后以端明殿学士致仕。

陈苑（1256—1331），字立大，号静明，元信州贵溪人。得陆九渊书，读之深以为然，乃尽求九渊及其门人。其时，科举主试、书院主修，皆为朱学。而持所学不变，弃科举业，潜心修养，躬行实践，聚徒讲学，传播陆学。生徒闻风从学者众。其高足祝蕃、李存、舒衍、吴谦号称江东四先生。"人之所是，不苟是也；人之所非，不苟非也。"黄宗羲赞其于陆学"能读得于残编断简之中，兴起斯人，岂非豪杰之士哉"。著有《孝经·论语解》《诗·书·易·春秋·礼解》等。子陈善益聚其藏书遗稿，题其屋堂为"静明书塾"以祀之。

程月岩，字绍魁，一字绍开，祖上为歙县人，后迁居贵溪程源。二十九岁考中举人。宝祐四年（1256），程月岩给朝廷上万言书，指斥权臣丁大全，有"重臣不可一日无，权臣不可一日有"之语。入太学之后，丁大全多方拉拢，程月岩不予理睬。开庆元年（1259），身居宰相之位的丁大全将周震炎选拔为状元。周震炎相貌英俊，应试时正值宋理宗为公主物色驸马。主考的丁大全为了讨好宋理宗，就私下里将试题告诉周震炎，使他成为状元。可是公主看见周震炎年近三十，心中不悦，招驸马的事又黄了。程月岩看见丁大全如此作为，一气之下就回家去了。丁大全后因作恶多端被罢官，周震炎亦受到牵连，状元头衔被褫夺，降为最末一名，死于贬官途中。程月岩回到太学，但不久又得罪了权臣贾似道。当时贾似道暗示太学生，让他们主动邀请皇帝到太学来视察，借此获得晋升的好机会；程月岩看不惯这种作为，拒绝撰写奏表，为此领头的太学生恨死了他，后来就借机说他的坏话，程月岩因此遭到责问，一气之下，拂袖而归。后来他考上了进士，也只得到了临汝教官这样一个职位。程月岩在南宋末曾三次担任象山书院山长，为当时名儒。宋亡之后，隐居不仕，学者称月岩先生。元世祖至元十七年卒，年六十九。德祐二年(1276)，象山书院发生火灾，损毁严重，程月岩竭力营造，士子叹服。去世之后，众人请求官府将程月岩与袁甫列入先贤祠中祭祀。事迹见方回《宋象山书院山长月岩先生程公绍开墓表》。

南宋末年的象山书院山长还有黄应龙。元朝戴表元《游乡贡墓志铭》记载上饶人游应梅到徐岩象山书院，“于时汤文昌、黄台州皆以显官领祠象山”，亦即担任象山书院山长，游应梅遂师从两人，钻研陆九渊之学。汤文昌，即汤汉，先祖迁居临川文昌里，为文昌汤氏之后。黄台州，即黄应龙，南城人，淳祐元年进士。官至知台州，故称“黄台州”。《同治南城县志》卷八记载，黄应龙师事傅琴山(即陆九渊的弟子傅子云)，学者称之为璧林先生。明朝天启年间，礼部主事梁维枢编辑《内阁书目》，得《璧林文集》十四卷，为南宋嘉熙间黄应龙著，黄应龙在书中自称为陆氏再传弟子。黄应龙学行甚高，著述丰富。曾与友人李愿恭汇集陆九渊生平言行，编为陆九渊年谱。之后渡过湘江，到衡山就正于学者刘应之，又找老学者一一指导，然后才将它刊刻成书，说：“这下才经得起千百年的考验了。”

黄丙炎，初字文炳，改字汉翁，乡人称为思梅先生，临川人。其祖父、父亲皆传承陆九渊之学，后来又传给了他。黄丙炎善于讲义、注疏，诗歌也写得浑厚雅致，在未中进士之前，已经颇有名声。咸淳元年(1265)考中进士，等待授职，因人举荐，担任了象山书院山长。历官静江府临桂主簿，干办江西制司等。元世祖至元二十三年(1286)去世，年五十。

据《同治贵溪县志》卷七记载，南宋末年还有邱珊甫主持过象山书院的讲席。邱珊甫，贵溪中村人。

南宋末年象山书院的学生有龚霆松。据《同治贵溪县志》记载，龚霆松号艮所，贵溪人，咸淳六年(1270)举人。龚霆松潜心于理学，年轻时曾在徐岩象山书院读书，师从包敏道、汤汉。因学者议论“朱陆异同”，深有感慨，作《四书朱陆会同注释》二十九卷，以调和折衷朱陆两家的观点，时称“朱陆忠臣”。入元之后，隐居不仕，以聚徒讲学为业。龚霆松的曾孙龚继祖，字克绍，学者尊称为绍庵先生。龚继祖年轻时师从当地学者彭孟悦，深究陆九渊的“本心”之学，特别注重践行。元末战乱四起，龚继祖遁迹深山，潜心学问，洪武初年才出山，教授于乡里。洪武二十九年(1396)去世，享年六十六。事见张宇初《岘泉集》卷二《故绍庵龚先生墓志铭》。

游应梅，字叔大，上饶人，南宋末年象山书院学者。元朝戴表元《游乡贡墓志铭》记载游应梅年方二十，即以词赋兼长，考中举人。而后到徐岩象山书院，跟随汤汉、黄应龙等山长，钻研陆九渊之学。回家筑室于翁山之麓，自号“翁山翁”。咸淳九年(1274)欲参加进士考试，因父亲去世而未果。随后南宋灭亡，科举停开，游应梅以教授乡里为生。曾有人举荐他担任婺源教官，辞而不就。大德九年(1305)年去世，年六十四。

郑播，南宋末象山书院学生。方回在《郑播君稷字说》说“信之贵溪象山精舍生徒郑子播，字君时”，有人吓唬他说：“用‘君’字来取名字，你也太大胆了吧?”于是郑播想把自己的字改为“稷翁”。方回说：“宋徽宗宣和年间，朝廷下令平常人取名字不能用‘君、主、大、王’等字样，这是乱世奸臣挑唆的结果，太平之世不能遵循这一惯例。所以，‘君’字用不着改。倒是称为‘翁’不妥当，因为郑播还没到五十岁，刚刚当上府学助教，来日方长。综合起来，不如改字‘君稷’。”

南宋末年象山书院的学生还有倪南杰。据吴澄《倪君立墓志铭》记载，贵溪人倪南杰，字君立，南宋末就学于象山书院，深得山长黄侯的器重。咸淳六年(1270)待试国学，提刑唐公举荐他为官，以养亲而辞归。元世祖至元十八年(1281)，出任徽州路学正，紫阳书院山长，在任勤勉于事，深究朱陆异同，并捐出俸禄，修理斋舍，深得人心。后来倪南杰喟然长叹说：“哪能为了这一升半斗的俸禄，就弃双亲于不顾呢?”等不到任职期满，他就毅然归家了。

上官璪，字伯润，饶州安仁人。据元朝李存《上官氏古修墓志铭》记载，上官璪早年在徐岩读书，为象山书院学生。他身材瘦长，胡须飘逸，又常常穿着宽大的衣服，看起来就像一个仙人。上官璪喜欢写词，风格清新俊逸。又喜欢煮茶，与人清谈，终日不倦。上官璪的家离陆九渊讲学的象山大约有百里之遥，天气晴朗之时，可以看到象山苍翠隐约的样子。因向来倾慕陆九渊的学问，他就在苍松翠竹间建造了一个小阁楼，面对着象山，并题上“翠南山人”四个大字，附近有很多人来跟他交游。他常说，古代人只是“修其天爵而已”，意思是说一个人要致力于自身的道德修养，没有必要去求“人爵”也就是功名利禄。为此人们又称他为“古修先生”。元文宗至顺元年(1330)去世，享年七十八岁。

元朝之时，亦有几任山长见于各种记载。

据《雍正江西通志》卷八十八记载，徐杰，字杰之，浮梁人，早年就以聪明颖悟著称，成年后更加致力于学习，因人举荐，担任了象山书院山长，学士卢挚称之为“南州高士”，荐举他担任江西儒学提举。时在元世祖至元年间。后来又得到中书左丞善狗的举荐，徐杰被授予詹事院宾客说书一职。

据《重修浙江通志稿》，元仁宗延祐元年(1314)，瑞安人陈麟孙担任象山书院山长。

据吴澄《贵溪翁十朋故妻李氏墓志铭》，翁仁实，贵溪人，元英宗至治三年(1323)举人，次年考进士失利，特授任信州路象山书院山长。其母李氏治家严谨，教子有方，不许儿子看闲杂书籍，经常要儿子背诵孝友传等书，为此翁仁实也严谨谦和，深得士心。

汪垕，字德载，绩溪人，象山书院院长。见方回《次韵象山书院院长汪德载垂访》。方回是徽州歙县人，以朱熹的老乡自居，受朱陆之争的影响，对陆九渊及其后学持有很深的成见，对自己的老乡汪垕担任象山书院的山长一事颇为不满。他在诗中指出，学习古代经典，不像是参加科举考试，其中的学问很深，很难一下子窥测到底。有学问的人，用不着像陆九渊那样，斤斤计较于“义利之辨”，也用不着像包恢那样，胆敢写书攻击朱熹，做一个狂妄无知之徒。朱熹对后世的教导之功，明明白白摆在那里，陆九渊对他的讥刺,也未必就是正确的。有空的时候,你再跟我切磋一下,好好地教导一下那些执着于朱陆之争的浅薄之徒。方回又有诗《吾乡朋友比多诗人,宜进一步,大则文公,小亦龙溪可也,于汪德载、杨复之归,赋此意并寄刘元辉、黄仲宣》,诗中夸赞朱熹是南宋以来无与伦比的大儒,而撰写《苕溪渔隐丛话》的绩溪人胡仔是堪称一代冠冕的"词臣",两者都是徽州人,汪德载你尽可以学学他们,以求更进一步。言下之意,到象山书院担任山长,讲习陆学,就完全没有必要了。

元代汪泽民有《送罗与可象山山长》,可知罗与可也是元代象山书院的山长。

元代象山书院尚有山长江瓒。江瓒字殷卿,贵溪湖陵人。见《同治贵溪县志》卷七。

元代还有山长裴与大。据《同治贵溪县志》卷七,裴与大,字宪卿,举明魁,初授象山书院山长,再任湖州长兴教谕。

岳浚,字仲远,号美任,宜兴人,岳飞九世孙,刻书家。岳浚博学且好藏书,家中积书万卷。据元末危素《上饶祝先生行录》记载,岳浚曾任象山书院山长。贵溪人祝蕃,早年服膺陆九渊的"本心"之说,很得象山书院山长岳浚的赏识,岳浚让他到自己的义兴(即宜兴)老家训导子侄,后来又以"茂材异等"的名义荐举了他。

明代杨士奇《封翰林编修杜君墓志铭》记载,翰林侍讲杜宁的高祖杜茂,"实元象山书院山长"。杜氏原籍清江(今江西樟树市)人,后移居浙江天台。

王宗沐(1524—1592),字新甫,号敬所,台州临海(今浙江)人,嘉靖二十三年(1544)进士,授刑部主事,继由员外郎迁广西按察佥事,督学政。修宣成书院,建崇迪堂。后转任广东参议,分守惠州、潮州。三十五年(1556)任江西提学副使,修王阳明祠,建正学、怀玉书院,于白鹿洞聚集诸生,亲自答疑、讲学。后官至南京刑部左侍郎。著有《宗元资治通鉴》《十八史》《台州府志》《敬所文集》等。

傅子云的七世孙傅子端,金溪人,因追慕先祖之风,读书于三峰山象山

书院，前后长达数年。贵溪有姓杨者，为宋代宝谟阁学士杨简的后代，他将女儿嫁给傅子端，于是傅子端就定居在贵溪。按世代推测，傅子端当为元末象山书院的学生。（据《嘉靖江西通志》记载）

明代象山书院山长失载。曾在三峰山留下石刻的桂恭，贵溪人，正德五年举人，见《雍正江西通志》。李梦阳修建象山书院之后，桂恭带了几个学生，讲学其中，但这属于临时凑趣之举，桂恭未必就是当时的山长。

三、城内象山书院的人物

乾隆十年(1745)，彭之锦于城西万安山重建象山书院。邀请蔡兆圻、蔡锟父子相继担任主讲。

蔡兆圻，字平之，贵溪人。初为太学生，同学之中，有个人的亲戚身居高位，这个同学主动提出要给蔡兆圻介绍一下，拉拉关系，遭到蔡兆圻的拒绝。后来这个同学的亲戚被撤职查办，所有的门生都遭到牵连，人们都庆幸蔡兆圻躲过一劫，似有先见之明。蔡兆圻中举之后，再考进士，失意而归。此后主讲象山书院，剖析名理，探赜索隐，令人悦服。所居在象山之麓，学者称之为象麓先生。著有《纠纕录》。（见《贵溪县志》《光绪江西通志》）

蔡锟，字玉才，号愚山。曾在海南主持书院讲席，后为象山书院山长。

张金镕，号范堂，贵溪人，少年时家境贫寒，发愤好学，嘉庆三年举人，屡次参加进士考试而不中，居家以教书为生，曾任瑞金县教谕，屡次掌教象山书院，享年八十六岁。《道光贵溪县志》，胡宗简等修，张金镕等纂。

罗拔，字迥万，号抑斋，丰城白沙人。乾隆四十五年(1780)进士，任湖北巴东知县。县内有八名钦犯，在逃已久，罗拔一上任，就设计拿获了其中六名。通判将他们押送到京城，冒称是自己的功劳，因此而升任知府，罗拔仅得到“加级”的奖赏。巡抚姚翀很欣赏他，将他调任到大县黄陂任知县，又兼管钟祥县之事。黄陂县丞屈某于除夕那天发放赈灾，处置不当，引起灾民闹事，把县衙都砸烂了；罗拔火速前往处理，灾民马上就安定了下来。因处置一桩盗窃案受到处分，便回送归故里，讲学于狮山义塾。贵溪县聘请他担任象山书院山长，造就了很多人才。嘉庆十三年，主持编纂《丰城县志》，因眼病而自称为“墨墨老人”。事迹见《同治丰城县志》卷十四。

姚熙绩，字庶斋，其祖父、父亲皆教学乡里，受人尊重。道光十二年(1873)中举，五次参加进士考试都未能成功，从此绝意进取，归家奉养双亲。掌教象山书院，前后六年。姚熙绩品学端正，擅长写作，留下数百篇科举应试文章。事迹见《贵溪县志》。

朱梦元，字贞起，号景堂，贵溪人。自幼聪敏过人，有超常的记忆力。父亲让他到象山书院就读，成为书院的出色学生。之后参加科举考试，一路通畅，考上道光二十四年(1844)进士。任刑部主事，福建司员外郎等，几年之间就做到通政司通政使、刑部右侍郎的官职，在平反冤狱、协助军务、拯救灾荒等方面都表现得很出色。

江潢，字云汀，道光元年(1821)年贡生，曾任赣县、德安县教谕、九江府学训导，八十岁退休，掌教象山书院，享年九十六岁。事迹见《同治贵溪县志》。

第八章　象山书院与鹅湖之会

一、鹅湖之会的文化影响

南宋偏安朝廷在孝宗赵眘欲战不决、继续屈辱求和的政策维持下，政权相对暂时稳定。可是这和平局面是在乾道元年(1165)“宋金和议”，以割让海洲(江苏连云港)、泗洲(江苏盱眙东北)、唐州(河南唐河县)、邓州(河南邓县)、商州(陕西商县)、秦州(甘肃天水市)等六州，并每年进贡“岁币”二十万，换取“南宋不再向金称臣，改称侄皇帝”的代价所得来的。孝宗对内除了残酷镇压义民轻赋外，还要加强封建思想的统治，所以在亲自召见朱熹时，朱熹面奏三进策札。第一札说：陛下遇事犹豫不决，就是由于不讲(大学)之道。第二札说：君父之仇，不共戴天。反对议和，主张“合战守之计以为一”。第三札说，大讲周宣王“内修政事，外攘夷狄”之道：“其本不在乎威强而在乎德业，其备不在乎边境而在乎朝廷，其具不在乎兵食而在乎纪纲。”[1]外强中干的孝宗赵眘听不进朱熹儒家的治国策略论，因此只封了朱熹一个“武学博士”的空衔，这是乾道元年(1165)的事。朱熹又回到福建崇安五夫里，筑“寒泉精舍”，著书讲学。

吕祖谦与朱熹相识于绍兴二十六年(1156)，当时吕20岁，朱熹26岁。隆兴元年(1163)十月朱熹至临安函候吕祖谦，欲得会面一论肺腑。十二月，吕祖谦在金华。朱熹除武学博士，因与时论不合南归，经金华会见吕祖谦。吕陪同朱熹游历金华诸山名胜，拜访申大度、申太康墓，讲论学问不绝。乾

---

① 转引自《中国通史》五册第七节，人民出版社1978年版。

道六年(1170)五月,朱熹以所撰《太极图解》《中庸》首章之旨来讨论。吕祖谦有《与朱侍讲》,劝朱熹当于矫揉气质上做工夫,以颜子工夫为榜样,并以孟子诃斥、杨、墨,而未与唐勒、景差辈辩为例,劝朱熹不必劳颊舌与苏氏辩而较胜负。

乾道七年(1171)十月,朱熹将《太极图》《西铭解》寄给吕祖谦,兼探讨《知言疑义》。吕祖谦有复,论孔门之问仁智,盖主于求益而非主论,将对策呈朱熹讨论。乾道八年(1172)五月,陆九渊登进士第(被吕祖谦选拔进士)。乾道九年(1173)八月,刘清之及陆九龄到金华拜访吕祖谦,朱熹得知吕祖谦来书之意,称赞陆九龄笃实孝行,兄弟皆有立,亦甚有问道四方之志意,但“旧所学稍偏”。淳熙元年(1174),吕祖谦致书朱熹,论当因材施教。五月二十六日,陆九渊自临安专赴金华首访吕祖谦,相待多日。因此,朱、陆关系和学术交往更加密切起来。他们两人都各自写出了一些经论史学著作,双方存在的分歧和要讨论的问题已不是书札往返能解决了,但促使他们相见共同作书却还有更深刻的原因和目的。张栻的影响主要在湖湘一隅,但因他不主守师说又忙于仕途显达,无暇与师友弟子相聚论学,所以他的学派思想旗帜并不鲜明。吕祖谦的婺学标举由经入史、经史致用的学派思想,他所居的金华地处江西、福建和两浙的要冲,问学弟子如云,在浙、闽、赣三地拥有坚实的学派影响。乾道以来在浙东兴起的永嘉之学和江西兴起的金溪之学已渐成压倒湖湘学之势,吕祖谦同他们都保持着密切的联系,但是他同朱熹对待这些学派的态度却截然不同:吕祖谦欲求其同而会归于一,朱熹却要别其异而同化于己。朱熹认识薛季宣、陈亮、陆九渊兄弟等人都是通过吕祖谦,他对永嘉之学、金溪之学一开始就持批判否定的态度,而不满于吕祖谦对它们的兼取包容的立场。

抚州青田槐堂陆九渊的哲峰奇立,别开生面,震惊江南儒林。

陆九渊讲学于林下,应当说是“曾点之志”,广善其心。槐堂弟子都是远近缙绅名流或寒士书生,无年纪、辈分、官民之分。槐堂不立学规,相互感化。陆九渊始创易简“心学”,以“发明本心”为主课;反对注经释经、章句训诂之烦琐,不搞支离或末等的格物致知;倡导“圣凡同”“情欲说”之辨;学为

人，大做一个人……独帜高标云林汝水之间，名声远播，四方学子闻风而归，可谓盛事。

陆学应当是典型的家学。陆九思、陆九叙管好家务，办好药肆，保障了宽松丰裕的学习环境。陆九皋庸斋先生虽说监潭州（长沙）南岳庙，讲学临川桐岭，听到六弟得主簿官，讲学槐堂，立即修书勉之。内有："吾曹不可儿戏度日。视听言动之际，三千三百之微①，不可不察。若只主张见在者，恐道无时而备，德无时而盛，仁无时而熟。更勇进一步，庶可共进化道。"②陆九韶经常从梭山回到槐堂，参与教学活动。在义利之辨中，梭山说："义之与利显而易见。义中之利，利中之义，隐而难明。"陆九龄更用全部精力参与教学。"有来问学者，九龄从容启迪，人人自得。或未可与语，则不发。尝曰：人之惑，有难以口舌争者。言之激，适固其意。少需，未必不自悟也。"③他尝与子静回疏山寺讲学。旧地重游，探望允怀和尚，并与诸居士、学者共究大道。一次，净璋从宜黄曹山来，相见甚欢。陆九渊赠诗一首："自从相见白云间，离别尝多会聚难。两度逢迎当汝水，数年隔阔是曹山。客来濯足旁僧怪，病不烹茶侍者闲。不是故人寻旧隐，只应终日闭禅关。"④

江西新起的陆氏兄弟的心学一下子盖过了源远流长的永嘉学派的影响，成为继无垢禅学以后的又一强劲飓风扫过士林，使朱熹、张栻、吕祖谦都感到不同程度的忧虑。陆九龄字子寿，号复斋，陆九渊字子静，号象山，抚州金溪人，加上梭山陆九韶，字子美，兄弟三人号"三陆"。陆九渊早有文名，乾道七年冬他入都应试曾投谒考官吕祖谦，吕祖谦还赞不绝口说："未尝款承足下之教，一见高文，心开目明，知其为江西陆子静也。"陆九渊在杭州都下一举成名声名大震，回金溪后自号"存斋"，在槐堂书屋招收四方学子讲学，陈刚、傅梦泉、邓文范、朱济道、朱享道、周伯熊、颜子坚、舒西美都纷纷来受学，形成了最早一批"槐堂诸儒"的陆学中坚。陆九渊的心学很快由江西扩

① 《中庸》有"礼仪三百，威仪三千之说"。

② 见《西江陆氏家乘》卷八。

③ 见《西江陆氏家乘》卷八。

④ 见《瀛奎律髓》卷四十七。

大到两浙，连永嘉徐谊、蔡幼学也来问学，杨简、石崇昭、诸葛诚之、胡拱、高宗商、孙应时一批浙中士子都成了他的虔诚弟子。到淳熙元年，陆学在江西和两浙一带的影响已经十分引人注目。这些都发生在朱熹也在著书讲学建立自己的学派的时候，他和吕祖谦都面临着一个如何对待这些江西两浙新出现的学派的尖锐问题。对朱熹来说，为建立自己学派同其他学派竞争，明晰阐述二程的理学体系已经成为必要，一方面需要有一本概括二程理学体系的著作作为学习二程理学的简便阶梯，吸引士子"入吾彀中"，另一方面需要各学派的首领坦率地到一起相谈面论，交流统一思想；吕祖谦在这种想法之外，更有一些折衷众家、会归众说于一的打算。而这一切又必须以朱熹、吕祖谦两个理学大师首先统一思想、认识一致为前提。一前一后的寒泉之会和鹅湖之会就是在两人这样的想法下安排的。因此，淳熙二年三月二十一日，吕祖谦偕潘景愈从婺州启程，四月一日到达五夫同朱熹相见。最初五天相聚的情况在残存的吕祖谦《入闽录》中留下了记述。

在以后的十来天中，两人在寒泉精舍共读周、程、张的著作，从他们的十四种书中辑出六百二十二条，分为十四类，在五月五日编成了《近思录》一书。共编《近思录》是这次寒泉相会的主要目的和成果，大致实现了两人统一认识的目标。朱熹在序中称这本书是"掇取其关于大体而切于日用者以为此编"。"盖凡学者所以求端用力处己治人之要，与夫辨异端、观圣贤之大略，皆精见其梗概。"全书十四卷，一、道体，二、为学大道，三、格物穷理，四、存养、五、改过迁善克己复礼，六、齐家之道，七、出处进退辞受之义，八、治国天下之道，九、制度，十、君子处事之方，十一、教学之道，十二、改过及人心疵病，十三、异端之学，十四、圣贤气象，构成了一个完整的理学体系。后来朱熹对陈淳说："《四子》，《六经》之阶梯；《近思录》，《四子》之阶梯。"其实《近思录》应该是二程理学的阶梯和入门书，也就是他自己的理学思想的阶梯和入门书，朱熹明确说"《近思录》本为学者不能遍观诸先生之书，故掇其要切者，使有入道之渐"。"诚得此而玩心焉，亦足以得其门而入矣。"全书总分为五部分：第一卷，论太极之理的本体论与性论，二至四卷，论敬知双修的认识论与修养论，五至八卷论大学之道，九至十四卷杂论儒家之学，概括了周、二程、张等四人的政治观、人生观、教育思想、反老佛异端思想等，具体而微地构造出了以实用伦理的人生哲学为核心的二程理学体系，无怪被后世奉为“性理之祖”“自孔曾思孟而后仅见此书”“直亚于《论》《孟》《学》《庸》”。[①] 同《训蒙绝句》一样，《近思录》是袖珍版的二程理学体系，是袖珍版的《性理群书》。朱熹编定的这本书有鲜明的学派目的，他也是用自己的理学眼光来理解周、二程、张四先生并编辑这本书的，第一卷太极道体，是按照他的《太极图说解》《西铭解》的思想编排的。第二卷到第四卷论格物穷理操存涵养，是按照他的敬和双修的学问大旨组织的，他后来还对李亢宗说：“程先生说‘涵养须是敬，进学则在致知’……《近思录》前三四卷，专说此事。”《近思录》可以说是他在寒泉时期著述及其思想的一个特殊总结。他借用周、程、张的语言建立了自己简明精巧的理学体系，因此《近思录》可以说是他的学派及其思想确立的标志，这本小书在后来为他通俗宣传二程和自己的学派思想、吸引招纳自己的学派弟子和接续自己的学派道统都起了重要作用。吕祖谦虽然在经学和史学上同朱熹存在具体分歧，但是在理学上他也信奉二程，加上他的折衷众家的态度，使他能够在求同存异下同朱熹共订《近思录》。显然《近思录》的编定是以朱熹为主，吕祖谦的助编并不妨碍《近思录》是一部典型的程朱学派的代表作。后来这本书在淳熙三年印刻于婺州和建阳时，朱熹作了较大的修改补充，特请吕祖谦作一篇后序来发明读《近思录》是循序渐进、由近及远入于周程理学之门的深旨。淳熙五年张栻刻于长沙和绍熙元年朱熹刻于漳州，都是由朱熹对《近思录》作了补充。

在寒泉之会中表现出朱熹要扩大二程理学影响的强烈学派情绪的，还有同吕祖谦一起商定删节程氏《遗书》，约取精要编成《程子格言》一书。这显然也是为了更便于学子快速学习掌握二程的理学思想。这本书是两人在寒泉已经删定，定下书名，由朱熹归后在秋间写出，他有信详细告诉吕祖谦说：“《遗书》节本已写出。愚意所删去者，亦须用草纸抄出，逐段略注删去之意，方见不草草处，惹只暗地删却，久远却惑人也。……往时商量，欲以

---

① 江永：《近思录集注序》。

《程子格言》为名，不如只作《微言》，如何?”这本《程子微言》终于没有印刻，但后来传为杨时订定、张栻编次的《程氏粹言》，却有可能从这部书演变而来。

《近思录》和《程子微言》标志着朱吕两人寒泉之会思想交流的成功。除此外他们也就各人的经学史学著作进行了面论，自然不可能完全一致。但两地理学大师的相见却成了婺学士子与闽学士子的一次很好的讲道聚会。吕祖谦在闽中也有他的弟子朱塾、刘爚、刘炳兄弟、王遇、陈孔硕等人。这次除有崇安与建阳的士人蔡元定、徐宋臣、刘珫、刘玶、范仲宣、徐周宾、魏恪、刘爚、刘炳等外，邵武的何镐、范念德、连崧，建安的王光朝，浦城的詹体仁等，也都赶来相聚讲学，屏山、密庵、云谷、百丈山、芦峰成了他们游览唱酬、讨论学问的地方。芦山峰顶的云谷有朱熹栖隐的新居，朱熹有二首诗留下了他同吕祖谦携弟子游山吟唱的足迹：

游云谷诗

跻险择幽栖，搴萝结茅屋。疏泉下石溟，种树满烟谷。时登北原上，一骋千里目。云物下逶迤，冈峦远重复。

暂辞忽旷岁，再往恨牵俗。因悲昨游侣，或已在鬼录。暄风悟新阳，一雨欣众绿。明发君莫迟，幽期我当卜。

游芦峰分韵得尽字诗

芦山一何高，上上不可尽。我行独忘疲，泉石有招引。须臾出蒙密，矫首眺无畛。已谓极峥嵘，仰视犹隐嶙。

新斋小休憩，余力更勉黾。东峰切霄汉，首夏正凄紧。杖策同攀跻，极目散幽窘。万里俯连环，千里瞰孤隼。

因知平生怀，未与尘虑泯。归途采薇蕨，晚饷杂蔬笋。笑谓同来人，此愿天所允。独往会淹留，寒栖甘菌蠢。山阿子慕予，无忧勒回轸。

同芦峰对峙的百丈山，也成了朱熹同吕祖谦率学侣往游的胜境，朱熹有一首唱酬诗咏道：

游百丈山以徙倚弄云泉分韵赋诗得云字

执热倦烦跼，驾言起宵分。随川踏晓月，度岭披朝云。攀缘白石梯，拂拭苍藓纹。喷薄惊快觌，琮琤喜先闻。奇哉此精庐，眇然隔尘氛。诸公肯同来，定非俗子群。永日坐清樾，短章策奇勋。慨然念畴昔，联袂已荒坟。中路忘磬折，寸心谩丝棼。惟应泉石愿，三生有余薰。兹游获重寻，十载心氤氲。他年访旧躅，山灵莫移文。

就是在远隔尘氛的寒泉精庐，朱熹与吕祖谦"短章策奇勋"，讨论的不只是性理玄说，而且还有经济方略。当时正是发社仓粮米贷给人户的季节，朱熹陪同吕祖谦一起到崇安开耀乡参观了社仓和赈贷，吕祖谦禁不住赞叹说："此周官委积之法，隋唐义廪之制也。然予之谷取之有司，而诸公之贤不易遭也。吾将归而属诸乡人士友，相与纠合而经营之，使闾里有赈恤之储，而公家无仑合之费，不又愈乎！"崇安社仓是朱熹仿魏掞之的长滩仓而建。还在乾道四年春夏建宁遭到特大饥荒，建宁府拨到常平米六百石，委派朱熹和刘如愚发放赈贷饥民。这批米谷在冬间收回后，分贮在乡里民家。朱熹先是感到山谷每年青黄不接之时，小民被迫以成倍之息向豪右借贷米谷，而同时官积米谷却听任在仓中腐烂无人过问，所以他便向建宁府提出把这些谷米"岁一散敛，既以纾民之急，又得易新以藏"。每岁以百分之二十的米息出贷给穷民，小饥蠲半息，大饥蠲全息，以抑强宗豪右的高利盘剥。后来又感到这些米谷分贮在民家管理不便，便又向建宁府提出建立社仓专门贮藏这些米谷，于是在乾道七年八月在开耀乡建造了三间社仓。据朱熹自己说，从此"一乡四五十里之间，虽遇凶年，人不缺食"。朱熹这种社仓敛散赈贷之法官私有利，也算是一种纾民力、解民困的仁政。用这样实际的办法解决小民的生计问题，绝不是那班救灾无能贪敛有方、在其位不谋其政的昏官庸吏所敢想所能道，无怪吕祖谦当场由衷表示要回去仿效推广了。

一个半月的寒泉之会，是朱吕两人生平最长的一次相会，讨论的问题非常广泛，在很多方面取得了一致，对他们后来各自的理学与经学的发展都产生了直接的影响。对朱熹来说，寒泉之会也就标志着他的寒泉著述时期终结。按照两人既定的相见计划，接下来要解决第二个目标，便是他们同陆氏兄弟之间的学派思想问题了。

于是,淳熙二年(1175)五月,吕祖谦与朱熹相聚寒泉,朱熹漏出许多话语,吕祖谦深感朱、陆意见不合,欲使两家“会归于一”,提议选择一个闽、浙、赣中心地点——鹅湖山下鹅湖寺,举行“会讲”是时候了,得到朱熹首肯。吕祖谦就联系了浙江淳安老乡,现任信州知州的詹仪之出面援支在其辖地鹅湖寺举办陆朱之会。得到了詹仪之经济的支持,鹅湖寺的承办。就这样,中国古代哲学学术盛会——鹅湖之会即将揭幕。

鹅湖寺四贤论辩

消息传到青田,远近学子相告:“陆家兄弟要去信州鹅湖,参加会讲,与当代理学泰斗朱元晦先生共辩学词,共探大道!”

陆家的槐堂师生,日夜议论,热闹极了。邀请书是给“金溪三陆”的(陆九韶、陆九龄、陆九渊)。陆九韶子美隐于山林,不愿出头露面,参与世事,他决定:由子寿、子静并带春弟同去。先取道水路,由青田港坐船到铅山的鹅湖乡江村,再由鹅湖乡江村上岸步行三里,到达鹅湖寺。子寿说:“伯恭约元晦为此集,正为学术异同。某兄弟先自不同何以望鹅湖之同?”于是,子静向两位兄长尽述自己的易简“心学”。特别强调朱熹讲学不得道,烦琐传注,著书多属“章句之学”,实属支离……子寿说:“子静之说是。”次早,他又说:

“夜来思之，子静之说极是。我写了一首诗，念给兄弟一听。”他念道：

孩提知爱长知钦，古圣相传只此心。大抵有基方筑室，未闻无址忽成岑。留情传注翻榛塞，着意精微转陆沉。珍重友朋相切琢，须知至乐在于今。

《孟子·尽心上》有：“孩提之童，无不知爱其亲者；及其长也，无不知敬其兄也。亲亲仁也，敬长义也，无他，达之于天下也。”小孩子知道爱他的亲人，长大了知道敬他的兄长，这就是人的仁义“本心”。有地基才可以建房，你见过没有基址的山岑吗？做学问也是如此。烦琐的传注是荆棘丛生，它能蔽塞人走的道路。你越是人为的注经释经，“陆沉于俗”，越使人昏昧，莫知所从。我们应当珍重友谊，互相切磋，探索大道，这是今天的至乐……

陆九韶听了子寿的吟诗，正在沉吟，子静抢先说了：“子寿哥的诗写得很好；但是，诗的第二句微有不妥帖之处。”子寿不大高兴：“又说很好，又说不妥帖……你说如何修改？”子静说：“哥的诗就这样定稿也好。不妨明天起程，我在去鹅湖的路上试和此诗。如何？”

二、鹅湖山与鹅湖寺

鹅湖，在江南东路信州铅山县东北。有鹅湖山，高峙千仞，云滃雾里。登顶遥望，诸峰参差连绵一线，横亘天际，蔚为壮观。

此山为唐大历中（766—779），高僧大义禅师来此，结庐卓锡建寺。峰顶有湖，为西岭瀑布聚“前后水盈”其中而成。传说东晋时有番僧在湖边圆寂。一对红鹅翩翩从天而降，在湖中安家，孵小鹅数百而去。因名鹅湖山。宋人叶梦得有诗：“鹅王牧群鹅，浊世肯下游？积水近天阙，有时戏沉浮！”元和十年（807），唐宪宗李纯在麟德殿召见大义禅师，大义禅师是马祖道一的高足，与唐顺宗之间问答的记录，迁化后由国相韦处厚亲刻碑文：“即心是佛”，《景德传灯录》有记。旨赐“慈济禅院”。大义亲植罗汉松于院前，并栽荷花于湖中。鹅湖又为荷花湖，山名不变。北宋真宗咸平年间（998—1003），慈济禅院移至山下官道旁，为远近佛事中心。景德四年（1007），真宗赵恒改“慈济禅院”为“仁寿寺”，并赐寺产。仁寿寺，俗称“鹅湖古寺”，即朱、吕、陆、鹅湖会讲之处。

鹅湖山

鹅湖寺建筑精美,香火鼎盛。据王淇《佛殿记》:"庆历初(1041—1048)……鹅湖寺,广十二楹。复建修庑,合八隅以环之。又明年作大殿,巍乎当中。像金涂丹,洞视三户。"绍兴二十七年(1157)进士喻良能诗:"水鸟飞来一问津,璧宫珠塔便横陈。开基古佛留遗像,旭日奇峰列众宾。芋火拥残知永夜①,霜钟递起响初晨。川涂渺渺驱尘驾,回首林泉愧野人。"可见朱吕陆会讲时,鹅湖寺的唐砖宋瓦,宏丽壮美,晨钟暮鼓,香烟众旺。

鹅湖寺位于鹅湖山北麓,距铅山河口镇 15 公里,东北至信州(上饶)30 公里,南至武夷山(崇安)60 公里,西至洪州(南昌)260 公里。寺前有一条官马大驿道,即闽、浙、赣通道,绕松林而去。朱熹由五夫、考亭、寒泉上京,吕伯恭由婺入闽,鹅湖为必经之地。金溪青田亦离此不远。从地理位置来看,鹅湖寺为寒泉、青田、三衢之中,选此处"会讲",实是东莱先生的精心安排。

鹅湖寺钟声鼓鸣,风光幽雅。寺院建筑群隐于十里青松之中,绝无尘嚣。诚如后人诗中所写:"十里苍松对寺门,四围翠滴露纷纷。""断碑古塔寒烟里,野草闲花夕照中。""丹岩翠壁偏宜晚,竹坞桃溪总是春。""树色远

① 见《南轩先生文集》卷二十一《答朱元晦》。蕲州,湖北蕲春县南。

涵千岭碧，湖光倒浸数峰青。”[①]鹅湖寺背倚虎山，左印象山，右傍龙山，前腑狮山。数条瀑布自山顶奔腾而下，垂练泻玉，带来一股寒气。寺的周围有小池，荷叶田田，芙蕖婷婷。后有连片翠竹，风尾森森，如入南海普陀。近处有名胜章岩、石井。“章岩”在河口镇北三里，岩石如璋似玉，高九米，宽十四米，深十米。洞顶有圆形洁白晶体，形状如月，名曰天镜。永平北四里有“石井”，占地一百平方米。石井的乳石错镂，天然生成，如朵朵莲花倒挂，精美有序，令人叹为观止。井水纯为地泉，深不见底，四季不溢不竭，甘冷罕有，沁人心脾，俗称仙泉。朱熹常游此，并有诗：“一窦阴风万斛泉，新秋赏此弄清涟；人言湛碧深无底，只恐潜通小有天。”看来，鹅湖寺确是世外桃源，在此处效兰亭之集，虽无曲水流觞，却可坐以论道。在民族矛盾激化，道德沦丧的南宋，“鹅湖之会”是一次文化盛会，其震撼力超出时空，将以无限魅力载入中国哲学史册。真所谓：“末世不须悲陷溺，匡扶犹待汉家风。”

① 见王立斌著：《鹅湖书院》，湖南大学出版社 2013 年版，181 页。

由于朱、吕、陆各为闽学、婺学、赣学(又称金溪之学、抚学)的领袖人物,“鹅湖之会”一揭幕就声势浩大。

此次聚会,得到朝廷命官的重视。临川太守赵景明,信州太守詹仪之亲自与会,并给予“会讲”的物资、银两之助。鹅湖寺住持方丈枯木禅师则负责膳宿及“会讲”后勤并承办。

可惜“会讲”没有留下更多翔实的文字记录。据残留的各种史料研究,考证可以窥见与会人员均为当时名士缙绅,人数之多,议论之丰,影响之大,实为罕见。正如明代郑以伟在《游鹅湖及诸洞记》写道:“会有百人。云滃雾里,一何盛也。”

鹅湖之会的直接动机是吕祖谦“盖虑朱与陆犹有不同,欲会归于一而定其适从”。这也代表了朱熹和张栻的看法。但因为陆九渊不好立文字,人们对他的心学一时还多如雾里看花,总隔一层,以至张栻不得不派弟子曾撙(节夫)到陆氏兄弟那里打听他们的议论看法,回来汇报。所以严格说,这时朱、吕、张对陆九渊的思想还没有深刻全面的了解,才会有“会归于一”的不切实际想法。实际上陆九渊的理学思想一开始就是自觉作为朱熹理学思想的对立体系出现的。后来人们常把鹅湖之会看成是单纯的三方四贤方法论的争论,低估了朱、陆两人在鹅湖之会上的矛盾分歧。朱陆方法论的矛盾来自本体论、认识论上的矛盾,在相见之前,两人从本体论、认识论到方法论已形成初步的对立,焦点在“心”上。朱熹以心与理为二,理是本体,心是认识的主体;陆九渊以心与理为一,以心统贯主体与客体。朱熹认为理生万物,心具众理而应万物,故主张即事穷理;陆九渊则认为心涵万物,心即众理而成宇宙,故主张离事自悟。朱熹认为理在物(气)中,一理散为万殊,物物各具其理,所以他主张即事即物一一穷究其理,注重讲学读书,泛观博览;陆九渊则认为理在吾心,吾心即理,吾心便是宇宙,良知良心人所固有,所以他主张发明本心,注重反身而求的“养心”而反对一味讲学读书,认为讲学是向外驰骛,戕害本心,流于支离;只有存心养心的内心自我悟求,才能见心明理,达于易简。陆九渊自命这是得曾子不传之学。乾道八年他在刚中进士归经富阳时,后来成为“甬上四先生”之一的富阳主簿杨简问他:“如何是本心?”

陆九渊回答说："恻隐，仁之端也；羞恶，义之端也；辞让，礼之端也；是非，智之端也。此即是本心。"杨简困惑不解，一再问什么是"本心"还是不能有悟，正好这时有卖扇的小贩来打官司，陆九渊便现身说法道："闻适来断扇讼，是者知其为是，非者知其为非，此即敬仲本心。"杨简忽然有悟，立即北面行弟子礼。就在这一年，陆九渊在给舒西美的信中第一次详细阐述了他的发明本心的心学，其中一再攻击的"支离门户""艰难支离"，显然隐指朱熹一派。针对朱熹理学的"支离"，陆九渊在给高应朝信中提出了自己心学的"易简"："《易》赞乾坤之简易，曰：'易知易从，有亲有功，可久可大。'然则学无二事，无二道，根本苟立，保养不替，自然日新。所谓可久可大者，不出简易而已。"到淳熙元年，他更在给徐子宜书中不点名地批评朱熹学派的注重讲学读书说："最大害事，名为讲学，其实乃物欲之大者，所谓邪说诬民，充塞仁义。质之懿者，乃使之困心疲力，而小人乃以济恶行私。"陆九渊一开始就把批评的矛头指向了朱熹的理学。

对陆九渊的心学，朱、张、吕的态度并不同，张栻把陆九渊的心学直接看成是一种如佛说一样的邪说，是同李周翰，李伯谏公开杂糅儒佛的浅陋之说不同的比较精致隐蔽的杂糅儒佛之说。淳熙元年他在给朱熹的信中第一次明确表示了这种看法："蕲州之说浅陋不足动人，自是伯谏天资低所致；若临川其说方炽，此可虑者。"吕祖谦的态度比较折衷，他因为也曾向无垢问学而同陆氏兄弟有一种精神上的共鸣。乾道九年秋间陆九龄来婺州访吕祖谦，吕祖谦把印象告诉朱熹说："抚州人氏陆九龄子寿，笃实孝友，兄弟皆有立，旧学所稍偏。近过此相聚累日，亦甚有问道四方之意，每思学者所以徇于偏见，安于小成，皆是用工有不实……"同时也告诉陈亮说："陆子寿前次数日已行，极务实有工夫，可敬也。"淳熙元年六月，陆九渊也往婺州访吕祖谦，吕祖谦在给汪应辰信中称赞说："陆君相聚五六日，淳笃劲直，流辈中少见其比。恐不可不收拾，惟开怀成就之为望。"又在给陈亮信中提到"此月旦日自三衢归，陆子静已相待累日。又留七、八日，昨日始行。笃实淳直，朋友间未易多得"。可见吕祖谦并不以为陆氏兄弟之学是异端邪说，反而一再称赞"务实""笃实"，所欠的只是"收拾""成就之"。朱熹的看法同张栻比较接近，最初在乾道九年他针对吕祖谦的说法答复说：“陆子寿闻其名甚久，恨未识之。子澄云，其议论颇宗无垢，不知今竟如何也。”到淳熙元年他对陆氏兄弟的看法明确起来，他在同张栻、吕祖俭论心说的通信中两次提到陆九渊，直以陆九渊的心学为禅学：

“陆子静之贤，闻之盖久。然似闻有脱略文字、直趋本根之意。近闻陆子静言论风旨之一二，全是禅学，但变其名号耳。”（《朱熹答吕祖谦书》十四、十六）

在鹅湖之会以前，陆九渊以朱学为支离、朱熹以陆学为禅学的对立已经形成。朱熹和张栻都说陆学与禅学有关，吕祖谦又回护陆学与禅学相通，都是有原因的。刘清之是临江（樟树）人，问学于陆氏兄弟，他说陆九龄颇宗无垢张九成是确实可信的。张九成因反对秦桧被谪邵阳，以后又在南安谪居十四年，他的杂糅儒佛的理学在江西根深蒂固，流传最广。而陆九龄早年正游学邵阳，以后又在江西境内四处问学讲道，自能结交张九成向他问禅。吕祖谦说他“旧所学稍偏”，应就是指他早年向无垢学佛。陆九渊的禅学思想也来自主悟的宗杲——无垢一系的新派禅宗[①]，草窗周密在《齐东野语》中说：“有横浦氏子韶，象山陆氏子静亦皆以其学传授，而张尝参宗杲禅，陆又尝参宗杲之徒德光，故其学往往流于异端而不自知。”后来北溪陈淳在《赵季仁书》中也说：“象山本得自光老。”陆九渊有一首《与僧净璋》咏道：

自从相见白云间，离别尝多会聚难。两度逢迎当汝水，数年隔阔是曹山。客来濯足旁僧怪，病不烹茶侍者闲。不是故人寻旧隐，只应终日闭禅关。

透露了他早年游学访禅的消息。可见陆氏兄弟和朱熹一样也有一段早年出入佛老的历史。无垢张九成的理学作为谢良佐的理学到陆九渊的心学的中间过渡环节，从这里才找到了师承渊源的线索，所以朱熹后来说“上蔡之说一变而为张子韶，子韶一变而为陆子静”。吕祖谦所以回护陆氏兄弟的禅学根柢，恰恰正因为他自己也是无垢张九成的弟子，这一秘密向来不被人

① 《朱文公集》，《朱熹答吕祖谦书》卷十四、十六。

知，但陈傅良却在《跋陈求仁所藏张无垢贴》中道出了这一事实："余尝闻吕伯恭父云：'某从无垢学最久，见知爱最深，至今亡矣。念无以报，独时时戒学者无徒诵世所行《论语解》，以为无垢之学尽在是也。'……"①吕祖谦的从学无垢应该是在绍兴二十五年张九成从南安归后的一段时间，这时吕祖谦同宗杲也保持着关系，无怪后来朱熹大声疾呼无垢经说的泛滥不亚于洪水猛兽时，吕祖谦却无动于衷了。

三、鹅湖之会参会学者

参加"鹅湖之会"的百人名单，无可查考。有文字可稽的不足三十人。②

一、朱熹方面有詹仪之、何叔京、连嵩卿、蔡季通、徐守臣、刘静之、蔡元定、范念德、张公庠、徐昭然、陈文蔚、余大雅、余大猷等。

二、吕祖谦方面有：赵景明、赵景昭、潘叔昌、范伯崇、张元善等。

三、陆九渊方面有：陆九龄、朱桴、朱泰卿、邹斌、傅一飞等。

其中有史可查的介绍如下：

詹仪之，字体仁，浙江遂安人。宋绍兴进士。《中国人名大辞典》载：詹仪之"淳熙中知信州。时朱熹、吕祖谦在鹅湖论学，仪之往复。同辨无虚日。后帅广东"。孝宗韪之。除吏部侍郎，知静江府，在任六年。给鹅湖之会提供支金和物资供应。

赵景明，名熠、号拙斋。开封人。曾从学于吕祖谦。"鹅湖之会"期间，为临川太守，应邀赴会，并约赵景昭、刘静之同往。与九渊、朱熹均友善。

赵景昭，名焯。景明胞兄，与陆九渊同科进士。后在临安时，与九渊相款，有意于学。九渊称"景昭极贤。"

刘静之，字子澄，号静春。江西清江县人。绍兴二十七年（1157）进士。"鹅湖之会"期间任宜黄县令。刘先欲"博学宏词"，后与朱熹相识后，尽废前学，致力理学研究，两人成为密友。

---

① 无垢，即张九成（1092—1159），字子韶，浙江钱塘人。绍兴二年（1132）中状元。因主战，秦桧陷害。他与宗杲禅师游，谪居江西南安，居宝果寺，号无垢，皈依佛。

② 见王立斌著：《鹅湖书院》，湖南大学出版社 2013 年版，230 页。

蔡元定，字季通。福建建阳人，登西山绝顶结庐，忍饥读书，学者尊称“西山先生”。从朱熹游，甚洽。淳熙二年夏与朱吕游武夷后赴“鹅湖之会。”

何叔京，名镐，字叔京。福建邵武台溪人，尊称“台溪先生”。朱熹之友。曾任泉州安溪主簿，江南西路安抚司书，汀洲上杭县丞、从政郎，谭洲善化县令等。此次游武夷山后赴“鹅湖之会。”

寒泉之会成了鹅湖之会的前奏。五月十六日，吕祖谦、潘景愈和朱熹、蔡元定、何镐、詹体仁、范念德、连崧、徐宋臣一行师友弟子从建阳寒泉出发，往铅山鹅湖寺会陆九渊、陆九龄兄弟。经过崇安时，他们尽情地在奇绝秀丽的武夷山中游览了数天，五月二十一日在五曲的响石岩上留下了绝世之作以传万代：

何叔京、朱仲晦、连嵩卿、蔡季通、徐宋臣、吕伯恭、潘叔昌、范伯崇、张元善，淳熙乙未五月廿一日。晦翁。

这一行近千年未被风化的摩崖题刻，清楚地道出了鹅湖之会的时间和朱、吕二方的与会人员的名单。大约在五月二十九日，他们到达铅山鹅湖寺，而陆九渊、陆九龄也带领朱桴、朱泰卿、邹斌、傅一飞一班弟子及临川太守赵景明邀约刘清之、赵景昭，一起来会。信州太守詹仪之为这次三方四贤举行鹅湖之会“筹办后勤，往复问辩”。

潘叔昌，名景愈，字叔昌。浙江金华人。曾为太学解魁。吕祖谦之友，游武夷山后赴“鹅湖之会”。

范念德，字伯嵩，福建建阳人。与朱熹有世交，且从学朱熹，历任主簿、录参、帅机、县令等职。此次游武夷出闽赴“鹅湖之会”。

张公庠，字元善。进士。著《泗州集》。此次游武夷，后赴鹅湖之会。

朱桴，字济道。江西金溪人，从学陆九渊。而年长，却对先生敬重，赞扬槐堂之教“深切著名”，此次与陆氏兄弟一同赴铅山，参加“鹅湖之会”。

朱泰卿，字亨道。朱济道胞弟。为陆门弟子中的佼佼者。此次与陆氏兄弟共赴“鹅湖之会”。

邹斌，字隽父，又名俊甫、倩父。喜藏书，书斋曰南堂，人称南堂先生。

江西临川人。进士，授德安司户。一日见陆九渊，所学皆契合。此次应邀与陆氏兄弟一同赴鹅湖参加会议。

傅一飞，字伯齐，铅山人。《铅山县志》（卷十五）载：“好古学，游学陆氏门。尝晤朱子、吕东莱诸先生于鹅湖僧舍。惜不得寿，赍志没。”

又有上饶、铅山一些莘莘学子与会。他们得知理学泰斗朱熹、浙中学者吕祖谦、临川槐堂的“金溪二陆”来鹅湖会讲，实为儒林盛事。“会讲”在家门口举行，他们因而来听讲参议，拜师会友，一睹理坛新秀风采。如徐昭然（子融）、陈文蔚（才卿）、余大雅（方叔）、余大猷（正叔）等。宜黄一位穷先生刘迂，求道心切，也跟着县令刘子澄一同来鹅湖与会听讲。

南宋淳熙二年（1175）五月底、六月初，上述参与“鹅湖之会”人员云集，从闽浙赣三路入信州铅山，到达鹅湖山下的鹅湖寺。

四十六岁的朱熹、三十九岁的吕祖谦等从寒泉出闽，在武夷山游览九曲风光，并在五曲的响石岩留题。五月底到达鹅湖寺。三十七岁的陆九渊与陆九龄、朱桴、朱泰卿、邹斌、傅一飞等五月底也由水路沿信江上岸，从铅山的鹅湖江村徒步到鹅湖寺。

四、鹅湖会讲开幕内容

六月上旬鹅湖寺灯火辉煌。宽敞的方丈大厅高朋满座，群彦咸集。中堂排着六张锦椅。依次坐着詹仪之、吕伯恭、朱熹、陆九龄、陆九渊、赵景明。吕伯恭宣布鹅湖会讲开始。接着问：“子寿兄弟，别后有何新功？”

陆子寿递上自己的新著，拱手道：“今日幸会，共探大道。陆某兄弟惭愧无有新功。有近作芜诗一首，请元晦、伯恭先生及与会诸公不吝赐教。”说罢，站立起来，掏出诗稿念道：“孩提知爱长知钦，古圣相传只此心。太抵有基方筑室，未闻无址忽成岑……”①刚念完四句，朱熹转头向吕伯恭道：“子寿早已上子静舡了也！”伯恭笑笑，未置可否。子寿继续念道：“留情传注翻蓁塞，着意精微转陆沉。珍重友朋相切琢，须知至乐在于今。”伯恭道：“今日

① 见王立斌著：《觅古探幽》“陆九渊与朱熹鹅湖之会”一文，中国文联出版社2000年版。

讲论,各抒己见,珍重友谊,自得至乐。元晦先生以为如何?”朱熹捻须笑道:“陆氏兄弟在槐堂讲学,久闻其名。某认知:为学之道,莫先于穷理;穷理之要,必在于读书;读书之法,莫贵于循序而致精;而致精之本,则又在于居敬而持志。子静老弟以为如何?”陆九渊起立,拱手道:“为学之方,以辨志明心为本。发明本心,何用外功。某从金溪青田来到鹅湖,一路上深思,和得家兄诗作一首,愿诸公赐教。”他也掏出诗笺,高声吟哦:

墟墓兴哀宗庙钦,斯人千古不磨心。涓流滴到沧溟水,拳石崇成泰华岑。

易简工夫终久大,支离事业竟浮沉。欲知自下升高处,真伪先须辨只今。

念至第六句时,朱熹怫然变色。诗念完。他蓦地站起身,很不高兴。吕伯恭只好大声宣布:请大家暂时休息。

此刻,鹅湖寺外,大雾弥天……

“鹅湖之会”第一日,由于陆氏兄弟的哲理诗稿刺痛了朱熹,只好暂时休会。“翌日,二公(朱、吕)商量数十折议论来,莫不悉破其说。继日凡致辩,其说随屈。伯恭甚有虚心相听之意,竟为元晦所尼。”①

“悉破其说”“为元晦所尼”是陆门弟子严松年所记。现有历史资料无以考证严氏列席过“鹅湖之会”;可见他是从陆门参加会讲的人回来的议论记载的。“破”与“尼”仅能代表他们的看法,可以姑置不论。但“数十折议论”则是可信的。我们只有从朱、陆会前会后的思想以及与会人员所记,客观地条理分析“鹅湖之会”双方言行,窥见这次历史盛会的概况,不可附会更不敢偏颇妄评甚至“想当然”地使历史原貌扭曲变形。

“鹅湖之会”是“会讲”形式,不是“辩论”。南宋盛行“会讲”。乾道三年(1167),朱熹专程访张栻(南轩)于潭州(长沙),在妙高峰南麓“城南书院”相聚,讨论《中庸》学等问题,史称“朱张会讲”。但是,“鹅湖会讲”原目

① 见《朱文公文集》卷三十五。

的是“伯恭考虑陆与朱议论犹有异同，欲会归于一，而定其所适从，其意甚善”。[1] 很自然形成以朱熹为甲方，陆氏兄弟为乙方的学术探讨。但是，朱熹年长，又是理坛泰斗，著述甚丰。他虽说广交天下之士，声誉很高；但毕竟是“人”，不是“神”，怎能“无我”？陆氏兄弟初出茅庐，子寿“待人敬，处事诚”；子静虽其“纯粹和平”，但“议论开阖，时有异者”（王守仁评语）显得初生牛犊不怕虎，咄咄逼人。因此，鹅湖会讲上形成朱陆对立，分歧较大，“学术探讨”不能“会归于一”，使“会讲”变成“论辩”，是情理中之事。可以窥见当时朱熹、陆九渊发言最多，也最激烈；“心平气和，不立岩异”[2]的伯恭先生从中插话，煞费苦心地调解，“赵（景明）刘（子澄）诸公拱听而已”，詹太守仪之和近百名莘莘学子更是插不上话了！

朱、吕商量“数十折议论”题目完成多少？留下史料不多，只能就有据者介绍如下：

1. 论辩分析第一折：“金溪二陆”诗：

这是“鹅湖之会”的引爆点。不管其理如何，总算陆氏兄弟一家之言；在当时来说，应是“面陈直言”，也算对理学泰斗的“规劝”，稍具“不敬”，自属难免。子寿诗，本文已作具体分析。子静诗蕴虽说比其兄诗意更尖锐，却是句句有儒家典籍依据，并未越雷池半步，可谓是义正词严的。平时听信朋党传闻，特别是那位身在临川宜黄为官的刘静之（子澄）密告陆学比洪水猛兽的“蕲州佛说”还厉害，因而独断“金溪之学是禅”的朱熹，面对二陆严谨而又辛辣的哲诗，一时也尴尬得无可发作。子静诗第一句：“墟墓兴哀宗庙钦”本《礼记·檀弓下》：“墟墓之间，未施哀于民而民哀；社稷宗庙之中，未施敬于民而民敬。”（《礼记正义》卷十）；第三、四句本《中庸》第二十六节：“天地之道，可一言而尽也……今夫山，一卷石之多，及其广大，草木生之，禽兽居之，宝藏兴焉。今夫水，一勺之多，及其不测，鼋鼍蛟鱼鳖生焉，货财殖焉。”第五句，本《易·系辞》，引原文，不赘。全诗意译为：见坟墓便有哀思，进宗

---

① 见《吕东莱文集》卷三。

② 见《陆九渊集·年谱》490页。

庙顿生敬意。人啊,是永远具有这种“善心”的(即陆子的“本心说”)。小小的泉滴终将汇流于汪洋大海,细细的石块毕竟堆积成泰岱华山。易简的哲学容易被人接受,终久会成为伟大的潮流;支离破碎的“章句之学”有何意义呢,繁杂沉浮难免引入歧途。“自下而上”的学问境界,今日正好辨别谁真谁伪?……此诗以言简意赅的哲学语境,张扬了易简“心学”,同时击中“朱学”烦琐格物传注之“病”,并无情刺之曰“支离”,正是立处鲜明的“易简与支离”之辩,而且字字有根,来自儒家经典,难以指摘为“禅”;不过,陆子年轻自负,作诗不留余地,锋芒毕露;也难怪元晦先生如芒刺在背,失态变色了!

2. 论辩分析第二折　九卦之序:

据与会人员南堂先生邹斌记录:朱吕二公话及九卦之序,先生因娓娓言之。陆九渊说:“《复》是本心复处,如何列在第三卦,而先之以《履》与《谦》?盖《履》之为卦,上天下泽,人生斯世,须先辨得俯仰乎天地而有此一身,以达于所履。其所履有得有失,又系于谦与不谦之分。《谦》则精神浑收聚于内,不谦则精神浑流散于外。惟能辨得吾一身所以在天地间举措动作之由,而领藏其精神,使之在内而不在外,则此心斯可得而复矣!次之以常固《恒》,又次之以《损》《益》,又次之以《困》。盖本心既复,谨始克终,曾不少废。以得其常,而至于坚固。私欲日以消磨而为损,天理日以澄莹而为益。虽涉危陷险,以遭多至于困,而此心卓然不动。然后依道有得,左右逢其源,如凿井取泉,处处皆足。盖至于此则顺理而行,无纤毫透漏,如巽风之散,无往不入,虽密房奥室,有一缝一罅,即能入之矣。”①在《易系辞下传》中,有段重要文字:“易之兴也,其于中古乎?作易者,其有忧患乎?是故履,德之基也;谦,德之柄也;复,德之本也;恒,德之固也;损,德之修也;益,德之裕也;困,德之辨也;井,德之地也;巽德之制也。履,和而至;谦,尊而光;复,小而辨于物;恒,杂而不厌;损,先难而后易;益,长裕而不没;困,穷而通;井,居其所而

① 汪应辰(1118—1176),字圣锡。初名汪洋。信州玉山人(今属江西上饶)。绍兴五年(1135)状元。后得罪秦桧,被逐。居常山“永年院”(即三衢)。本书引吕与汪信,见《吕东莱文集》卷三。

迁；巽，称而隐。履以和行，谦以制礼，复以自知，恒以一德，损以远害，益以兴利，困以寡怨，井以辨义，巽以行权。”这就是著名的《系辞》“三陈九卦”。《易》经中八八“六十四卦”包罗万象，通神明之德，类万物之情，而扶持天下之理。圣人拈出九卦：履、谦、复、恒、损、益、困、井、巽，依次排列，是谓“九卦之序”，以此反复三次强调《易》经是防忧虑患、重视道德修养之作。陆九渊大胆提出自己见解：《复》为一，《履》《谦》《恒》《损》《益》《困》《井》《巽》次之，而且以自己的语言解释九卦，说明浑然无隙，丝丝入扣。其中重要区别是：强调《复》卦，即“复本心了”；兼取“行权”“盛德”思想，即“圣凡同”，圣人凡人都要讲求道德修养。陆九渊说：“《复》者，阳复，为复善之义”。“知物之为害而能自反，则知善者乃吾性之固有，循吾固有而进德，则沛然无害它适矣，故曰复，德之本也。”[①]“不顺时制宜者，一方一曲之士，非盛德之事也。顺时制宜，非随俗合污如禹、稷、颜事是已，故曰巽德之制也。”[②]邹斌的记录是极其宝贵的。说明：一、“鹅湖之会”确系讨论道德伦理问题。此为讲论主题，未涉哲学“本原论”；二、朱吕“数十折议论”题，“九卦之序”为重点？为首轮？是朱熹要考考“乳臭未干，初生牛犊”的骄狂子静，抑或吕祖谦亦有此意？或以此为契机，缓冲矛盾，调和“会讲”空气？此事颇费揣测，不得而知；但“二公大服”，着一“大”字，已可窥见当时情景。朱熹、吕祖谦考不倒陆氏（《易》为群经之冠，难度很大，朱吕均擅《易》者）；借此大加称赞年轻气盛而又才华横溢的后学陆九渊亦有之，均在情理中事。

3. 论辩分析第三折 为学之方：

据与会者朱泰卿所记录：“鹅湖之会，论及教人。元晦之意，欲令人泛观博览，而后归之约。二陆之意，欲发明人之本心，而后使之博览。朱以陆之教人为太简。陆以朱之教人为支离，此颇不合。先生更欲与元晦辩，以为尧舜之前何书可读？复斋止之。……先发明之说，未可厚诬。元晦见二诗不

---

① 唐朝李泌的故事。李泌尚未显达时，在衡丘寺读书，得懒憎明瓒禅师煨芋宵夜，并说“慎勿多言，领取十年宰相”。后李果为相。东坡诗《次韵毛滂法曹感雨》：“他年纪此味芋火对懒残。”亦指此事。

② 陆九龄著作已佚。待查。

平，似不能无我。”[①]“念昔鹅湖之下，实方识面之初……厌世学之支离，新易简之规模。顾予闻之浅陋，中独而未安。……徐度兄之不可遽以辩屈，又知兄必将反而深观。遂逡巡而旋返，怅犹豫而盘旋。”[②]可见当时辩论激烈，已影响到双方弟子。据此推论：当时朱熹强调多读书多涉猎，方可希圣希贤。陆门弟子记录，陆九渊论辩时提出：尧舜之前何书可读？可见不读书也可成圣成贤——被陆九龄止住，未在会上公开说出。因为，从逻辑上发难，使对方再陷于尴尬局面，“会讲”就得不欢而散。陆子寿毕竟年长，要谨慎谦逊得多。

4. 论辩分析第四折 尊德性、道问学之争：

《中庸》二十七有：“故曰苟不至德，至道不凝焉。故君子尊德性而道问学，致广大而尽精微，极高明而道中庸。温故而知新。敦厚以崇礼。是故居上不骄，为下不倍。国有道其言足以兴，国无道其默足以容。”也就是说一个人，一个国家，一个民族，没有极高的道德，极高的“道”也是不能成功的。因此，君子尊重道德修养，而又注重学问知识，达到广大高深的程度，又能有专门精微的专攻，非常高明而又执中行事；温习旧的知识，探索新的道理，崇尚礼节要朴实忠厚。身居高位而不骄慢；身居下位而不背叛；国家有道时，力求自己的主张而被采纳；国家无道时，沉默无言独善其身。……《中庸》此段是重点讲君子的道德修养的。但在“尊德性”与“道问学”的先后、主次，帅从、重轻等关系上，朱陆在鹅湖展开了激烈的论争，以致一直延续下去。这是因为朱熹主张道德修养要靠格物致知，今日格一件，明日格一件，一件一件的格，然后慎思明辨，由外面入去；而陆氏兄弟主张先立乎其大者，慎思明辨，然后读书、格物。前者外入之学，后者内出之学。陆九渊以韩愈的口气说：“孔门唯颜曾传道，他未有闻。盖颜曾从里面出来，他人外面入去。今所传者，仍子夏子张之徒外入之学。曾子所传，至孟子不复传矣。”[③]朱熹曾将为学之方比作“腰疼”。《朱子语类·训门人第九》载：“先生一日腰疼甚，时

① 见《陆九渊集》，428 页，491 页，461—417 页，417 页，491 页，400 页。
② 见《陆九渊集》，428 页，491 页，461—417 页，417 页，491 页，400 页。
③ 见《宋史·吕祖谦传》。

作呻吟声。忽曰:‘人之为学,如某腰疼,方是。’”又说:“为学之道,在诸公自去著力。且如这里有百千条路,都茅塞在里,须自去拣一条大底行……第一条涵养,致知、力行,这便是为学之要。”①

以上四折有文字可查,确实进行了讲论或论辩。其余七折但至今无可查考。后来,“潢池之兵,警及郡界,亟还亲庭,志不克遂”②。陆氏家乡传来山林警报,“时先生适在信之铅山,闻警报亟归”③。朱熹、吕祖谦、陆九龄、陆九渊在会讲期间访问了围居上饶湖潭名儒王时敏(德修)先生。德修先生曾经讲学于婺,陆九渊上行都候职和他会见。事后通信,陆曾赞王:“兄倡道于彼,善类响应,便使慈祥恺悌和协辑睦之风郁然兴于父子、兄弟、宗族、乡党之间。”这也许是陆子在《槐堂》讲学动力之一。

鹅湖之会既未议论数十折,也没使朱陆“会归于一”,却暴露了朱陆矛盾,加深了裂痕。但,从现有历史资料分析:朱熹并未在会上公开斥陆学为“禅”;陆氏兄弟更未无端在会上责朱学为“老氏之学”,那是后来“太极之辩”发生的事情。

淳熙二年六月八日的鹅湖“会讲”结束,朱、吕、陆等各路与会者分手而归。

朱熹颇有诗才,但在鹅湖会讲上,陆氏兄弟用两首诗挑战,他却始终保持沉默,这是为什么呢?

因为他和江西青田陆氏的友谊是深厚的。壬午之行,他为陆九思《家问》写跋,为陆道卿先生择地并写墓碑。邓氏殁又问“礼”于他。他常与陆九韶通信,应当说近似“通家之好”了。料不到陆子静如此恃才,居然在“百人会讲”上,用诗刺他注疏、讲学是“支离事业”;子寿是初次会见,“翻蓁塞”“转陆沉”也很不像话,不留面子……看来,子寿不如子美,子静不如子寿,朱子生气了,而且“大不怿”。在他眼里,“陆氏三雄”一变而为值得警惕的人物。至于“金溪之学”更是一股继无垢(张九成)之后的“禅”风;虽说不足为

---

① 见《陆九渊集》,428 页,491 页,461—417 页,417 页,491 页,400 页。

② 见《陆九渊集》,428 页,491 页,461—417 页,417 页,491 页,400 页。

③ 见《陆九渊集》,428 页,491 页,461—417 页,417 页,491 页,400 页。

慎，却要给自己添许多麻烦，也万万不可掉以轻心。在此种气氛中，诗兴早已丢到爪哇国去了，哪有心事和唱？凭心说，在鹅湖时，留止旬日，他听不到陆子静一句“禅语”，这是咋搞的？莫非陆氏善于伪装？因此，他根据陆氏兄弟在鹅湖寺的说话：发明本心，直指人伦，反对讲学传注，反对泛观博览等等，以他自己出入佛老多年的学习经验，仍然断定陆学是“禅”！他说：子静寻常与吾人说话，会避得个禅字。及与其徒，却只说是禅。[①]

五、朱熹论陆九渊

朱熹是个忙人。从鹅湖归后仍然埋头于山间著述、主要是经学注疏，常与张栻、吕祖谦来往通信，交流经验，解决难题：“永嘉之学”和“金溪之学”不过是他两大块“心病”而已。

尔后的三四年中，他在讲学交游中，一谈到陆氏兄弟，他就要表述自己一番看法，如：

朱熹谓祖道曰：“陆子静答贤书，说个简易字，却说错了。”“乾以易知，坤以简能”，是甚意思？如何只容易说过了。乾之体健而不息，行而不难，故易。坤则顺其理而不为，故简。不是容易苟简也。[②]

他主动给陆九渊写信说：

“某未闻道行之懿，兹幸获奉余论。所恨匆匆别去，彼此之怀，皆若有未既者。然警切之诲，佩服不敢忘也。还家无便，写此少见拳拳。”[③]

张栻来信问及鹅湖之会，他回信却说：“至于文字之间，亦觉向来病痛不少。盖平日解经，最为守章句者，然亦多是推衍文义，自做一片文字，非惟屋下架屋，说得意识淡薄；且使人看者将注与经作两项工夫做了，下稍看得支离，至于本旨，全不相照。从此方知汉儒可谓善说经者。……子寿兄弟气象甚好。其病却是尽废讲学，而专务践履；却于践履之中，要人提撕省察，悟得

① 见《陆九渊集》，428 页，491 页，461—417 页，417 页，491 页，400 页。
② 见《朱文出文集・祭陆子寿教授文》。
③ 见《陆九渊集》，433 页，306 页。

本心,此为病之大者。要其操持谨质,表里不二,实有以过人者”。①

从陆氏处亦知元晦先生在“鹅湖会讲”后稍有悔悟。

朱元晦曾作书与学者云:“陆子静专以尊德性诲人,故游其门者多践履之士,然于道问学处欠了。某教人岂不是道问学处多了些子?故游某之门者践履多不及之。”观此,则是元悔欲去两短,合两长。然吾以为不可。既不知尊德性,焉有所谓道问学?②

综上所述,可以看出朱熹在鹅湖会后的矛盾心情。一方面承认“讲论之间,深觉有益”对自己“支离”之误,专做“道问学”外亡功夫也进行了自我反省,有所悔悟;另一方面对子静引易经的“易简”之论,甚为不服,另立已论。一方面承认陆氏兄弟“操持谨质,表里不二”;另一方面,又觉得子静在公开场合无“禅”气,想象他对学生专说“禅”,表里有“二”,岂不矛盾?抓不住陆氏是“禅”不是“禅”,但是,陆学开口是“心”,闭口是“心”,“本心”之说,无非像南禅一样的“顿悟”工夫,又独断他是“禅”。从此,朱熹认定“金溪之学是禅”的论调是始终不变的。他说:

陆子静之学,自是胸中无奈许多禅何。看是甚文字,不过仍借以说其胸中所见者耳。据其所见,本不须圣人文字得。他却须要以圣人文字说事,此正如贩盐者,上面须得数片鲞鱼遮盖,方过得关津,不被人捉了耳。③

吴仁父问及陆氏之学。朱熹曰:“只是禅。初间犹自以吾儒之说盖复,如今一向说得炽,不复遮护了。渠自说有见于理,到得做处,一向任私意做去,全不睹是。人同之则喜,异之则怒。至任喜怒,胡乱便打人骂人。后生才登其门,便学得不逊无礼,出来极可畏。世道衰微,千变百怪如此,可畏!可畏!”④

朱熹是理坛泰斗,说这些话是颇有影响的。说子静如“盐贩子”“千变百怪”“打人骂人”;非但是“异端”“假道学”,简直是个粗暴的“市侩”、诃佛

① 见《朱子语类》训门人之三,2777 页。
② 见《陆九渊集》,433 页,306 页。
③ 见《陆集》31 页《全州教授陆先生行状》。
④ 见《朱子语类》卷一百二十四,2978 页。

骂祖的贩卖假儒学的“陆氏居士”。可惜他没有说出具体的东西。至今也未找出陆子“槐堂”教学像朱子说的那样“粗暴”行为,或典型的“禅悦”语言,后人引以为憾,这就似乎不能佐证元晦先生绘声绘色的指摘,“高论”未足为凭,只能说:“想当然”而已。有一种解释可以使元晦先生开脱:像宜黄刘子澄或曹立之那辈专打学术小报告之人,所说又都不能公开,惹得先生动了无名肝火,只能说:“可畏! 可畏!”

淳熙五年秋七月,陆门弟子刘淳叟,经吕祖谦引荐,曾到崇安屏山朱熹新居访问,受到朱熹和朱门弟子的热情接待,登天池,览云谷,游武夷,游山酬唱。据说十分融洽,“数日讲论甚适”。有些对话,记载在《朱子语类》卷一百二十 2911—2912 页。这位“与天地比大,夜夜静坐到天明”,到处疯疯癫癫参禅的刘淳叟成了朱熹的“座上宾”。据说:他“极口说陆子静之学大谬。如何大谬? 无具体内容,后人也无从领悟,似乎也无必要猜测。

淳熙六年二月(距离“鹅湖之会”已经三年九个月了)朱熹奉命赴任南康,下榻铅山崇寿寺时,陆九龄便与刘淳叟在三月从抚州来访,会朱熹于紫溪观音寺。原因是陆家老屋继母邓氏于淳熙四年逝世。陆氏兄弟曾致书朱熹请教办理后娘的丧礼。子静主张“祔礼”即合葬;朱熹回信根据《仪礼注》不同意子静的看法。陆九龄同意朱熹看法,即所谓:“其后子寿书来,乃伏其谬,而有他日负荆之语。”(《朱文公文集》卷五十八、《答叶味道》一据)《朱子语类》记载:

陆子寿自抚州来信州,访先生于铅山观音寺。子寿每谈事,必以《论语》为证……

陆子寿看先生解《中庸》“莫显乎微”云:“几微细事也。”固叹美其说之善……①

翌年,陆九龄去世。朱熹在《祭陆子寿文》中写道:

别来几时,兄以书来,审前说之未定,曰子言不可怀。逮予辞官而未获,

---

① 见《朱子语类》卷一百二十四,2972 页。

停驂道左之僧舍，兄乃枉车而来教，相与极论而无猜。[1]

朱熹《答吕祖谦》书云：

渠兄弟今日岂易得，但子静似有些旧来意思。闻其门人说：子寿言其"虽已转步，而未曾移身，然其势久之亦必自转"。回思鹅湖讲论时，是甚气势，今何止十去七八！[2]

陆九龄在某些观点上转向朱熹，同意讲学，读书，正确的注经、释经、解经还是"为学之方"所必要的。但陆九龄在给张栻信中说："某春末会元晦于铅山，语三日，然皆未能无疑。"[3]可见仍有分歧。朱熹却看作"志同道合""降心以从善"。

元晦由此一时高兴，诗兴大发，竟为三年前"鹅湖之会"子寿之作和唱如下：[4]

德业流风夙所钦，别离三载再关心。偶扶藜杖出寒谷，又枉篮舆度远岑。旧学商量加邃密，新知培养转深沉。只愁说到无言处，不信人间有古今。

诗中所说"出寒谷"是指朱熹出福建寒泉精舍来到铅山紫溪观音寺待命。"又枉篮舆"是指陆九龄驱车来访，"旧学商量加邃密，新知培养转陆沉"讲的是朱、陆铅山观音寺相会交流的效果，既有了自己学术反思的感慨，同时又充分肯定了陆子寿"降心从善，岂有一毫骄吝之私"的转变。

朱熹与陆九龄的观音寺相会规模虽然小，但却是一次学术上气氛和睦的转机。对论辩的双方都产生了良好的效果，经过这次交流，陆九龄的学术观点明显地向朱熹靠拢。

"鹅湖之会"对发起人吕祖谦的内心也是个震动。

在寒泉，他的初衷是"虑陆与朱议论犹有异同，欲会归于一，而定其适从"，其意甚善。料不到"百人大会"并没有彻底解决问题，险些儿弄得下不

---

① 见《陆九渊集》，428 页，491 页，461—417 页，417 页，491 页，400 页。
② 见《朱文公文集》卷三十一《答张敬夫书》十八
③ 见《陆九渊集》，428 页，491 页，461—417 页，417 页，491 页，400 页。
④ 见《朱子语类》卷一百二十四，2978 页。

了台。导致朱熹有“伤急不容耐之病”，师道尊严至上，容不得相反的意见，刚强好辩；陆氏兄弟虽说敏而好学，表里如一，但盛年好胜，咄咄逼人。尤其是陆子静，后生可畏，确有才华，因而心高气傲，毫无顾忌，得理不让三分。说话太直，过于自信，居然自称是“久大功夫”，指摘朱熹是“支离事业”，这怎么行呢？他从心里护着朱熹，站在“闽学”一边，做做调和、宽松工作……看来，正如他自己在《东莱博议》一书中写的：

至理所在，可以心遇，而不可以力求。……天下之理，固眩于求，而真于遇也。理有触于吾心，无意而相遭，无约而相会，油然自生；虽吾不能以语人，况可以求乎？一涉于求，虽有见，非其正矣。①

他历来主张博采百家，兼取两家之长②。这次会讲，朱陆两家对他的婺学启迪很大。尤其是陆九渊的“发明本心”佐证了他的“心即道”。他更坚信“多识前言往行以蓄德”。不过，陆子静大有希望。自己选拔的俊彦是不会错的。平日，元晦指责陆学为“禅”，不足为怪嘛。如今是“儒学重铸”时代，佛教的大智慧也可为我所用；朱熹自己不也汲取了“华严宗”许多禅机！……我看，对子静必须挫其后生盛气，引入正轨，方可继承儒学正统。他在会后给友人写的两封信中，对“鹅湖之会”谈出了自己的看法：

某留建宁凡两月余，复同朱元晦至鹅湖，与二陆及刘子澄诸公相聚切磋，甚觉有益。元晦英迈刚明，而工夫就实入细，殊未可量。子静亦坚实有力，但欠开阔耳。③

某自春末为建宁之行，与朱元晦相聚四十余日。复同至鹅湖，二陆及子澄诸兄皆集，甚有讲诲之益。……讲贯诵绎乃百代为学通法。学者缘此支离泛滥，自是人病，非是法病。见此而欲尽废之，正是因噎废食。然学者苟徒能言其非，而未能反己就实，悠悠汩汩，无所底止，是又适所以坚彼之自信也。④

① 见《朱子语类》卷一百二十四，2978 页。
② 见《朱子语类》卷一百二十四，2968 页。
③ 见《朱文公文集》卷八十七。
④ 见《朱文公文集》卷三十四。

看来,朱、吕有些看法是相同的。吕祖谦为人谦恭厚道,对自己的学生陆九渊是器重的;但朱熹是自己的挚友,又是理坛领袖,他得维护元晦先生的声誉。因此,有“英迈刚明”及“就实”之说。虽说他赞子静“坚实有力”;又批评他“欠开阔”(即坚持易简的“发明本心”)“未能反己就实”“因噎废食”(就“讲学、传注”讲)……说这些话是满腔热情与人为善的。凭吕氏“悠悠汩汩,无所底上”八字来看,可以窥见陆九渊当时在鹅湖反对“讲学传注”的论争,是极其激烈的,可惜至今查无可传资料;否则,后人是可以一睹原貌,评个是非曲直的。至于讲学传注的“法病”“人病”(东莱先生委婉地批评了朱熹有支离的“人病”)之说,原则上是对的;但是,陆氏在鹅湖的言论,是否“尽废讲学”?反对“一切注释”?因无原始记录和任何原话为佐证,后人难以妄评。但有一点是可以肯定的:从陆九渊的心学体系以及“鹅湖之会”前后言论来看,他是坚决反对师心自用、“六经注我”式烦琐、支离的讲学和传注的。表面上看,他似乎又“狂”又“怪”,瞧不起当代的朱熹、张栻等道学先生;实质上是说真话,复圣之言。“鹅湖之会”后陆氏这方面的激烈言辞更多,可说是“愈演愈烈”。他回想自己恩师吕祖谦东莱先生的好心劝说,回到槐堂后,对自己在鹅湖的态度,稍有反省,也从侧面充实、补正了自己的学说;但哲学的批判旗帜始终不移,更不会像陆九龄那样“登门负荆”了。子寿和刘淳叟三年后又去鹅湖观音寺拜谒元晦先生时,他也以友好的态度带去一封短信,给朱熹请安,问好。朱熹对他信中以义利判儒释之论,又讥之曰:“公亦只见得第二著”;而且对刘淳叟在他与子寿对语时独自打坐的不礼貌行为,表示强烈不满……真使好心肠的热心人东莱先生为“朱陆对持”担心。

六、鹅湖之会后理学与心学的反响

其实,吕祖谦在金华和鹅湖都听过子静的“心说”。他非常赞成“本心、同心、蔽心、洗心”之论,为其精湛、新颖所动。淳熙二年十一月,他应好友赵景明太守的邀请,写过一篇《抚州新作浮桥记》,就是有意借机表明自己同意“陆氏心学”之观点的。

抚州的抚河发源于广昌的恤木岭。过建昌(南城)是为盱水;汇金溪的汝水、横截抚州城东,是为抚河。河水年年暴涨,渡口无法通行。此处又为城内城外必经通道。百姓争渡者落水溺死无数,惨不忍睹。乾道初(1169年左右),一位陈太守惜民生之维艰,拨银串木为浮桥;但抚河涨洪时,冲力很猛,木散桥坍,落水者仍不少。赵景明来抚州上任,以此桥为郡政之首,联合临川县令,修复浮桥。更可贵者,不派百姓一文,节省行政开支,并得一位姓周的赞助,修复浮桥。新桥用五十四只大船联串为梁,水涨船高,安全耐用。甚得民心。……就在“鹅湖之会”后同年十一月,吕祖谦应邀,欣然作浮桥记。①

“鹅湖之会”像是“一团雾”,雾里看花,难免是一个“谜”—— 一个有“谜底”但凭现有资料推测、推论的“底”,一个隐藏了“真相”的“底”。

除了“三首诗”,有没有“争辩发言”的真实记录呢?陆九渊在会上说话是否有“禅味”?是否“尽废讲学?”是否责问朱熹不要“尊德性”?是否倡言为学不要“读书”?朱熹是否指摘陆学为“禅”?在格物上,朱熹如何说,子静如何说,东莱如何说,更无一字存照。有人说:朱子是大学者,遇着新秀严峻的挑战,处之“泰然”(外表“泰然”是可能的);但他反省最早,认识自己的“道学”体系存在的缺陷和不足之处最诚恳,有大“家”之风(乍看,确是如此);但他在会后反击陆学是“禅”也越来越厉害,越来越尖刻,其中奥妙何在?陆九渊同样攻朱学“支离之病”愈演愈烈,唯一不同的他只承认辩论方法上有误,是否也弥补了自己“心学”的缺陷和不足,但并没有烦琐地说“鹅湖会上”如何如何,给对方加上新的“罪名”,或给大会总评,说些以利自己的话,确实“始终表里如一”。生活的喜剧插曲,偏有刘子澄的“密告”,淳叟的“投朱”,子寿的“负荆”以及“转步未转身”之讥,元晦先生如此重视这些变化,而且据说他从此“对九渊一直多有微词,而独对陆九龄却无一字贬词”。这到底为了什么?难道这就是朱夫子“腰疼”为学之方么?

若论鹅湖三诗,就诗艺而言。朱作夺冠。宋人以理入诗。朱熹不愧诗

① 见清乾隆郑之侨《鹅湖讲学汇主编》卷六。

技娴熟的大诗人，三年后和诗，已是奇迹；诗工而且写得声韵俱美又绵里藏针，可谓老辣之笔；但子静的“斯人千古不磨心”亦为阐理名句，他的“圣凡同”思想跃然纸上！

“鹅湖之会”名震中外，这是因为“朱陆异同”从此始；后人评价“朱陆异同”亦从此始。八百多年来，是朱非陆，是陆非朱，朱陆底同表异，早异晚同，早同晚异，早晚俱异……不一而足；至今仍有“别子为宗”之争。因此“鹅湖之会”成了中国古代哲学史十二世纪的一桩公案，一段趣话，一团雾，一个谜。笔者认为：“鹅湖之会”向世人表明：中国古代哲学多是道德伦理学，朱、陆均属道德哲学家。鹅湖议论的主题，系道德范畴及方法论之争，并未涉及哲学的“本原论”；“认识论”也只及一半，更没有讨论昔贤尚未全明的“思维和存在，主观和客观”的问题，这是铁的事实，也是价值所在，似乎据现有历史资料完全可以论定。

朱、陆矛盾只是端绪，还在发展，呼唤主体意识。朱熹常说：

敬则天理常明，自然人欲惩窒消治。①

人之一心，天理存，则人欲亡；人欲胜，则天理灭。未有天理人欲夹杂者。②

陆九渊说：

天理人欲之言，亦自不是至论。若天是理，人是欲，则是天人不同矣。”③

圣人教人，只是就人日用处开端。④

人情逆之则难，顺之则易。⑤

---

① 见《陆九渊集》490页。

② 朱熹和诗见于《西江陆氏家乘》题为《和复斋·鹅湖会讲三年后，方和此诗》。《朱文公文集》为《鹅湖寺和陆子寿》。今人有写“和陆氏兄弟”，“和陆九龄、陆九渊”均误。应以《朱文公文集》为准，但此诗是朱熹和子寿诗无疑。为何无子静？子静未负荆，亦是朱熹之计。

③ 见《东莱博议》卷三139—140页。

④ 全祖望《宋元学案》卷五十一《东莱学案》：“宋乾淳以后，学派分而为三，朱学也，吕学也，陆学也。三家同时，皆不甚合。朱学以格物致知，陆学以明心，吕学兼取两长，而复以中原文献之统润色之。门庭径路虽别，要其归宿于圣人则一也。”

⑤ 见《吕东莱文集》卷五十一书《与陈同甫》。

朱熹说话肃杀，违乎人情；陆子说话平和，顺乎人情。朱子是“灭人欲”，陆子是“去人病”。朱陆矛盾从此开始，如此分明，南辕北辙。朱子认为：天地间客体有个“天理”，性即理。陆子认为：人的主体意识和天理是统一的，“理”在心中；因此，唤醒这个主体意识（本心），就是承接孟子的儒教道统，其实“大段光明”，舍此无他。

“立乎其大者”或曰：“为天地立心”，即立此；“辨志”即辨此；“明心”即明此；“会极”即会此；“圣凡同”即同此；“还我做人”即还此；“天地人才等耳”，即等此；“五自”精神即自此；“六经注我”即注此；“求近求易”即求此；“从里出来”即出此。所谓立、辨、明、会、同、还、等、自、注、求、出等等，会归其一则是呼唤主体意识！

为此，反对“讲学注疏”的烦琐；反对“泛观泛从”的鹘突；反对“侈谈性命、侈言格物”的支离；反对“道问学、尊德性”的颠倒，原属陆氏“心学”批判锋芒之必然。

为此，惊动“东南三贤”，更遭朱熹的指摘甚至揶揄呵斥：“尺废讲学”“不教人读书”“千变百怪”“脱略文字”“只是禅”等等，若果如此，这也是朱学批判锋芒之必然。

陆九渊初出茅庐，高标独帜，创立“心学”。从槐堂到鹅湖，原本嚶矣鸣矣，求之同心，但是，哲学的辩证法告诉他：有“同心”，就有“不同心”，那种高高在上，以“自己的意见”替代“圣贤之言”的权威是不会“同心”的。自古至今如此。他的“心学”批判锋芒，并不是单纯指向朱熹，也不是无缘无故地指向“东南三贤”的；他是以大无畏的理论勇气，指向伊洛诸贤中违背儒教的“异端”倾向，以程颐（伊川）先生为代表的“正统道学”，即那些道貌岸然，但却大讲“存天理、灭人欲”“饿死事小，失节事大”，从而违背“仁”教，灭绝人性，以理杀人的“道学先生”。此乃大是大非，并非无理取闹。应当看到：陆氏存在幻想，非但幻想“兄弟同心”，也幻想“朱陆同心”或者“朱张吕陆同心”；又谁知第一个回合——“鹅湖论辩”，年轻气盛的陆子静就直言不讳，咄咄逼人，得罪了理坛泰斗朱熹，非但唤不醒对方的“主体意识”，而且使这位南宋末世的道学权威“腰疼”加深了！

这就是本文“同心卷”底，也是“儒门新秀”“槐堂气象”“哲峰奇立”“鹅湖之会”的内涵所在。同样，是陆九渊初涉南宋理坛的大悲欢，也是中国十二世纪思想史的折光。

主体意识（Mainetay Consciaisness）在哲学上指人的自作主宰的精神。封建末世的“道学”正要彻底扼杀这种精神，即鲁迅先生终生为之揭露挞伐的“名教”——吃人的名教。南宋乾、淳年间的官方哲学仍是“二程理学”。“闽学”（即朱学）和“赣学”（“金溪之学”）尚在壮大和萌芽中。所不同的是：“朱学”自觉地继承并加强传统“名教”的残酷性；“陆学”则反拨之。

陆九渊的平民意识促使他创立“心学”。他在南宋末世儒学败绩的时代，没有陷入“天根月窟”“牛毛茧丝”格物的魔宫；也清醒地看到道学家“天理人欲”的盛世危言是锦覆陷阱。但他也有“华盖”罩在头顶，即“正统儒学”。因此，有不彻底性。他面对两宋正统道学是叛逆；面对先秦以来的儒学特别是孟学，他却是奴仆，矛头指向理坛权威，却想树立“心学”权威。徒想光大实则陷入了哲学贫困的泥坑。他乞灵于“释老”，又“读孟子自得之于心”，希望杀出一条新路，却终于难免坠入蹈袭理障的悲剧。虽说，陆氏是个清醒的哲学家，如果说柳宗元是唐代第一个隐晦的“拿来主义”，陆九渊则是个公开的“拿来主义”者。他以“义利公私”辟佛辟道，援佛入儒；虽说直指人“心”的伦理，却是入世的南宋“新儒学”。特别在“呼唤主体意识”的重要分水岭上，陆氏是个清醒者。

这里涉及“儒释之辩”。八百多年来，顺着朱熹指陆为“禅”的腔调及其理论的张扬性、权威性，所谓“朱陆异同”之辩，成了历史上数百年未了的“大公案”。不少先贤从时代和自己认识的需要出发，为陆鸣冤（包括王阳明弘陆，创立“陆王哲学”）；也有像陈建那样坚持朱学的立场，写大大小小的《学蔀通辨》，喋喋不休，吵吵闹闹了几个世纪。笔者对此不大感兴趣，认为此辩在封建社会有它的需要。现代人研究中国古代哲学，说陆学“是禅非禅”，实无大的意义。因为任何哲学都是时代的产物，任何思想的完成都会汲取古今中外哲人的“共命慧”；人类的精湛思想包括超越时空的“大智慧”也是不胫而走，互为影响的。“陆学”有佛道智慧玉屑的内核，但绝不是

"禅"。历史似乎已经做出了结论,何况两宋理学家没有不出入佛老的 。朱熹自己也受了华严宗"理事"的影响。正如清代学者罗聘说:"宋之大儒,有著脚佛门者,各指其人,其人人皆似。"(《正信灵》下)。鲁迅先生也说过:"宋儒道貌岸然,而窃取禅师语录。"①陆九渊正是在中国南宋哲学思辨的十字路口上盗火改造儒学的启蒙者。

重要的是陆氏利用"人心即佛",改造后为"心学"所用,其旨归则是"呼唤主体意识"。他的名言:"收拾精神,自作主宰",在那个历史条件下提出来,虽是爝火,却是那时期黑暗天空的一线曙光!因为,中国历代统治者最怕人的主体意识的觉醒。历代官方哲学有个共同特点,压制甚至扼杀人的"主体意识"。先秦、唐宋的儒学虽也关心"人",也有过"民本"思想,但"主体意识"在森严的等级制度下,最终消失在"礼"中;"佛"教使人的"主体意识"消沉在"空"中;"道"教使人的主体意识消溺在"无"中。陆学第一次呐喊"收拾精神,自作主宰",以人的"心灵法庭"为判断,认知道德、智识的是非然误的最高权威,是有其时代积极意义的。甚至可以说:在这一点上,开中国现代哲学的先河!

但是,时代的思想禁锢是万分厉害的。陆氏心学的"呼唤主体意识"会不会中途遭受挫折,或者留下遗憾呢?还需进一步探讨研究。

"鹅湖之会"是我国学术史上最早的著名讲会之一。淳熙八年(1181),朱熹邀请陆九渊到白鹿洞书院讲"君子喻于义,小人喻于利",将社会上的学术争论引进书院论坛,则是"鹅湖之会"会讲的继承与发展,它对书院"讲会"制度的形成与发展,起了重要作用。自南宋以降直至清代,"会讲"活动始终是我国书院教育的重要教学方式,也是书院教学区别于一般学校教学的重要标志之一。

"鹅湖之会"以后,"会讲"的活动随着书院教育的发展而全面发展。影响较大的有:

① 见《吕东莱文集》卷四《与邢拜用》。

据宋嘉定十一年(1218)陈宓《流芳桥志》云:“新安朱侯[1]在建桥白鹿洞之东南陬,面对五老,溪流甘结,未之名。同游江西张琚、罗思、姚鹿卿,闽张绍燕、潘炳,郡人李燔、胡泳、缪惟一会讲洞学毕,相与歌文公之赋,特名‘流芳’。既揭楣间,因记岸左。”

宋景定元年(1260)《枕流桥志》载:“永嘉陈淳祖假守是邦,被命造期,以书考日谒辞鹿洞会讲。预者……诸生几百人……”

《宋元学案·东莱学案》云:吕祖俭“监明州仓”“时明州诸先生多居里。慈湖(杨简)开讲于碧沚,沈端宪(沈涣)讲于竹州,洁斋(袁燮)则讲于城南之楼氏精舍,惟舒文清(舒璘)以宦游出。先生以明招山中父兄中原文献之传,其于讲院无日不会也”。

据《明儒学案·崇仁学案》载:胡居仁“归而与乡人娄一斋(娄谅)、罗一峰(罗伦)、张东白(张元祯)为会于弋阳之龟峰、余干之应天寺”。

明中叶以后,讲会日益发展,遍布大江南北。如惜阴会、青原会、西原会、云兴会、依仁会、水西会、同善会、水南会、兰西会、君山会、光岳会、复初会;南樵会、天泉会、紫阳会等等。这些讲会,除有各自的宗旨、规约、组织外,都定有开展会讲活动的日期和仪式。如惜阴会“间月为会五日”;紫阳会的会讲分月会和大会两种,月会每月初八、廿三各举行一次,巳时开讲,申时散会。大会于每年九月十五日朱熹出生日或每年三月十五日朱熹忌日举行,每岁一次或两次不定。月会和大会每次各举行三日。直至清代,书院中的会讲活动仍然很盛行。

明清时期,有的在职官员也倡兴讲会,开展会讲活动。如张元冲为江西布政使时,于嘉靖三十五年(1556)与提学副使王宗沐在巡抚何迁、巡按徐绅、郑本立等的支持下,“辟正学书院,与东廓(邹守一)、念庵(罗洪先)、洛村(黄宏纲)、枫潭(万虞恺)联讲会”。又如徐阶为辅臣时,于嘉靖三十二年至三十三年(1553—1554),“为讲会于灵济宫,使南野(欧阳德)、双江(聂豹)、竹溪(程文德)分主之,学徒云集至千人”。这些讲会,都订有聚会之

① 朱侯:宋人对有身份人的尊称,如吴侯、王侯;对士人则尊称为贤,如:张贤、宋贤。

期，开展会讲活动。如王阳明“间月为会五日”，此五日便是讲会之会讲日。当朝执政者倡之，其他官员争相仿效，故当时的会讲之风遍及海内。

清代的地方官员亦有参与或倡联讲会和会讲活动的。江苏巡抚张伯行就常与东林会讲。江西湖西道施润章，延毛奇龄与杨洪才会讲于庐陵之景贤、白鹭洲书院。成性督关南赣与知府孔觉所、经历毛重倬、宿儒彭受之等入濂溪书院为讲学之会。李光地，潘世思讲会于鹅湖书院等。

会讲活动也不仅仅限于书院。如京师的灵济宫、武夷山的冲佑观等均不属书院，然而都曾举行过会讲活动。万历年间，南昌的滕王阁、杏花楼、龙光寺等也非书院，然而由进士舒曰敬主盟，亦有讲会组织，开展会讲活动。

进入现代以后，人们更将朱熹等首倡的会讲发展成各种学会研究会、讨论会，定期或不定期地举行。相同或不同学派的人员在平等、民主、融洽的气氛中相与切磋研讨，对于学术的繁荣与发展无疑将起着积极作用。

七、美国檀香山“新鹅湖之会”

随着时间的推移，朱熹等在江西首倡的会讲不仅逐渐推向全国，为中华民族的文化发展起到了非常重要的作用；而且随着朱熹学说逐步流传海外，其“会讲”形式也渐渐传诸海外。朱熹被誉为“东方的黑格尔”，对他的哲学的研究已成为一门国际性的学术研究。各方朱子熹学研究专家发扬“鹅湖之会”精神，利用会讲形式，研究朱子学说。1982 年 7 月 6 日至 15 日，在美国檀香山召开的国际朱子会议，又称“新鹅湖之会”，就是一个例证。

会议名称：与会人员来自美、亚、澳、欧四大洲的中国、美国、日本等国家及中国台湾、香港地区，会议内容为研讨朱熹学说，因之称“国际朱子会议”；又因会议在美国的夏威夷召开，故又称“夏威夷国际朱子会议”；还因会址在夏威夷的檀香山，檀香山岛英文原名 Oahu，与汉语“鹅湖”发音相近，因之又名其会为“新鹅湖之会”。这是一种巧合。

开会的时间：1982 年 7 月 6 日至 15 日。

会议地点：夏威夷“东西中心”的太平洋会议室。该会议室楼下是高约两层楼的大堂，一边为日本式花园的流溪曲水，另一边则面对夏威夷大学的绿茵草地,四面均有林荫古木,正是天朗气清、惠风和畅,虽无琼楼玉宇,画栋雕梁,但亦足以穷究上下四方,畅论古往今来。据成中英先生介绍:

召集单位:美国夏威夷大学、美国学术团体联合会。

发起人:美国哥伦比亚大学陈荣捷教授。

会议经费:由程庆和先生召集捐款。夏威夷州若干东方后裔的企业领袖慷慨解囊醵资玉成,其中主要由程庆和先生负担。所筹经费除会议开支外,尚有余裕,足供刊印论文集而有余。

这次盛会到会专家60余人。

由于朱子思想博大精深,其"太极""理""气"观念,可通形上本体之学,其"格物""致知"之说,又似指向一种与人生结合的知识论,而其论"心""性""情"的内容,"居敬穷理"的修养工夫,又直透人生的具体存生,可谓贯穿宇宙人生各不同层面,加上近十年各华人学者在欧美广为介绍,已引起国际学术界的注意,所以这次大会,吸引了著名学人参加,可谓学术界的群英会。

中国大陆与会的学者有冯友兰、任继愈、邱汉生、李泽厚、张立文、冒怀辛、邓爱民等,均为大陆哲学界最有影响的人物;日本的冈田武彦、佐藤仁、岛田虔次、支枝龙太郎、山崎道夫、山井涌、牛尾弘孝等,则是日本名学者或日本朱子学派——山崎阖斋派的后学。中日两地学者代表了两种不同的意见:中国学者认为要多多地批评朱子,日本学者认为竭力肯定朱子,且从体验去契会朱子的修养。中日学者的不同意见,再加上港台学者及牟宗三派朱子学的不同观点;真正做到了百花齐放,百家争鸣。

中国台湾有罗光、高明、韦政道、蔡仁厚、赵玲玲、黄俊杰、曾春海、梁燕城、刘国强等。

欧美学者有狄培瑞、葛瑞汉、孟旦、史华慈、宁李察、麦黎、田浩、余莅荷。

美籍华人学者有陈荣捷、余时英、成中英、傅伟勋、秦家懿、杜维明、黄秀玑、石汉桩。

中国香港有刘述先、李弘琪。

澳洲有柳存仁、姜允明。

韩国有尹丝淳。

此外,还有不少后起之秀也被邀请参加。青年学者原打算邀请20人,实际到会的有30人,以美国为多。这些青年学者,或在会议上论文,或参加大会的讨论,使大会更增加了一股清新的朝气。

李约瑟、梁漱溟、钱穆、牟宗三、宇野先生因故未能出席。

徐复观先生会前病故,但论文已准备好,病重之时嘱梁燕城等届时为他代读那篇题为《程朱异同》的为会议撰写的论文。

梁漱溟、钱穆虽未参加会谈,但都向大会递交了论文,会议中由他人代为宣读。

大会未专门设立主题,而是网罗以往已有研究成果的朱子学专家参加。与会者都各抒己见,畅所欲言,大会气氛非常热烈。

会上,大家认真地进行了讨论。其中反映最强烈的,当属刘述先先生与蔡仁厚先生的演讲,表达了牟宗三先生的观点。牟宗三先生认为,孟子中庸以来的道统,是纵贯性的系统,重视超越的道体本心,直贯落人生存在,陆象山、王阳明都能继此道统,而朱子之天理却"存有而不活动",没有那纵贯的意思。其"格物致知"却显为认知性的横摄系统,不合儒学正统。故牟宗三评之为"别子为宗",是另创一说,乃儒学歧出的旁支,这观点自然与朱子为正统的看法冲突引起很大争论。

刘述先先生的论文,重在朱子是否合乎道统问题。他的结论是采牟宗三先生的义理架构,认为朱子不合正统。蔡仁厚先生的观点,则将朱子与北宋诸学脉比较,认为朱子未能了解诸理学学统的正传,不算是集大成者,反是自创一新学统,也有新的贡献,但基本上其说在道统以外。

哈佛大学史学史家华慈评刘述先先生论文时,认为"道统"根本很难定义,随着不同系统,即有不同解释,朱子有朱子的解释,陆王有陆王的解释,均说自己合道统,人家不合,所以根本没有客观道统可言。傅伟勋也认为从解释学角度,实无所谓道统,各有各的解释而已。但刘先生却指出就当日历史文化看,则道统可有客观的义理规模去架搭,不是各有各一套。

日本学者对蔡仁厚先生反应最为强烈,因为他们都肯定朱子是道统。

支枝龙太郎认为，朱子哲学重下学上达，由具体人生上达于终极真理，故重人生的践履，重体用，理一分殊等，陆象山则由天道下贯于具体人生，是超越地纵贯。支枝龙太郎指出其个人的修养实践，是下学上达，不能像陆王般由上而下地言，他觉得陆王的工夫方法颇危险，很易叫人轻浮，所以朱子之说才切合具体人生。

岛田虔次回应其说，指出由上而下的纵贯系统不能解释罪恶问题，若良知心体超越而至善，何以现实人间如此多罪恶。朱子则由人间具体的困难开始，言人心道心，人欲天理之争，解释罪恶在现实上的根源，再以修养工夫他解罪恶以上达于终极，这是切当的进路。

日本学者们多是朱子学派的传人，其中更有山崎闇斋之嫡传弟子，也有受藤原惺窝、林罗山、贝原益轩等学派所影响的，可以代表了一大学统，较接近朱子思想。蔡仁厚先生是牟宗三先生的嫡传，刘述先先生亦受牟宗三先生影响。牟宗三先生自己开出新的解释典范，故蔡、刘二人代表了另一大学统，较接近陆王思想。

异军突起的是中国大陆的李泽厚先生，他不属于两大学统，却以康德道哲学去架构朱子思想（牟宗三以康德架搭陆王思想），也带一点马克思主义的色彩。他在发表论文时，特别针对牟先生的观点，表示不同意。他认为朱子若不合正统，又如何影响“正统”数百年？在义理上，陆王言心即理，心又通于感官世界，结果使良知混上感性色彩，理之准则化为心理上的需要，良知的超越性反被拉平，引至明末以后，学者渐走上“人欲即天理”之路；朱子即使理气“不离不杂”，保持了天理的超越性，从哲学发展上言，陆象山不过是承旧说，朱子则发展向一更高而广大的层次，内容是较陆象山丰富。

韦政通先生亦是一自创一说的思想家，不入任何学统。他从思想史角度，认为朱子当时在文化上面对佛教的挑战，而其老师延平先生的静坐澄心，老友南轩先生及象山等建立的道德主体，并不足够胜过佛教，所以他特别重视知识以回应佛教的知识论。他开出三层知：一是内心之知，二是经典注释之知，三是重整儒学伦理文化之知，因此以克服佛教所引起的文化危机。故若说他是别子为宗，则不能了解以后八百年的思想；但也有年轻的洋汉学家认为,牟宗三先生批注朱子并非泛泛而言,而是扣紧其义理核心。朱子以天理是静态的,不能浮动,此即与孟子传统那种本心流露美善之说不同,此即牟宗三先生所针对的,亦是牟宗三先生的最大洞见。

还有东方美国华裔大弟子成中英先生,则在努力创造一套新的解释朱子典范。他认为,朱子的天理并非静态,因理与太极结会,而太极并不纯是理,在某些地方朱子也言及太极有气,理气合在太极的活泼生化中,而朱子是通过辩证的方法提示真理。成中英先生称之为"本体解释学",是通过心灵去格物,了解物之理,也通过格物,去开启心中之理,由此以慢慢逼近真实的终极真理。这由本体为基去开出之辩证解释过程,使我们知道天理是活动的,与牟宗三先生主张的"存有而不活动"不同。

最后一篇论文是中国大陆学人的领队任继愈先生宣读的,其文颇用马克思主义的观点去贬斥朱熹;但他演讲时却能适当地避免情绪性的贬词,只表示作为中国人,既感自家文化之丰富,但也受传统之苦,故不能不对朱熹进行批判,以期开创未来前景。在讨论时,有学者提出用社会经济决定论评判朱熹不太公平,但任继愈先生巧妙回答,他指出所批判的是朱子影响所造成那种传统文化的意识形态,不是朱子本身思想;他说中国常受一种文化思想统辖,我们需要通过批判去展开多元文化思想,以激荡未来文化的进步。他最后说,作为中国人,我们祖先朱熹得到世界重视,实在很光荣,就是朱子本人有知,也一定很高兴。

在闭幕式上,大会送了一件 T 恤给陈荣捷教授,上面写了"朱熹"两大字,两旁写上"格物致知""穷理尽性",物轻情重,感谢陈先生数十年在海外劳苦地建立中国哲学,使西方人能够稍窥中国文化宫室之美之富,其沟通中西思想的功劳将会为历史所铭记。

对于会议的意义,与会的著名学人纷纷作了概括。

陈荣捷先生认为:一是对朱子思想高度研究的一项成果;二是大会站在赞成或反对朱子的立场,只以个人为单位,不代表任何团体;三是"东学西渐"的一个高峰。大会没有触及政治方面的问题,因找不到做此等题目的专家,无神不能设庙。

杜维明先生说：从会议规模、人数、学术水准来看，这次大会是中国学术思想界破天荒的第一个大会。与会人员有代表性，以前西方讨论东方哲学，多半以西方做解释与评价。这次没有那弊病。

蔡仁厚先生认为：会议的成就及其可能的影响有两个方面：一是敞开了研究中国文化思想的大门；二是表明儒家哲学研究热度的全面升级。作为一个国际性的讨论，这次大会的成就是空前的。

姜允明先生说：在当代哲学界中，夸称其为一里程碑，恐亦不为过。国际朱子会议，历届都以西方人士为主，这次则东西方人士各占半，是规模最大的一次。

冯友兰先生说：四十年代我出去讲学，讲中国古代文化，感到中国像个老古董，今天，我同样出去讲学，却看到中国的文化在继续，在发展，感到中国充满希望。

八、新鹅湖之会唱和诗

会议期间，各位先生还吟诗唱和，一时传为佳话。

冯友兰先生首先吟诗云：

白鹿薪传一代宗，流行直到海之东。

何期千载檀山月，也照匡庐洞里风。

余英时先生和韵云：

白鹿青田各有宗，千年道脉遍西东。

鹅湖十日参同异，变尽猖狂一世风。

陈荣捷先生和韵云：

建阳檀岛各西东，遁老无心一叶通。

八十英才谈太极，德性学问果然同。

原注：会议闭幕前夕，冯芝先生吟七绝纪庆，以交余英时。余博士喜而和之，并以交予。予赶赴晚上哲学工作讨论组，留诸寓所。讨论组休息之间，思有以和。略忆原诗用东韵，然已忘宗、东、风三尾字矣。借用菩提达摩轻乘一叶渡海东来故事。想亦朱子许可耶。

扬联升先生和韵云：

敬和檀岛朱学讨论会诸公韵

悦斋未是草 1982 年 7 月 21 日

批孔批朱那可宗，乘桴应喜道来东。

当阳重论鹅湖会，何异平畴交远风。

蔡仁厚先生和韵云：

儒家圣道照西东，一体仁心万物通。

檀岛于今涌活水，乾元大极运天风。

成中英先生和韵云：

白鹿讲坛理所宗，求仁致和茜学东。

檀山新月温旧知，化育天下同此风。

陈荣捷先生再和韵云：

朱学大成皆所宗，鸢飞鱼跃叉徂东。

中西日韩天国会，恍如梦里坐春风。

支枝龙太郎有《和冯余陈三教授韵》云：

鹏程万里驾长风，直到檀山花月中。

贤哲讨论无太极，传心理学古今同。

又元韵：

鸟啭花开是乐园，凉风到处绿荫繁。

檀山十日论朱陆，洞达玄通理一元。

杜维明先生和韵云：

洙泗精义本有宗，细水长流一心通。

惟天至道何同异，体上工夫万里风。

赵玲玲和韵云：

壬戌七月出席美国檀香山朱子学术会议，时贤竞唱，赓韵奉和。

紫阳一脉水朝宗，人去千年道正东。

末世不须悲陷溺，匡扶犹侍汉家风。

百学猖披执是宗，晦翁儒学日初东。
乘桴汲取匡庐水，一洗殊方异说风。

大道由来世共宗，探源端合会西东。
人心久有陆沉痛，海外初薰古国风。

灵心相印道同宗，润彼苍生雨自东。
四座玄言松尘永，仙槎一夕下天风。

以上四首戏作，系有见于前辈们之唱和，而青年学人却无响应者，故而尝试之。初学乍练，敬乞赐正。

周世辅咏云：

以文会友夏威夷，穷理致知精且微。
朱子英灵无不在，神游檀岛乐增辉。
朱学宣扬数十春，道传美亚令人钦。
伫看德业耀寰宇，异国敬君似考亭。

九、历代后人对鹅湖之会和鹅湖寺的吟咏

宋喻良能有《鹅湖寺》二首云：

其一

长松夹道摇苍烟，十里绝似灵隐前。
不见素鹅青嶂里，空余碧水白云边。
气埃乍脱三千界，潇洒疑通十九泉。
五月人间正炎热，清凉一觉北窗眠。

其二

水鸟飞来一问津，璧宫珠塔便横尘。
开基古佛留遗像，直日奇峰列众宾。
芋火拥残知永夜，霜钟递起响初晨。
川途渺渺驱尘驾，回首林泉愧野人。

喻良能，字叔奇，浙江义乌人。宋绍兴进士，历任广德尉、工部郎中、太常寺丞、处州知县、朝请大夫等职。著有《忠义传》二十卷、《诸经讲义》《香山集》《家帚编》等。

元萨都剌有《鹅湖野眺》诗云：

十里苍松对寺门，四围翠滴露纷纷。
湖心水满通银汉，山顶鹅飞化白云。
玉井芙蓉天上落，剑池雪浪月中闻。
石床茶灶如招隐，还许闲人一半分。

萨都剌（1308—1348），字天赐，号直斋，蒙古人。著名词人。始以进士入官，为京口录事，燕南架阁官，迁闽海廉访知事，进河北廉访经历。

明初江西巡按监察御史祝杰有《过书院有感诗一首》云：

久慕鹅湖有路通，鹭车暂住想高风。
断碑古塔寒烟里，野草闲花夕照中。
圣道千年应有辩，书堂一废竟成空。
我来吊古多增慨，独立荒阶叹落红。

明夏寅有《谒鹅湖寺》诗云：

红鹅飞云碧湖空，积翠高岩在眼中。
有木三间起书屋，无香一瓣写愚衷。
斯文下地未千载，元气在天真数公。
浩叹出门乘马去，萧然林树响悲风。

夏寅，字正夫，江苏松江华亭人，正统进士，累官浙江参政、山东右布政。平生直道无党援，自筮仕入郎署三十年，为副使十六年，未尝以淹屈降志。尝曰君子有三可惜："此生不学一可惜，此日闲过二可惜，此身一败三可惜。"时以为名言。

明费宏有《鹅湖书院》诗并序云：

鹅湖自朱、吕、二陆聚讲之后，遂有闻于天下。予生长兹地，未及一游，心甚愧焉。兹幸病体就安，躬谒祠堂，以泄景仰之私。而稽郧阳朔公邑长、常熟任侯邑博、定海金君、吴兴沈君、致政大尹欧文实偕行。登眺之余，感慨

无量，因短述写怀。

一从无极分明后，荒径锄茅见讲堂。

自古乾坤惟此理，至今山水有余光。

庭空蔓草凭谁薙，涧满香苹欲自将。

冠盖追寻恨迟暮，却愁猿鹤笑人忙。

费宏(1468—1535)，字子充，号健斋，铅山县人，家居铅出福惠烈桥。自幼即对朱熹、陆九渊之学存有相当兴趣。成化二十三年(1487)举进士第一，授修撰，正德中，累迁户部尚书。幸臣钱宁，阴党宸濠，构之不理，乃诬以他事，遂乞休归。宸濠败，争荐于朝。世宗即位，起加少保人辅政。宏持重识太体，明习国家故事。及杨廷和去位，遂为首辅，委任甚至。卒谥文宪。宏著有《鹅湖摘稿》二十卷。

费宏又有《鹅湖书院朱陆韵》诗云：

仰止鹅湖敢弗钦，来游因悟圣贤心。

一源活水通寒谷，几片闲云度远岑。

能向天机求动静，肯于世路较升沈。

诚明两字难偏废，古训留传直至今。

费宏族弟费宷有《谒鹅沏书院》诗云：

诸老高风迥莫攀，峦光苍翠水潺潺。

乾坤一会存吾道，祠宇千年重此山。

碧草春深犹自好，红鹅云远不知还。

抠衣莫问当时事，落落残碑半藓斑。

费宷(1483—1548)，字于和。铅山人，家居铅山县芳平(今作荒坪，新滩乡辖)明正德六年(1511)进士，授编修。宁王朱宸濠蓄异图，谋复护卫，兄宏力持不可。费宷妻娄氏，为宸濠妃之妹。宸濠屡以意属宷，宷阴折之。为宸濠赂中贵勒致仕。及宸濠叛，费宷上书时任南赣汀漳巡抚的王守仁，请先定洪州以覆其巢穴，扼上流以遏其归路，则成擒矣。后卒如其言。以荐起用，官至礼部尚书，加少保。卒谥文通。归葬铅山陈家寨乡苏家村洋源排。所著《钟石集》三十四卷，有二十四卷为刘同升、许谷所选。

明金光弼有《秋日费太仆招游鹅湖》诗云：

平湖曲曲快登临，况复秋风动客心。
画阁浮光盘鸟上，苍山扑翠落波深。
清霜未烂茨菇叶，暖日犹垂栝柏阴。
幸有穷交公辈在，龟峰千载此幽寻。

费太仆即费尧年，字熙之，铅山人，家居铅山河口镇清湖。明嘉靖四十一年(1562)壬戌科进士，累官南京太仆寺正卿。

明张仲明有《鹅湖书院》诗云：

不到鹅湖又几年，溪声山色尚依然。
卷帘淑景逢三月，入户春风仰昔贤。
盛世功名双短鬓，平生心事片青天。
无情花鸟如相恋，客裹行囊暂息肩。

张仲明，浙江慈溪人。明成化八年(1472)进士，授铅山知县。三年以政最，擢南京御史，累官至四川副使。

清杨人杰有《鹅湖和先贤原韵》诗云：

敞开讲席后人钦，须识先贤辩论心。
鉴水有原涵太极，浮云无意度遥岑。
天机活泼鸢鱼见，理境品莹隐怪沉。
万古光分长不夜，考亭一烛照于今。

杨人杰，字达士、达夫，号岸堂，铅山人。雍正元年(1723)癸卯科举人。乾隆十年乙丑(1745)选乐平教谕。十四年己巳(1749)授泰顺知县。杰既重葺学宫，又建罗阳书院。十九年甲戌(1754)以病乞休，居林下十有五年。八十一岁尚赴浙迎銮。

清高为阜有《游鹅湖山》诗云：

南对闽关北接吴，一峰高插众峰无。
天低露自云中落，雾尽山余海上孤。
杖锡梵僧空脱塔，浴鹅仙客久飞凫。
至今何物留方外，树满平林水满湖。

高为阜，字上则，号守村，铅山人，家居铅山永平北关。雍正四年（1726）丙午科举人。曾任云南平彝知县、剑州知州、姚安知府。雍正十二年任知州时，为民创建金华书院与纺织局。

清温朝荣写下三首有鹅湖讲会和鹅湖书院的诗，其一题为《鹅湖书院和先贤原韵》，诗云：

讲堂道脉代相钦，入院追寻慰素心。
苔石绣开遗旧路，烟楼青散出遥岑。
湖平春雨流无限，竹滴秋风响未沉。
胜境尽随人领略，山川良会古犹今。

其二题为《春日临鹅湖书院》，诗云：

苍苍水树绕闲居，便到鹅湖兴有余。
鱼种萍池经雨密，竹移苔径补花疏。
曾催诗债寒谷内，又怯酒魔暖阁初。
未识他年留此者，登堂一望更何如。

温朝荣，字冕资，江西石城人。鹅湖书院受业门人。乾隆六年（1741）举人；九年（1744）曾参校《鹅湖讲学会编》。曾任国子监学正。工诗能文，名重一时。

第九章　陆九渊与书院后续的乡村社团问题

一、陆九渊对书院建设持冷淡态度

众所周知，陆九渊生前虽然其学说在某些方面与朱熹抗衡，但他去世后，影响力很快就开始消退，到元代初年，其学术传统即基本断线。但是，到了13世纪中期，到陆的故乡抚州，就会发现，在当地的许多学校里，人们仍然崇敬他并宣传他的学说。在他的家乡金溪县，县城建有三先生祠供奉他及其两个哥哥陆九龄、陆九韶，地方官也会定期去祭祀他们。更有意义的是，陆九渊的思想成了两所地方书院教学的主要内容。在信州贵溪县近郊的象山书院是陆九渊的两个高足之一的袁燮的儿子袁甫于1231年建立的。它的第一任主持教学的堂长钱时是陆九渊的另一位高足杨简的学生。1233年，陆家所在地金溪县的县令创建了第二所象山书院，并任命陆九渊的学生傅子云为该院的第一位主教。至少可以说，在一个时期内，陆九渊学说在抚州、信州这两个地区，通过书院这一南宋新儒学最典型的教育机构在继续传播着。

其实，陆九渊自己与上述两所书院一点直接的关系也没有，它们的建立是在他去世几十年之后的事。很明显，袁甫希望位于贵溪的这所书院被看成是陆九渊1187—1191年间主教的象山精舍的直接承续。不过，这种联系并不紧密，在袁的执政期内，精舍已经荒废而不讲课。袁认为精舍旧址太偏僻，“不近通道”，因此选择了一个离象山不太远但又出入比较方便的新址创建书院。在抚州的书院中——那里有许多书院——看不出陆九渊直接建立教育机构的痕迹。

作为南宋的一个理学家,他对建立书院确实没有很多兴趣,唯一的例外是象山精舍本身,但他对其建立的参与似乎也不多。是他的学生彭世昌找到那个地方并在那里建了一栋房子供其居住。当彭邀陆去住,陆就在那里建了精舍作为讲习之地,并于第二年春天将其侄子带去读书。不久,投奔他的学生越来越多,他们在那里建房居住与学习。陆以“方丈”的名义主持教学,但没有薪水,于是,精舍的学生从一开始就交费来供养他。该精舍后来的确成了一所非正式结构的书院,陆在随后的几年里也就在那里讲学。他在著作中只提到过那里的建筑名称,但没有正式记录他是否创立或修建过哪些建筑,他也没有为自己的学生制定过任何规则或学规,哪怕是像朱熹为白鹿洞书院所订的那种简单的训诫。陆主持该精舍时,已是晚年了,但没有任何迹象表明,他把精舍看成是书院或其他教育机构的典范,也没有迹象表明,他有意要建立一所书院。他既没有在家乡,也没有在其做官的地方建立过其他书院。他在做官的地方也没有建立书院这一点尤有意思。我们知道,陆九渊离开象山精舍后到荆门军任职,这说明陆是一个比较活跃的地方官。然而,他并没有在荆门创建一所精舍来替代他原有的精舍,也没有效仿许多同时代的其他地方官而为荆门学者建一所书院。如果说南宋有“书院运动”的话,陆九渊也不是真正意义上的参与者。当我们考察陆九渊的同时代人及其对手朱熹对书院的作用时,陆九渊对建立书院的漠不关心尤其令人吃惊。朱熹对地方书院所表现的极大兴趣和积极推广是众所周知的。他在其家乡福建省至少建立了七所书院。任地方官期间,他又修复了另外两所书院:潭州(湖南)的岳麓书院以及最著名的南康(江西)白鹿洞书院。朱熹在这方面的革新可能被夸大了,南宋地方书院的兴起早在朱熹之前就已经开始了。不过,朱熹为白鹿洞书院制订的章程以及他认为书院替代专事科举的官学的功能的观点,其影响是巨大而深远的。很明显,作为一个教育机构的书院,在朱熹那里是有着极为重要的社会教育功用的,其地位很高。

对朱熹产生了如此吸引力的教育机构,陆九渊却缺乏兴趣至少是缺乏主动性,从某种意义上讲是令人奇怪的。陆九渊作为一名教师开始出名时,私人、地方书院在抚州已经是平常事物了。陆九渊也绝不是不清楚朱熹的努力,1180年,他应朱熹的邀请到白鹿洞作了一次"君子喻于义,小人喻于利"的著名讲学,这次讲学引起了人们对他学说的关注。朱熹想营造一个只看重学习本身而不是科举教育的地方的努力,应该赢得了陆九渊的同情,因为他自己对学习的正确目的认识以及对科举教育的危害看法,与朱熹的观点并没有什么大的不同。然而,他不注意在自己的家乡和其他地方建立教育机构以传播其思想,可能部分地导致了他身后影响的衰退。有鉴于此,他的传人在13世纪30年代创办书院的努力可以理解为一种迟到的努力,意在以一种被其先师忽视的东西所提供的方式来挽救其衰退的影响。在这种努力的过程中,他们得益于朱熹的启示而使陆九渊的学说有了一个制度化的保障。

那么,这就是我们要提出的问题。与朱熹相比,陆九渊为什么如此少地参与书院教育以促进其学说的传播呢?推而论之,陆九渊为什么在建立教育机构以发展南宋新儒家教育方面几乎没有多大贡献,而朱熹的贡献却如此之大呢?也许这是一个小问题,对于一个熟悉陆轻书本知识而重"吾心"主张的人来说,这个问题甚至无须回答。不过,我们想指出的是,我们所熟悉的陆九渊的这些思想不能完全解释陆九渊对能够传播他思想学说的书院的忽视。如果我们从一个更广泛的社会制度的视角来考察书院的话,或许会从另外一个完全不同的角度得到启示。我们对陆九渊地位的评价应该被看作是一个尝试性的建议,尤其是涉及假设陆九渊从未表述过的思想线索更是如此。但是,这些线索陆九渊在世时就已显现,特别是他的老兄陆九韶还曾表达过。我的论点虽然许多方面是推理性的,但我将证明它们至少可以从我近期对宋代文化历史的研究中找到有力的证据。

二、陆九渊的教育观点注重经典原著的阅读

我希望从引用陆九渊著作的某些章节开始我们的论证。这些章节似乎都表明他有关心性的观点,而这种观点对于书院、学校或任何正统的教育机构的建设来讲是没有什么用处的。陆九渊"学苟知本,六经皆我注脚"的名言,的确表明他把书本知识的学习抛到了脑后。我们还可以引用在著名的

“鹅湖之会”中他与朱熹争论时所说的话——“尧舜之前，何书可读?”虽然他的哥哥陆九龄认为他说得有点过头并且阻止了其话题，但其观点十分明确，那就是如果尧舜没有书本而可获得聪明才智的话，那么，当今的学生也可以做到这一点。

其他章节看上去可能使教学计划本身就有问题：

> 心只是一个心，某之心，吾友之心，上而千百载圣贤之心，下而千百载复有一圣贤，其心亦只如此。心之体甚大，若能尽我之心，便与天同。为学只是理会，此诚者自成也，而道自道也，何尝腾口说。①

> 此理本天所以与我，非由外铄明得。此理即是主宰，真能为主，则外物不能移，邪说不能惑。自立自尊，不可随人脚跟，学人言语。②

然而，仅仅从字面上来理解这些几乎相当于口号的章节，就会扭曲陆九渊的真正立场，尤其是他在教育实践中所表现出来的立场。首先，正如詹文孜(Wing— tsit Chan)所指出的，陆九渊抵制的并不是书本知识学习本身，他只是烦他身边的人太注重书本，太注意读书的数量而不是理解的质量，尤其是只注意经书传注而不注意经书原文。他经常谈到不仅要阅读其他著作，而且更要阅读经典著作。

> 某读书只看古注，圣人之言自明，且如“弟子入则孝，出则弟”，是分明说与你入便孝，出便弟，何须得传注？学者疲精神于此，是以担子越重。到某这里，只是与他减担。③

> 读书固不可不晓文义，然只以晓文义为是，只是儿童之学，须看意旨所在。④

> 读书不必穷索，平易读之，识其可识者，久将自明，毋耻不知。⑤

> 读史，须看他所以成，所以败，所以是，所以非处，优游涵泳，久自得力。

---

① 《象山全集》，35 卷、10 页。
② 《象山全集》，1 卷 3 页，35 卷 22 页。
③ 《象山全集》，35 卷 8 页。
④ 《象山全集》，35 卷 1 页。
⑤ 《象山全集》，35 卷 28 页。

若如此读得三五卷，胜看三万卷。①

学者读书，先于易晓处沉涵熟，复切己致思，则他难晓者涣然冰释矣。若先看难晓处，终不能达。②

陆九渊并不是在反对读书，绝对不是，正好相反，他是在鼓励读书，只不过是在鼓励一种特殊形式的阅读。还是看看他是怎样为自己辩护的吧：

人谓某不教人读书。如(李)敏求前日来问某下手处，某教他读《旅獒》《太甲》《告子》“牛山之木”以下，何尝不读书来？只是比他人读得别些子。③

至于教学计划，陆九渊对本心的肯定，以及关于“不可随人脚跟，学人言语”和减轻学生负担的简短论述，我们都不能简单地从字面上去理解，以免得出没有必要作系统或长期指导，甚至也不要老师的结论。据陆九渊的学生詹阜民说，陆九渊曾自称没有老师：“某尝问先生之学亦有所受乎？曰，因读《孟子》而自得之。”这是一句很有名的话也许值得指出的是，陆九渊这里所说的通过读书所获得的理解与通过文本去接受知识并不矛盾。但是，如果假设陆九渊认为他自己的例子可以很容易或经常地被重复的话，则又会曲解他。陆九渊曾说：“学者须先立志。志既立，却要遇明师。”这样的“明师”，正如我们所看到的，他能够“减轻负担”，而这种负担就是不正确的读书方式造成的；他能给学生指出正确的轻松的阅读方式，即将注意力集中的有意义的精读方式，而不是泛读方式。陆九渊能够用立论与举例说明的方式向学生讲清其简单性的原因所在：学生自己的心思须集中到一点上来。也许更重要的是老师能够引导学生朝自己的目标迈进，而且当学生出现错误时能给予纠正。在这方面，陆九渊可能是一位严厉的老师。陆九渊的弟子刘尧夫(淳叟)对此有这样的记录：

学固不欲速。欲速，固学者大患。然改过迁善亦不可迟回。……平时所喜于淳叟者，徒以志向亹亹有进无退。今反迟回若，此，何耶？……亹亹

① 《象山全集》，35 卷 9 页。
② 《象山全集》，34 卷 10 页。
③ 《象山全集》，35 卷 11 页。

以进非淳叟之过也，其过顾在于进之非其道耳。……今淳叟不然而自曰知过，吾不信也。①

陆九渊在其他地方警告说：“若不亲师友，汩没于流俗，驱而纳诸罟擭陷井之中，而莫之知。”很明显，刘尧夫正处在这种境况的边缘。显然，就像陆九渊“相对”不重视文本以及他独特的读书方法并不意味着放弃书本学习一样，他强调学生目标的明确性，并不否定（老师）从外部指导、纠错和教育的重要。完全有充分的理由说，陆九渊相信人在相当长一段时间都需要这种来自老师的帮助。许多学生花了大量的时间来照料陆九渊的生活起居，他自己的这段教学生涯使得他对那种师生关系的责任理解较深。关于这一点，他所作的传记作品中也表现得很清楚：他为陆九龄、陆九韶所写的行状、墓碑，就以明显赞许的口气详细描述了他们当老师的活动和成就。他曾说：“学者不求师，与求而不能虚心，不能退听，此固学者之罪。”显然，师生关系已成为陆九渊的思想的一个重要组成部分。

我们没有对陆九渊的教育思想作全面的研究，但从所掌握的资料中我们可以看到他的某些观点。如他事实上鼓励学生接近书本，只是其方式有些特殊，如他强调老师在学习中的关键作用等。这样，他那些口号以及使人误解其反对书本学习反对老师直接而长期的指导作用的话就显得不那么重要了，我们没有充分的理由把他作为一个整体的学术思想看成是与一般的官学教育或特殊的地方书院教育相对立的。陆的教育方法的确是强调个人的，心与心的联系以及师生之间的交流。虽然这些方法的影响没在地方书院中得以体现的原因尚不清楚，但考虑到陆九渊强烈反对传注与文本的激增，我们就有充分的理由认为，如果他像朱熹那样在自己的家乡和任职的地方建立许多书院，并把自己信得过的学生安置在那里任教的话，他的学说的传播就能得到保证了。同样明显的是，他那些在13世纪30年代建立书院的门徒并不认为陆九渊的思想不适合在书院传播。

有证据表明，陆九渊也不反对某种教育机构，事实上他认为它们有存在

---

① 《象山全集》，4卷5页。

的价值。在陆九渊的著作中,有八篇“记”,其中三篇是记创建或修复官办县学的,但没有记书院的。这些记从整体上来讲是宣传其把学习作为一个目标的观点。虽然,官办的以科举教育为主的官学是不大可能支持这种观点的,但是,每一篇记文都赞扬了创建和修复官学所取得的成就。陆在记述其兄陆九龄的生平时,特别提到了他在富川县做官期间恢复县学和征稽学廪的功劳。很明显,陆九渊对致力于系统教育的正式的教育机构即官学是认同的。

如果陆九渊的教育思想中没有一定要反对正规教育机构的成分,而且他的作品中还可以找到对这种机构——官学——赞许的直接证据,那么,我们必须从其他方面去寻找证据来说明他对地方书院漠不关心的原因。需要说明的是,要从反面论证一个人为什么不会去倡导某种特殊形式的机构,这是危险的事情,方法上也有问题。因此,我不会过分强调下面提出的论点。陆九渊的个性与朱熹不同,比朱熹更容易冲动,更有自然主义色彩,不那么擅长与稍有不同倾向的人取得一致的看法。他的个性可能或者说一定从某些方面影响了他对建立教育机构的观点。也有可能是因为要与朱熹竞争的缘故在某种程度上阻止了陆九渊借鉴与朱熹有关的教育模式。最后要指出的是,虽然我们认为陆九渊的教育思想中没有任何因素会使他自动脱离像地方书院这样的机构,但也找不到证据表明他一定要靠近它。我们期望他对书院感兴趣的理由是很实际的而不是哲理性的,希望他藉以将自己的学术思想系统地流传下去。所有这些因素,包括个性、与朱熹的竞争、其哲学中没有强烈或明显的“推动”因素等,都可能为全面解释陆九渊不那么热心书院运动提供一些证据。在没有更多地掌握陆九渊的生活和思想材料的情况下,这些因素都应该包括进去。不过,我们将在下面寻找另一个不同的因素,为上述问题提供另一种新的解释。

三、书院与当地乡约社仓祠祀的应对关系

为了充分理解地方书院对南宋理学家的意义——无论是像朱熹那样推进的人还是像陆九渊那样漠不关心的人都一样——我们必须把地方书院看

成是一系列地方机构中的唯一的教育机构。所有这些机构或多或少都有创新,都在南宋新的社会和政治环境中传播和推广。这些机构尤以地方书院、乡约、社仓和祭祀地方名人或理学家先师的祭坛(有时叫先贤祠)等四种最为重要,因为它们不仅赢得了朱熹的热心支持和倡导,也在不同程度上得到了朱熹同时代及后世理学家的支持与倡导。在讨论它们的共同特征及其在朱熹和其他理学家的社会思想中的地位之前,有必要对它们作一个简单的描述。

朱熹从北宋思想家兼官僚吕大钧(1031—1082)那里借过来的乡约,是我们在这里要讨论的四个机构中唯一一个在朱熹的时代未能付诸实施的计划,虽然它和另外三个一样在中国和东亚其他国家中影响很大。乡约就是乡社成员的自愿约定、约束,主要是通过相互规劝、训戒以联合起来的社会性礼仪行为,是通过有组织的相互帮助来维持道德和社会秩序。凡登记入册的成员皆要受其约束,行为好坏都要记录下来,并提请成员注意,表扬或批评都公开进行。加入乡约是自愿的,但如屡次违犯规定或其精神原则就会被开除。一套精心设计的乡社仪礼将各成员联系在一起,并促成对年龄长幼、德行道义和社会地位高低等差别的认同。[①] 莫尼卡·乌贝尔豪翻译经过朱熹修改增订了的吕大钧的"乡约",作为论文提交到了1982年的夏威夷国际朱熹研讨会。[②]

和乡约一样,社仓也不是朱熹发明的。社仓计划是朱熹借鉴其朋友魏掞之的做法而实施的,魏在1160年曾在朱熹的家乡建州搞过社仓。社仓的操作与王安石的"青苗法"有类似之处,仓中储存的粮食,在种植季节贷给农民,农民则在收获时偿还。与王安石的最大差别是,不收取利息(只收3%的损耗),有人管理,粮食来源基本上是士大夫捐赠而不是国家拨置。其目的是要在一定的范围内通过自发自愿的方式来帮助农民,满足他们的需要,

① 朱熹:《晦庵先生朱文公文集》,《四部备要》本,74卷23—29页。

② 又见和田清《支那地方自治》,东京1939年版,51—52页,119—145页,224—230页。还见狄百瑞《中国的自由传统》,香港1983年版,32—34页。

而不是收取高额利息。[①] 早期计划于1168年在建州实施过，见《晦庵先生文集》卷77，25—27页。关于社仓和宋代社仓的论述，见曾我部静雄《宋代的三仓及其他》。[②]

南宋地方先贤祠祠堂的发展与推广还没有仔细研究过。那些先贤祠不是士大夫的自发自愿性社会行为的结果，这一点与我们这里所讨论的其他机构不同。一般来说，它是由地方官修建并带头参加其祭祀仪式的。不过，创建先贤祠的官员以及朱熹和其他著名的理学家们都希望它能吸引士大夫去参加祭祀仪式，从而将其作为加强地方社区感的一种手段。这一点似乎是很明显的。在研究江西地方精英时发现：北宋时，这种先贤祠很少，而且它们主要是纪念地方官员，即在为官期间造福于江西的外地人。而到了南宋，先贤祠不仅数量大增，而且主要是纪念江西本地人，包括许多从来就没有做过官而且其声望和成就完全局限于本地的人。创建先贤祠的人不全都是理学家，但是当朱熹及其他理学家参与其事后，先贤祠好像就既纪念当地人，也纪念周敦颐、程氏兄弟等新儒学的创始人及其大师。这些先贤祠甚至建在这些人从来都不曾生活过的地方。这样，先贤祠就有了双重作用。一方面，人们在其中颂扬当地人，促使社会形成一种地方社区感，树立起一个不是强调官僚而是服务于地方的士大夫模范；另一方面，他们用共同祭祀某些突出人物的方式，将乡村社团与更大的、新儒学的国家联系起来。

上述这些机构和地方书院除了各自的特殊职能外，在创建者们（尤其是在朱熹）的心目中，它们有着一个共同的目的，那就是要给士大夫一个制度化的机构，即一个与国家和地方政府不同的机构。乡约、社仓和书院最能说明这种情况。它们在性质和功能上都是属于地方的，都是士大夫个人或群体的自发自愿性行为（就乡约而言，还不仅仅是士大夫），而且都可以替代同期或者早一个时期的一些具体的政府职能机构。可以说，乡约是朱熹时代以各种方式改造了的保甲制度，其区别仅在于保甲是王安石强加给乡村社

① 朱熹的计划的最终形式见朱熹《晦庵先生文集》99卷，5—22页。

② 载《宋代财经史之研究》，东京1974年版，465—494页。又见海姆斯《政治家与士大夫》，306—315页。

会的一个相互监督的机构，而乡约则是自愿的非强制性组织。社仓是一种从早已废除了的但还存在于人们记忆中的王安石的青苗法转换到以自愿为原则、以乡村社团为基础的福利机构。书院则直接替代了官学。南宋时，官学仍然兴旺，但它却是范仲淹、王安石等北宋政治家们广泛而集中改革的结果。这样，就有理由认为，朱熹和这些机构的其他倡导者们一起，设法以乡村社团为基础，在自愿的前提下，完成了王安石曾通过中央政府试图统一去做的事情（还包括其他一些事情）。先贤祠（祠堂）又与前三者有明显的不同。然而，在礼仪方面，它们以祭祀当地突出人物的方式给乡村社团以某种制度化的东西。从某种意义上讲，先贤祠因为祭祀民间或完全是当地的突出人物而使乡村社团与政府分割开来。

这个观点与狄百瑞先生“关于朱熹的普通教育思想的论述”①是一致的，而且还部分地受到了其影响。狄百瑞认为：朱熹“寻求将自愿原则与乡村社团结构结合起来，这样就可能使国家权力和家庭利益得到调和”。不过，我们对把朱熹的这种努力看成是“对当时国家权力的逐步加强”的观点持保留态度。对扩张主义国家的记忆——对王安石改革失败和党争的记忆，对强有力的中央集权和独裁者蔡京同样强有力的迫害的记忆——毫无疑问地成为朱熹和其他南宋理学家们以乡村社团为基础、以自愿为原则的理由。

但是，他们当时所面对的国家，绝不是一个扩张势力强化控制的政权，它被两宋之际的战争和维持边境抗金部队的沉重负担而弄得如此疲惫不堪，以至于他越来越难以征集到税收和维持正常的社会秩序，它已实际上停止了从国家的角度去关顾乡村社会福利的尝试。我们在其他文章中曾指出，使地方精英与社仓等一类机构有可能甚至是必然联系在一起并在较大的范围内施行的原因是，国家不能或者是不愿直接、有效地管理好乡村社会②。国家的软弱无能与有意的停止控制，给士大夫留下了一个活动空间。

---

① 狄百瑞：《中国的自由传统》，32—34 页

② 海姆斯：《政治与士大夫》，136—176，196—199 页。

依我看，乡约也是一个填补这个空间的尝试。北宋的改革家们尝试过将官办机构的影响扩大到社会的最“底层”，但失败了。南宋的理学家们将新的非官办机构建立在政府留下的空间层，用狄百里的说法，就是“国家权力和家庭利益”之间的空间，而这个空间实际就是指“乡”。

朱熹对这个“空间”的关注，以及他对家庭与国家机构两者之间的“中间层面”的关注，也体现在他自己编纂的《仪礼经传通解》一书中有关仪礼的安排上。在书中，朱熹保留了仪礼十七个部分的传统秩序，这个秩序似乎是根据“士大夫”的生活历程的各个阶段的要求设定的。但是，朱熹引进了一个新的排列原则，附加在旧的原则上，即将十七个部分排列为六组。最后二组包括七个部分，是有关丧葬和祭祀的，即有关死亡及其后事处理的仪礼。有关生者的仪礼由十个部分组成，朱熹将它分成四组。这四组不与生活历程相应而与社会等级差异相呼应，在“家礼”和“邦国礼”之间——后者相当于周王朝的封建诸侯阶层；但在朱熹的时代则指府、州、县等国家的较低层——朱熹把三个部分归为一组，称作“乡礼”[①]。以这个独立的中间层仪礼的概念，朱熹再次宣扬一种乡村社会的制度化的东西。乡约、社仓、地方书院似乎都属于这个中间层，它和其更高一层次的连接处就是士大夫和地方官员一起祭祀那些象征当地精英人物的先贤祠。

我们所论述的这四种形式的机构，对于理学家们来说是至关重要的。与此同时，还有一些可以作为参照的机构出现和传播。各种形式的慈善机构拥有相当多的地产。毫无疑问，置备地产是受到了范仲淹设置族田的启发，但地产用于族人以外的人群，有时也得到政府官员的资助，其管理则通常由士大夫主持。很明显，南宋时期，地方自愿自发性组织激增，如诗歌俱乐部、哲学协会、致力于慈善或善事的士大夫协会等，从某种意义上讲，这些都可视作当年一种新的带有地域观念特征的现象，更重要的是，这种现象表现出了一种鼓励建立地方性、自愿性机构的倾向。基于这种背景，朱熹当时建立乡村机构的计划就显得是一种虽不是普遍倾向却有着广泛性的制度化

① 《东方时报》，54期（1982年），172—256页。

升华。

陆九渊不仅与地方书院无关，也与上述一切机构都无任何关系。那四个对朱熹至关重要的机构中，只有社仓似乎曾引起过陆的兴趣。但我们认为，他对社仓的兴趣本身就反映了他与朱熹思想有较大的距离，而且他也没有像朱熹或他自己的门徒那样，在其做官的地方推广过社仓。前面已经说过，陆九渊不是地方书院运动的参与者。尽管他对朱熹的活动相当熟悉，但他对乡约计划好像从未表示过兴趣。不管是在任做官还是退职居家，他都没有主动建立过一所先贤祠①。事实上，他也没参加过任何形式的地方自愿性协会或机构，尽管这些协会和机构是那样的具有南宋时期的特点，而且其他理学家对它们也有浓厚的兴趣。陆九渊漠不关心的地方书院，只是朱熹热心推崇的那些居于“中间层面”的乡村机构中的一种。

也许陆九渊对社会活动不感兴趣。至少他那强调自我修炼和心性本体的哲学论述，强调内在注意力的平静的语调等，都可能使人会认为他是那样的人。但事实上，陆九渊自己的生活以及他对其他人生活的描写却反映出他对社会活动的兴趣及对社会改进的一种明显的责任感。这一点不太奇怪：他对自我修炼过程的强调不能脱离他的文章去理解，在陆九渊留下的著作中，虽然这样的文章很少，但对说明这个问题却很关键，文中他阐述了他的目标：

宇宙间自有真理，所贵乎学者，为能明此理耳。此理苟明，则自有实行有实事。②

宇宙内事是己分内事，己分内事是宇宙内事。③

惟义惟公故经世，惟利惟私故出示，儒者虽至于无声无臭无方无体，皆主于经世。④

陆九渊在做官和居家时都有参与社会活动的记录。他的行状中记载了

① 陆九渊为王安石在家乡建的先贤词写的碑记。
② 《象山全集》，14 卷 1 页。
③ 《象山全集》，22 卷 5 页。
④ 《象山全集》，2 卷 1 页。

他晚年在湖广荆门军做官时的努力。从1191年9月到任至1192年12月去世时止，陆九渊组织建造了荆门新城墙、城门、瞭望塔和护城河，重建了郡学贡院及客馆官舍；设置了一座医院；减设郡城商税站，以免商税而利通商；废除禁用铜钱的法令，因为荆门靠近边界才有使用铁钱而禁铜钱之令的。他特别注重地方军备，重赏捕获军中逃兵者；在军中开展射箭比赛，中者受赏，借以提高士兵的军事技能；为士兵建立正常的报酬制度，使其无饥寒之忧，提高士气。空闲时，他到郡学为诸生讲学，甚至允许上元日在学中设斋醮祈福之故事重演，但他借机集合吏民讲解儒家经典《洪范·敛福锡民》一章代以醮事，试图努力改变偏于道家的习俗。所有这些，对于一个南宋的地方官来说，是一种不寻常的政绩。这些经世活动表明，陆九渊对稳定而长久的行政机构改革的兴趣不仅有特定条件下的随意性，而且有一定的深度和广度。

陆九渊居家期间的活动也具有同样的意义。从他1180年到1190年写给地方官员的大量信件中，我们可以找到他试图直接或间接参与家乡的政务管理的证据。有三个主题贯穿于他的信件，那就是地方官对地方经济的责任，警惕吏胥的不可靠和为非作歹，抨击地方官的失职和作恶。信件涉及的内容广泛，但中心仍在经济问题上。一个很有代表性的例子是，陆九渊劝抚州郡倅不要理睬其上司清理积欠的吩咐[①]。他还写信督促他们废除各种苛税；抗议把田地出售给私人的计划，这些田地名义上属国家所有，但实际上是“佃户”的财产。[②] 他还向抚州官员通报因时误农的情况，并要求减少地方税收。[③] 有时他也建议提升或惩罚某些官员。一次他写信给地方官为一个不知名的已知悔改的重刑犯请求宽大处理。[④] 很明显，陆九渊把自己看成是影响其家乡决策的合法参与者。[⑤]

陆九渊的传记作品记述了他尤其是他的两个哥哥陆九皋、陆九龄热心社会活动的情况。他在为陆九龄所作的行状中，以赞赏的口气详述了1175

① 《象山全集》，7卷，5—7页。
② 《象山全集》，75卷，6—7页，8卷，1—2页。
③ 《象山全集》，8卷，6—9页。
④ 《象山全集》，10卷，2页。
⑤ 《象山全集》，11卷，4页。

年陆九龄在抚州受到寇匪威胁时挺身出来领导防务的举措及其当时陆家兄弟门人就儒生参加武夫活动是否合适的争论。九龄自己赞成参与领导防务的观点被详细地记录下来了。看得出来,陆九渊是同意九龄的这种观点的。在陆九皋的墓碑中,陆九渊对九皋在1187年救灾中所起的作用大加赞赏,而且明显地赞同一个地方官的下述观点:灾荒救济中,“莫善于乡得其人,莫不善于吏与其事。”在为邻居葛庚所作的墓志中,陆九渊也赞扬葛氏在南宋初期的乱世中参与地方防务和以低于市价出售粮食以赈灾的义举。在这些记录中,陆九渊描述了一个士大夫应有的模样:那就是要像陆九皋一样,为了地方的利益,不仅要通过地方官员来干预地方政务,而且还要自己采取直接的行动。

如果说,陆九渊对朱熹等理学家们所倡导的自愿性的乡村机构缺乏兴趣并不是因为他对地方性社会活动漠不关心所致,那么其原因何在呢?如果我们回到狄百里的“乡村社团可以调和国家权力和家庭利益”的观点上来,即可找到回答问题的线索。正如狄百里明确指出的那样,我们也认为将某些(政府)职能下放于有组织的乡村社会机构,而不是放在国家政权机构,即可以使乡村社会这种中间层机构实际上替代日渐衰弱的国家政权。但是,我们也可以看到,这个中间层机构限制“国家利益”的扩张,或者悄悄地削弱士大夫对家庭的忠诚时,则可使情势朝着另外的方向发展。对国家政权的强烈责任感,或者将家族和家庭置于首位而产生的强烈责任感,都可能使得对在乡村一级建立新的自愿性机构不感兴趣。在南宋,对中央集权的国家政权的强烈责任感,除了在上层官僚的社会有所表述外是难找到的。但是,一种将家视作首要的忠诚目标而产生的对家的责任感,在现存几本南宋时期的著作中却有详尽的记述。其中最重要也流传最广的要属袁采(1140—1195)的《袁氏世范》一书。

正如帕特里西亚·埃伯雷最近对《世范》的研究所显示的那样,袁采展示的是一个与朱熹完全不同的社会概念和士大夫的责任概念。在《世范》中,他主张把“家”作为目标中心;他把财产的积聚及恰当和节俭的管理、保护视作“家”生存下去合法而且是必要的手段;他对家以外的社会和那个社会有效行善的行动持悲观态度。袁氏以上三个观点和理学家或古典思想家通常所强调的都不同。[①] 就我们所讨论的问题来说,以上第三点最重要。埃伯雷的话值得引述如下:

袁采对家以外的社会关系的论述充满了一个否定的,而且通常是令人害怕的语调。在那个社会里,他所强调的不是人们通过地方领导人所能做的好事,也不是人们通过某些关系所能得到的好处,而是强调人们怎样明智地避开可能的危险。他对有序的管理一个大家庭有一种满足感,但他没有对有关地方领导的主要计划该做什么提出建议。相反,他警告人们要警惕试图解决别人争端的危险,警惕维护那些欺负别人的人,或压迫别人的官吏所带来的危险。[②]

袁采的例子明显表明,对作为首要机构的家的责任——埃伯雷把他叫作“以家为导向”——可能意味着或至少补充说明了对(家以外)更大社会范围的责任或参与的有意限制。

陆九渊参与社会活动的观点要比袁采的肯定得多。但我们认为,在陆九渊那里,一种行善对于社会和参与社会活动的新儒家道德与一套家与社会的假设关系结合起来了,而这一套假设在很大程度上与“家为导向”的理论是一致的。陆九渊对此没有明说,但就陆氏兄弟来说,对家的责任不是以放弃社会活动为代价的,而他们对将责任的范围从家扩大到乡村一级机构这种形式没有兴趣。既然家本身就是最主要的地方机构,那么国家与家之间的“中间层”机构就是多余的需要付出代价的了,而且还可能束缚家的活动。

有什么证据可以证明陆九渊是以家为导向的呢? 在很大程度上材料还只是间接的,但有三条线索。第一,陆氏家庭的性质。第二,陆九渊为他的三个哥哥所作的墓志碑铭中记述的陆家与社会政治活动的情况。第三,他的四哥陆九韶的作品。以下我将分别讨论这三点。

---

① 埃伯雷:《宋代的家庭观念》,载《亚洲研究》43 卷,1984 年 2 月,224—229 页。

② 埃伯雷:《家庭与财产》,153—154 页。

四、陆九渊及其陆氏家族的社会影响

陆氏是一个不同寻常的家庭，而且陆九渊对此颇为自豪。自北宋末年开始，陆家就聚族而居，到陆九渊出生时，他和五个兄长一起生活的家庭，已有五代没有分过家了，到他的儿子与侄子辈时已是第六代了。到南宋末年，他的家因为维持了十代而不分家，受到了皇帝的嘉奖。陆九渊时代，陆家已经有几百人了，家庭内部的劳动分工严明，各成员的职责差不多是永久性的，但有时也可轮流换做。陆九渊他们那一辈，长兄九思为一家总管；二哥九叙主持药材生意，那是陆家的主要经济来源；三哥九皋主管家塾教育，家塾对外人是明显要收费的；三个最小的即九韶、九龄、九渊则读书，准备参加科举考试。家庭内部纪律严明，家业管理也非常严谨。每天早晨，全家人都要在神坛（祠堂）前集中祭拜祖宗，并唱对上天的赞歌。

陆家本身似乎就已经是一个小小的乡村社团：在第一代人成家以后即要维持其完整性这一中国式家庭传统面前，仅仅起维持家庭的完整性这一点，就需要有对家业以及对作为一个机构的家的概念有着不同寻常的忠诚。

就大小而言，陆家肯定相当于甚至超过了几个村庄；它有自己的学校、仓库和祠堂；其成员从事教师、官员、商人等不同的职业。至于这个家庭处理内部的方式，有人做过如下有趣的叙述：

子弟有过，家长会众子弟，责而训之。不改，则挞之。终不改，度不可容，则告于官，屏之远方。①

将家庭官员直接送官府惩处，这在南宋时期不是一个没有争议的行动。史书、法律文书和笔记小说等记载都表明，当需要解决争端或者需要纠正某些错误行为时，人们通常求助于政府以外的各种团体或个人，而不是地方官员。家族中的长者、邻居、整个村庄、地方保甲或保伍等组织的领导人，或者有声望的士大夫等等，其中的任何一个都可以去解决争端，缓解紧张局势。只有当他们的努力失败之后，才去求助于司法机关。事实上，这些就是朱熹的乡约的一个主要功能。如果上引材料可靠，至少就解决争端这一点而言，可以说陆家已认识到在家和国家之间没有中间决策层，如果作为一个小的乡村的家不能解决问题的话，那么政府就必须接过去处理。这就是家已完全吸引了家庭各成员精力和忠诚的充足证据——明显，陆家在这方面做得很好——在国家和家之间就不需要其他机构了。

陆九渊在为其老兄所作的墓志中已清楚表明了对他们那个共同的家的责任。埃伯雷认为：对像朱熹这样的理学家来说，对把家作为一个经济单位来建设和管理是没有多少热情或认同感的，"朱熹在一些墓志铭中高度赞扬了那些对家政不在意的人。②"对于妇女来说，情况就不同了，朱熹对他们持家理财的能力大加赞扬。在他看来，男人似乎应该将精力放在个人的道德修养和参与社会活动上。埃伯雷认为，这与刻意强调家的经济发展与管理的观点形成了鲜明的对照。如果我们在袁采的著作中，能够找到以家为导向的特点，那么我们即可以认为有着以家为导向的思想的作者，在其传记作品中就会强调传主对家庭财富积聚所作的贡献。这就是我们为什么能在陆

① 罗大经：《鹤林玉露》，5 卷 10 页。
② 埃伯雷：《家庭与财产》，49 页。

九渊为他的老兄九思、九皋所作的墓志中找到这些内容的原因。陆九渊提到了他的老兄对其家庭经济所作的特殊贡献，对于管理其家中药材生意的九叙所作的论述更为广泛详尽。这种强调，在南宋时期的墓志中是不常见的。不仅如此，陆九渊还强调了其先人为他们家庭所带来的最初财富。从陆家的性质以及陆九渊在其老兄的墓志中所叙述的家庭经济的情况来看，陆九渊都有将家置于首要地位的意思。而从他的四哥陆九韶的著作中我们更能找到有力的证据。当然，用一个老兄的著作去证明老弟的思想，在方法论上有它的不确定性。但是，以学者兼教师并取得了特殊成就的九渊、九龄、九韶这陆氏三兄弟，在同辈人或后学的眼中，似乎从来就是一体的，尽管他们的学说不尽相同，但在很大程度上是相互补充而不是矛盾的。南宋末年，他们三人一同供奉在三先生祠中，第四位被祭祀的则是陆九渊的高足弟子傅子云。这也说明，人们是按学术关系而不单纯是按家族关系来划分类群的。当陆九韶与朱熹就"太极而无极"之说进行辩论时，陆九渊赶来帮忙这一点是众所周知的。我们在陆九渊的著作中没有找到他与其兄思想不同的证据，但我们将在九韶的著作中找到其思想与九渊的做法相一致的地方。

陆九韶是陆家一套家规的制定者。这一家规详细说明了一个家庭恰当的组织与管理，以及各成员的作用。它在许多方面和袁采的《世范》有类似之处。全套家规今已散佚，但他的方法和主要东西则可以从他的《梭山日记》中找到。《日记》载于《宋元学案》。和袁采一样，九韶强调经济、节俭和精打细算等是保护家财从而避免家庭分裂（分家）的重要方法。对我的论点最具意义的是他就家庭与外界关系所说的话或言论所暗示的意思。

一篇有关预算的文章反映了九韶的态度。他建议人们将税后收入分成十份，留三份以防自然灾害，一份则作祭祀的开销。其他六份再分成十二份，一个月一份，这十二份中的每一份又要分成三十份，每天一份。这一份就是每一天能开支的数额。陆九韶说，不必将每一天的份额全吃掉，他建议开销的目标定在70%，这样就会有剩余了：

其所剩者，别置簿收管，以为伏腊裘葛、修葺墙屋、医药宾客，吊丧问疾、时节馈送。又有余，则以周给邻族之贫弱者、贤士之困穷者、佃人之饥寒者、过往之无聊者。[1]

在这里，对外界的责任就体现在待客、吊丧、探病和年节礼物（即礼）、行善这些行为上。送礼和行善这二者都在家庭日常开支之下，只有当衣服、修缮、医药等开支完了以后，其所剩余的部分才用于送礼和行善。九韶还说：

其有田少而用广者，但当清心俭素，经营足食之路，与接待宾客，吊丧问疾、时节馈送、聚会饮食之事，一切不讲。[2]

但他又把话讲过来了，称当经济收入有限时，“不能以货财为礼耳”。他建议了一些尽礼的方法，如参加丧礼，是第一去，而且是最后一个离开。这样，既显得真诚和同情，又不耗费钱财（“礼不废而财匮矣”）。当然行善之事就不可能去做了。

总之，宋代其他人视为最大范围的社会责任，如对亲戚、佃户、邻居行善等，都要根据家庭的经济情况来决定是否去承担（这是九韶的观点）。它虽然和袁采对家以外的社会关系所持的否定态度不一致，但有某些类似之处。不过，有两点要予以特别注意。第一，陆九韶提醒的只是那些财富有限的家庭，至于何谓家庭财富不足则由家庭成员或户主来判定。在其他文章中，他又提醒那些家有余财的人应该济贫，因为富裕而尚吝啬，就会引起与那些期望得到帮助者之间的矛盾，失去人情。因此，“丰余者”要用于“周济”。这和朱熹的乡约计划大不相同，计划规定，遇到困难时期，乡约作为一个整体的概念，它可以决定其成员应该救助多少困难户。第二，陆九韶明显鼓励不花家财而进入社会的方式，这种方式尤其用于送礼，但也适用于其他活动。除非是特别富裕的人家，最理想的社会活动似乎应该是不花钱财的。

这后一种方式，与陆九渊在碑传和其他著作中所反映出的观点恰好是一致的。我列举过九渊在墓碑中称赞其兄九龄、九皋和葛庚等人慈善活动的例子。细查这些活动，只有葛庚在灾荒时以低于市价出售粮食是曾花费或牺牲私人财富的。即使在这个例子中这种牺牲也可能是相对的不是实际

① 黄宇羲：《宋元学案》，57卷，2—3页。
② 黄宗羲：《宋元学案》，57卷，2—3页。

的，因为灾荒时期的市价理所当然是最高的低于市价售粮也可能是等于或超过正常价格售粮。陆九渊在其他墓志中所称颂的事情主要是有关管理方面的，都明显不是花费私人财产的。陆九韶自己参与的地方政务及其成就，代表着一种有益于社会的更大范围的社会活动，然而，这也是不需花费家财的。

陆九渊参加社会活动而不花钱的理想，也体现在他唯一一次参与朱熹所提倡的那种乡村机构的创建活动中。1186 年，江西提举常平官赵汝谦想召集一些抚州人建立并管理社仓，陆九渊做了响应，并拨了一笔官银作社仓最初的储备。陆九渊在这件事情中所起的作用不清楚。但要注意的是，这项过程不是陆家主动所致，他们只是响应了一个友好的地方官员的号召，而且仅建了这一个社仓，相比之下，朱熹和真德秀就建了许多个社仓。而且，一年不到，陆九渊就写信给地方官，建议建一个平籴仓（平价售粮），以与社仓这一个乡村机构相辅而行。他当时担心在歉收的年份，人们会拖欠社仓的贷款从而亏空储备。如果社仓不想关闭的话，就要求增加新的资金，而这笔资金则可能主要由管理者来承担。社仓由于是不收取利息的，这个问题就会是一个周期性的问题了。平籴仓则在粮价贱时以稍高于市价购入粮食，在粮食缺乏时则以稍低于市价卖出粮食，这样，不仅稳定了粮价，也允许有一个长期的收益。陆九渊计划用平籴仓的资金来补充社仓的赤字，事实上这就使平籴仓和社仓变成了一个稳定的自负盈亏的机构，它们同时具备两种社会福利功能。陆九渊的这次经验，并没有使他在更广泛的地区成为社仓或平籴仓的积极倡导者，在他随后去荆门军任职期间，二者他都没有创建过。当时这个例子表明，陆九渊对不花钱或自筹资金参加社会活动的形式的确是感兴趣的，这与陆九韶的方式是一样的。

对陆九韶来说，家是首位的。为了证明我那陆九渊与其兄“以家为导向的思想相当一致”的观点，我想从陆九渊的著作中和做法中找到与陆九韶相似的观点。证据是间接的不完整的但已经暗示了这一点。陆九渊和他的老兄一样，都是在一个要求对家承担严格责任的家庭中长大的，而且他一生中只要在金溪县就会住在这个家里。陆九渊在碑传中赞扬其兄对家庭的经济贡献，而这一点在其他理学家尤其是朱熹的作品中很难找到，而且陆九韶现存的作品和袁采的《袁氏示范》则都是对这类功绩的缅怀。

如果说陆九渊的思想在相当程度上与其兄及袁采的“以家为导向的思想是一致”的这个观点能够成立，那么，我们就要讨论这种观点是怎样阻碍了他参与朱熹倡导的自愿性乡村机构的问题了。以上，我已经提供了答案的一小部分，即因为对作为一个经济单位的家的负责，限制了他与外界的联系。另一部分答案在于定期参加正式的永久性乡村机构的活动，可能限制家庭的决策权和灵活性。例如，乡约对家庭就有这种特别的限制问题。但我想说的是：至少对于陆氏兄弟来说，家与这些机构的不相容性还有比这种限制更大的理由。陆氏兄弟自己和其他同时或后世人对他们那个令人吃惊的缠绵数代而不分家的家族的独特组织形式及其成就，都持有一种基督教福音式的崇敬态度。作为一个整体的陆氏兄弟他们有自己的乡村机构模式，即他们的家庭，他可以替代朱熹所倡导的“中国层面”的各种机构。宣传这一模式的媒介就是陆九韶的家规。这个家有特别严格和细致的组织形式，它承担了各种职能，甚至还包括基础教育，也许是更高层次的教育的职能。因此，我认为陆氏把其家看成是，至少潜意识地看成是最典型的乡村机构，这样，家以外的建立在传统的国家机构以下的其他正式机构就显得多余了。对于陆氏兄弟来说，乡村不是一个独立于家以外的单独层面，而只是一个空间，在这个空间中，家这个组织及其成员相互发生作用。而对于朱熹来说正好相反。

这个观点又是推理而来的，不过朱熹认为对家庭关系的过度强调会阻碍乡村社会道德建设的改造和乡村机构的复兴。这一点是毫无疑问的。在朱熹看来，虽然家是体现最基本道德关系的地方，但如果不超越家进入一个更大的社团，从而最终进入广义的社会的话，家就会成为私利的中心。然而，正如埃伯雷所指出的那样，我们没有必要以朱熹的方式来看待这个问题。我这里列举的乡村与家庭之间的冲突不仅仅是一个利他主义的道德责任和单纯的自我利益之间的冲突，更不是理想与实践的冲突。陆家家长分配给其后代的职业可能与他们各自的志向没有任何关系；那些在外做官的人如果分家的话，会比其他兄弟们更富有，但他们要将其收入投入到大家庭使用；家长抑制现时的享受，以便为下一代提供一份可靠的家产，从而维持保护这个机构（即大家共有的家）本身。所有这些，当然是不能用赤裸裸的自我利益来概括的。这是在创造一种理想，当然，他们自己有时也可能达不到这种理想。这不是一个自我利益与利他主义谁赢谁输的问题，而是一个什么样的团体、在什么样的层面上、以什么样的纽带连接起来才能成为利他主义的中心，以及它如何向自我利益转变的问题。

我并不是要推出一个简单化的唯物主义的论点。所有的人都有自己的家，如果家与乡村之间的紧张状态是一个固有或潜在的问题，那么，不同的人就会用不同的方式来思考并解决它。不管是物质的还是社会的限制都可能影响了陆家的发展，到陆九渊及其兄弟的时候，这个家的维持已成为其管理者们精心选择和相当努力的结果。这种选择和努力代表了一种观点，即乡村一级的社会机构究竟怎样组成才是最理想的。我认为，有两个互为对抗的理想原则形成了朱熹和陆氏兄弟对在南宋这个特殊环境下如何建立和维持地方乡村，社会道德智慧问题的不同看法：一个原则是把乡村作为一个超越家庭（族）、但又独立于国家（政府）的有序社会组织和礼仪的框架；另一个原则是以比较特殊的形式维系的家族组织。二者之间的冲突是潜在的，但不是不可避免的。事实上，朱熹在自己的体系中曾试图将二者结合起来，即谋求在乡村组织以下给家一个恰当而又必要的地位。但是，家庭（族）关系可以视作一个能够自成一体的原则。如果是这样，那么其他原则以及以这些原则建立起来的机构也许就没有办法引起同样的注意力了。像陆家那样通过家族（庭）关系建立起大规模的乡村，这在当年不是独一无二的，类似的还有几个大家族。我们不应忘记，村社性合作家系最初的根基就在宋代，这种家系就是通过比家更广大的家族关系来超越家的。这个组织以其最完善的形式——我们所熟悉的就有清代末年的一个广东家系——为乡村一级机构行使许多朱熹所设想的职能，只是这一组织机构受到血缘关系的限制。

这里所描绘的画面，也许要从后来一个与陆家很相像的元代金华郑家

的例子中才能找到佐证。约翰·达地斯比较全面地研究过郑家。最近,约翰·兰罗伊斯也做过研究。[1] 我的论述主要取材于他们的成果。像陆家一样,郑家已维持许多代而没有分家析产了,并且因为其成就在当年就赢得了许多赞扬。郑氏家规至今还保存下来,人们更能理解它。有几点很有意思:第一,像陆家一样,郑氏家规规定,触犯家规的家庭成员如果已证明无法用家法来惩罚的,就要直接送官受惩,国家(政府)之外就没有“中间层面”的权威机构或法庭。第二,家规严格规范家庭成员与外界的联系,其成员活跃于外界,并像陆家一样,因为行善而获得了相当高的声誉。郑家不仅对他们那大家族以外的亲戚行善,而且也对当地的乡亲行善。但不论是哪个家庭成员行善,都得到了家长的许可并受其控制。用于提供家族以外的救济金来源于专门的慈善地产,并不像朱熹的社仓,不是一个独立于家族的办公有性机构,而是一份由郑家家长管理和控制的郑家地产,与郑家所有地产没有二样。就我所知,也没有哪个郑家成员建立过任何一个独立于郑家以外的乡村机构。

最后一点,是约翰·兰罗伊斯提出的,它极为重要。他认为:郑氏家族,其功能在许多方面相当于1270年元代所建立的作为社会基层单位的“社”,它想建立一个管理乡村的体系:“由一个家长管理的大家族以及以自然村庄或自然村落群为基础的乡村,它与家和政府间的‘中间层面’的机构相类似。”如果我们认同兰罗伊斯的观点,即像郑家和陆家这样的大家族的确是地方政府的某种试验,其功能就相当于或取代了“社”或“保甲”,那么,对家或家族的责任就会妨碍对组织像朱熹及其门徒富有创造性的乡村一级地方性机构的试验,这就不足为奇了。

这个话题似乎离教育太远了点,但我的看法如果有可取之处——如果陆九渊对地方书院或任何其他乡村教育与学习观念本身和结构与各种教育机构相对立,而是因为从某种意义上讲地方书院就是一种特殊形式的机构,

---

① 约翰·达地若干:《郑氏家庭:新儒学中国元代与明代早期的社会结构》,载《哈佛亚洲研究杂志》34(1974年):7—52页,约翰·兰罗伊斯:《家法权威》,载《西来国家与法律》威斯伯顿之哈勒索威兹,1981年版,272—299页。

陆九渊对作为乡村社会的陆氏家庭的责任阻碍了他对书院的责任。——那么，我对陆九渊的研究就从反面证明了狄百里的观点，即对理学家们当然不仅仅对朱熹来说，教育在乡村社会的道德改造的更大的概念中可以找到自己的位置，从而也找到自己存在的意义。我认为，陆九渊对地方书院和乡村社会的其他新型的理学机构的漠不关心，其部分原因是他对乡村社会这个概念的理解（与朱熹的）不同。

罗伯特·海姆斯

潘建、拓天译

附录一

象山书院大事年表

宋淳熙十四年(1187),门人彭兴宗去贵溪应天山访朋友,因登山游览,见“陵高而谷邃,林茂而泉清”,于是与诸友商议,迎请陆九渊来此讲学。陆九渊以词禄官闲居故乡,接到彭兴宗邀请之后,登山游览,深感满意。彭兴宗建一精舍。冬天陆九渊携二儿一侄偕同诸友奔赴应天山集徒讲学。陆九渊称赞袁绍宗“为私者尝少,为义者尚多”。

宋淳熙十五年(1188),社日后,携二子偕诸友登山盘旋数日,尽发此山之秘。顾视山形,宛然巨象,遂易应天山名象山。又择一胜处为方丈以居,讲堂为象山草堂,书匾额为“象山精舍”。学徒各来结庐,学生居住和自学的处所,陆九渊各因山势之高、原坞之佳处、办学之宗旨、学徒之喜好,而命名为居仁斋、由义斋、养心斋、明德、志道、储云、佩玉、愈高、规斋、惠林、达诚、琼芳、濯缨、批荆、封庵。

郡县礼乐之士,时相谒访,喜闻其化,四方学徒大集。平常求学者不下百人。

五月张贴《示象山学者》。

秋八月游仙岩,题新兴寺壁,同游者计七十八人。

宋淳熙十六年(1189),光宗皇帝即位,诏先生知荆门,陆九渊正想著书,值得守荆门之命而未遂。

八月元晦来书云:“闻象山垦辟架凿之功益有绪,来学者亦甚,恨不得一至其间,观奇览胜。”

冬至后三日同许昌朝、刘伯协、胡无相等六人游翠云寺题名于壁。

宋绍熙元年(1190),陆九渊在山间方丈。

宋绍熙二年(1191),陆九渊在山间方丈。

夏六月得旨疾速赴任,嘱傅季鲁:"是山系子是赖,其为我率诸友日切磋之。"吩咐其他门人"幸季鲁在,愿相依亲近。"

陆九渊居山五年,阅其簿来见者逾数千人。此时陆九渊享有"非从学象山不得为邑寓贤"的声誉。

宋绍熙四年(1193),陆九渊逝后,灵柩由夫人吴爱卿携二子持之,侄孙陆濬归故里安葬。

庆元二年(1196),贵溪县令刘启晦"立祠象山方丈之址"。

庆元年间(1195—1200),彭兴宗曾一度因购书去访问朱熹,时韩侂胄擅权,大兴"庆元党禁",朱熹赠诗劝彭坚坐山头。"好去山头且坚坐,等闲莫要下山来。"

宋绍定三年(1230),江东提刑赵彦械又重修象山精舍,并为之举办祭祀"三贤"(陆九韶、陆九龄、陆九渊)。

宋绍定四年(1231),夏六月,江东提刑袁甫以象山精舍"祠宇荒颓""不近通道"为由,奏请迁建象山书院精舍于三峰山下之徐岩。获准以后洪季阳相地,祭告之后随即动工兴建。至此又精舍异名为"象山书院"。

十一月初一,袁甫遣池州官韩祥到书院告先圣文。在南宋,陆九渊是儒学两大派别之一的代表人物,象山被公认为是陆氏心学发源地。陆学传人将象山书院山长看作是学派领袖,陆学门人虽位未郎卿相,致仕之际若尚未任过象山书院山长,会觉得终生遗憾。乃欲谋象山书院山长之职以自我安慰,由此亦可见象山书院在南宋地位之隆重。由此购田兼士群始。

绍定五年(1232),3月,袁甫至书院释菜告文,并文曰:"礼慈湖门人钱时为堂发主教,远迁学者,闻风云集。"9月8日,理宗皇帝诏见赐"象山书院"匾额。钱时之后,海内名士汤汉、冯兴宗、邱珊甫、程绍魁先后为书院山长。

1233年,程绍开字及甫,号月岩,又名绍魁信州贵溪(今属江西万年)人。嘉熙四年(1240)贡于乡。淳祐十二年(1252)又以《尚书》《戴礼》贡为举首。宝祐四年(1256)上万言书。咸淳九年(1274)升太学舍中乙科,后历从侍郎。抚州教授等职。德祐元年(1275)率军捍卫乡土,抗击元军,尝举布衣掌象山书院。讲学于乡里,筑“道一书院”,会合朱陆两家之说。其高足有吴澄。万历八年书院被禁毁,改为象山祠。

元朝1271—1368年,裴与大、徐杰、江瓒先后任书院山长。贵溪祝蕃曾建祠山间,聚徒讲学寻圯。元末书院毁于战事。

明洪武年间(1368—1398),周冕曾一度为书院山长。

明景泰三年(1452),御史韩雍巡抚西江,陆九渊九世孙陆崇上书要求恢复祖先业绩。御使便命知府姚堂和县令李宣重建书院。

明景泰四年(1453),李奎受托作二记《重建象山书院记》和《象山书院祭田记》。前记叙述,“中构以堂,两旁翼以庑,前构以门”,堂中有文安(陆九渊)、梭山(陆九韶),复斋(陆九龄)三先生之像。后记写道“复平均徭”并雇两个门子以供洒扫,诸所宜有,样样齐备。

明景泰六年(1455),贵溪闹饥荒,郡守亲临贵溪。劝大姓富家出积谷振助。有吴良辅输谷四百石,百姓甘涝保收田若干亩,交给陆氏子孙绍文父子掌管,以供象山岁祀。

明成化二十年(1484),宪宗皇帝重修贵溪象山书院。

明正德五年(1510),大规模重修书院,武宗皇帝诏赐镌刻“象山书院”四字于石壁。

明正德六年(1511),提学副使李梦阳增建门堂坊匾,知县谢宝于中峰山腰建造仰止亭。

明正德七年(1512),冬,书院重修完毕。李梦阳在此前后,雅兴大发,邀集名流,杨康、夏言、桂恭等畅游书院,赋诗作文,岩壁品题。至今尚存夏言、桂恭等十多人的崖壁题辞。桂恭曾讲学其中。

明嘉靖前期,夏言在书院凿石井,于书院附近建造象麓草堂和三峰亭。夏言自述有诗,另外费宏、夏尚朴、方豪、詹瀚、朱在镐等都有题象麓草堂诗。

明嘉靖二十二年(1543),知县袁凤鸣增修书院。提学王宗沐来此讲学并且题辞于书院。

明嘉靖二十六年至四十年(1547—1561),知县江万仞、周如斗、主簿李绍科置学田五十亩。史载“邑有学田,自周、江、李三人始”。加上以后姚篚等人所置,约有一百零二亩,外地一亩二分。其事均刻于象山书院碑石之上。

明万历八年(1580),奉命废书院,财产充公,变价出卖。知县伍袁萃将书院赎回,改为象山祠。

三峰山下徐岩之象山书院,历宋、元、明三朝,前后共经三百五十年。

清乾隆十年(1745),知县彭之锦以旧学(地址在城内梅花墩)低洼狭小,于是在万安山废寺,拓基建房,书额为“象山书院”,并建翠屏楼。先后游历并吟诗赋文的有项纯礼,蔡愚山、彭之锦、徐兆鼎、黄炎、江之岱、胡华等人。蔡兆圻及其子蔡愚山相继被礼聘为书院山长,一时求学者众多,以至容纳不下。

万安山之象山书院,历时约六十五年。

清嘉庆十五年(1810),士绅邱黎照以万安山书院渐就倒塌为由,建议移建。知县段克莹劝慕捐款,得数千金,随即又在梅花墩义学故址拓基兴建,初名为“景峰书院”。

清道光三年(1823),本县儒生恐生哲精神久而湮没,便联名上书请求改回“象山书院”,第二年获准。此期间姚熙绩、黄金治、张金熔先后充任山长。

城内梅花墩之象山书院,历时约五十余年。

清同治二年(1863),咸丰间梅花墩之象山书院为兵乱毁坏,知县周葭浦思谋重建。适逢城东旧典铺(今贵溪电影院后面)出卖,于是买下改建书院。落成之后史载“气象一新”。这便是最末一代的象山书院了。

1. 金溪之象山书院——陆九渊系抚州金溪人,为了纪念这位南宋著名的教育家,宋绍定六年(1233)秋七月,金溪县令宰天台陈咏之建象山书院在县治之西,傅子云为首任山长。当时听者甚众,士风翕然相善。元倪堂任江西提举修象山祠于金溪聘师讲学。

2. 山峰由徐岩象山书院废止之后诸事:(1)明万历二十六年(1598)邑令吴继京修理象山祠,并且亲笔题词。(2)明崇祯九年(1636)徐霞客游三峰山,见奇峰异壑,以至忘归。

3. 清顺治十五年(1658),湖北荆门直隶象山书院建在蒙山蒙泉南面,知州薛继岩重修。

4. 1937—1945 年抗日战争时期曾经参加过辛亥革命的元老彭程万老先生邀请张石礁等仁人志士,在贵溪恢复象山书院。他们的办学宗旨是“亦工、亦农、亦学”,在冷水办农场,在鹰潭办铁厂,在塘湾学文化,提出“以劳动养身,以生产养校”的口号,为抗日建国培植人才。办开发地方作出贡献,彰显了象山书院的历史原貌及精神。

5. 1986 年 1 月 11 日西峰山腰陡壁之上原有的“象山书院”四字修复。

6. 1987 年 9 月 30 日徐岩之上的峭壁处镌刻了江西社会科学院副院长姚公骞题写的“徐岩”二字。

7. 1987 年 10 月 13 日《象山书院创建八百周年纪念大会》在象山书院旧址——贵溪一中隆重开幕。会期三天,收到九万余字的学术论文和资料索引,参会代表二百余人,专家四十余人。与会专家参观浏览了上清天师府、龙虎山仙水岩和应天山象山精舍。并编印了一本《象山书院创八百周年纪念专辑》

8. 2011 年 10 月由王立斌同志牵头,江西书院研究会放在贵溪召开书院年会暨象山书院改制 110 周年学术研讨会。从此每年都有专题探讨象山书院的恢复与学术问题。

9. 2017 年元月 21 日,王立斌同志应贵溪市委常委、宣传部张敏胜部长邀请,前来贵溪商定于 2017 年 12 月份,由中国书院学会主办,贵溪市委、市政府承办的国际性“纪念象山书院建院 830 周年”的高端论坛。

10. 2017 年 3 月 8 日,贵溪市召开象山书院建院 830 周年系列活动专家学者策划会议,来自中国书院学会和国内书院文化研究领域的知名专家学者,就如何举办好象山书院建院 830 周年系列活动把脉支招,并就如何弘扬和传承象山文化建言献策。鹰潭市委常委、宣传部长贺喜灿,贵溪市市长周谷昌亲切看望了与会专家。贵溪市委常委、宣传部长张敏胜出席会议。

11. 2017 年 5 月 27 日,在贵溪市委市政府的高度重视下,由中共贵溪市委办公室印发《关于举办纪念象山书院建院830周年系列文化活动的实施方案》的通知，中共贵溪市委书记梅峰同志任领导小组组长。

12.2017年8月，中国传统文化泰斗、清华大学教授楼宇烈老先生为象山书院题词：象山书院，心学之源。美国夏威夷大学教授、国际新儒学代表人物成中英老先生为象山书院题词：象山书院，心学祖庭。

13.象山书院建院830周年学术研讨会定于2017年12月1—3日在贵溪召开。

附录二

仰山书院简介

仰山书院位于千年古邑江西省金溪县城（秀谷镇）王家巷，建筑面积1078平方米，现存构架完整。

书院之名，起于唐，盛于宋，为中国文化中一种私人讲学的特殊教育机构。仰山书院前身为宋代“崇正书院”，朱熹与陆九渊讲学于此，“反覆辩论如在鹅湖白鹿”。院中会存有朱陆二先生遗像及“木主”，明末毁于兵火。清乾隆二年（1737）金溪知县阎廷佶在此倡建义学，改为“仰山书院”，寓含崇仰大哲陆象山先生之意。乾隆三十五年（1770）知县杨唐佑增建讲堂三楹。嘉庆二十年（1815）知县万国荣倡率各方捐资，“躬为规划”，进一步“撤旧更新”，建室四十余间。江西学政王鼎赠写“仰山书院”石匾门额。道光十三年（1833）于书院之左建“先儒祠”，祀象山先生，每年春秋二季启馆之日致祭之。该处为金溪“造就人才之区”。民国时做过县政府和民众教育馆。中华人民共和国成立后做过县人民政府、县党校、政府机关宿舍等用。1985年金溪县人民政府下文公布为县级文物保护单位。1992年正式划归金溪县文物管理所管理。在江西省文物局和金溪县委、县政府的高度重视下，有识之士热心赞助，书院现已得到较好的修葺和保护。

历史上，仰山书院（前为崇正书院）与鹅湖、白鹿书院先后辉映，名扬学坛，在临川文化史上占重要地位。它历数百年风雨沧桑，幸存至今。从书院文化角度来看，它是现存比较完整的古代书院落。古代书院是江西文物资源的一大优势，历史上书院建置居全国之首，然而现存完整者甚少。仰山书院的建筑属徽州风格，如天井、庭院、房舍等均有其独特之处，百里留一，弥

仰山书院

足珍贵。

更主要的是，它是金溪县唯一尚存的纪念陆象山先生的古书院了。金溪是象山先生故里，象山是与朱熹双峰并峙的宋代儒学大家，中国“心学”创始人，其哲学思想具有世界性影响。所以仰山书院除其本身固有的历史价值、文化价值外，尚有纪念性意义，既可藉此进行文化、学术、建筑、文物研究，也可供中外游客瞻仰、凭吊、游览、观赏。

仰山书院题匾、楹联、诗词选

一家兄弟学；千古圣贤心。 ——[宋]朱熹联

理学宗范（原厅堂匾额）尊德由义（原厅堂匾额） ——[清]王鼎题

仰止高山怀陆子；心存大哲究天人。 ——南昌吴文宙联（大门联）

大宋诸家争格物；斯人千古不磨心。 ——福建蔡厚示联

仰止挹清芬，白鹤尚存春帐暖；山峦萦淡霭，碧桃难觅晓笙寒。

——抚州吴文鼎联

高山仰止，古贤流芳。 ——云南王澍华联

象山白鹿双峰相对出；长江黄河万古不废流。 ——金溪曾广泽联

景仰思贤，此地同山川显胜；悟机述教，本心与宇宙论文。

——抚州邱左贤联

尊德性，辩义利，六经皆属简易；重笃行，立大志，尧舜也是常人。

——南昌许怀林题

仰山书院幸存，历沧桑几沉几起；鹅湖理坛未果，问朱陆谁是谁非？

——金溪张昌琪联

一代大儒生此土，千年古县展新猷。 ——金溪易丁联

仰望高贤，推崇先哲；山灵毓秀，继起后培。 ——金溪周清联

博大精深，高山仰止。——赣文化考察团傅修延、王新伟、黄南、夏汉宁、叶树发、季晓燕题

宇宙无穷境，深仰先圣立说，独倡此心同此理；年光有限身，尚期后辈求知，仍须通古亦通今。 ——金溪邓德源联

大观宇宙吾心即宇宙，名仰云林理学杨云林。 ——金溪徐正付题

千年金溪，万人仰山。 ——景德镇罗华山题

临川才子金溪书，才子无书缘何求。书荫金溪文彩盛，古今名士竞风流。 ——云南王澍华诗《金溪书古今》

整壁修垣匠艺艰，我来书院仰高山。鹅湖辩论声名赫，荆楚为官政绩颁。宇宙即心谁悟理，舜尧虽圣众能攀。千秋陆学精神在、一帜高标赣水间。 ——金溪张昌琪诗《仰山书院怀古》

百说浮沉岁月艰，金溪旧学寂如山。秦风暂息人余悸，鲁壁重光令已颁。大哲逢春心是本，群峰竞秀路须攀。弦歌且谱争鸣曲，乐在涓涓汇海间。

陆子传灯事亦艰，空存瓦砾应天山。尤怜后俗精神失，枉费先贤哲理颁。仰止昆仑书院在，逍遥宇宙学人攀。尘宁自有心同日，彼岸迢迢探索间。 ——抚州吴文丁诗《金溪仰山书院重修踵韵昌琪二律》

露布遥从剧邑颁，乡贤遗址换新颜。立身构桧君臣上，治学程朱伯仲间。足下六经嗤泥古，胸中一篑蹙为山。后人仰止应犹忆，慷慨宫门对策还。 ——北京孔凡章诗《金溪重新仰山书院》

后　记

象山书院文化历史悠久，积淀深厚，是一笔宝贵的象山心学历史文化遗产。为了挖掘这一古代人文资源，使更多的人对象山书院的发展脉络、教学管理等方面有一个全面的了解，贵溪市市委、市政府决定打造象山心学祖庭这一文化品牌。由市委宣传部牵头，市文联具体实施，组织编撰了这本《象山书院》，从而填补了贵溪市书院教育结集成册的空白。

市委宣传部领导对编撰《象山书院》一书给予了高度重视，多次组织人员讨论编写纲目，并对编纂工作给予了大力支持。有关人员本着对历史负责的态度，积极搜集资料，认真撰写文稿，为保证书稿质量奠定坚实基础。各相关部门和单位对编纂工作提供了热忱帮助，在此一并表示感谢。

本书分设书院沿革、象山讲学、书院教学与管理、书院的三大规制、书院的建筑、书院的诗赋、书院的历史人物、象山书院与鹅湖之会、象山书院的后续相关问题，共九个部分，共计250千字左右。由于时间仓促，水平有限，无力对象山书院文化的发展进行全方位的挖掘整理，本书呈现给读者的，仅仅是象山书院文化源流中的几片浪花，几段轮廓。错讹之处，敬请读者批评指正。

编　者

2017年8月